本书为 2021年湖南省教育厅优秀青年科研项目《社会翻译学视域下唐诗在19世纪法国的译介及影响研究》（项目编号：21B0673）的阶段性研究成果。

九州文库

西方汉字拆字翻译现象解读

张赟 吴方宇 吕卉 著

九州出版社
JIUZHOUPRESS

图书在版编目（CIP）数据

西方汉字拆字翻译现象解读／张赟，吴方宇，吕卉
著．－－北京：九州出版社，2025.2． －－ ISBN 978-7
-5225-3628-6

Ⅰ．H159

中国国家版本馆 CIP 数据核字第 20259TX379 号

西方汉字拆字翻译现象解读

作　　者　张　赟　吴方宇　吕　卉　著
责任编辑　沧　桑
出版发行　九州出版社
地　　址　北京市西城区阜外大街甲 35 号 （100037）
发行电话　（010）68992190/3/5/6
网　　址　www.jiuzhoupress.com
印　　刷　唐山才智印刷有限公司
开　　本　710 毫米×1000 毫米　16 开
印　　张　16.5
字　　数　245 千字
版　　次　2025 年 2 月第 1 版
印　　次　2025 年 2 月第 1 次印刷
书　　号　ISBN 978-7-5225-3628-6
定　　价　95.00 元

序　言

对于汉字本体的构形研究，自古有之。从东汉许慎的《说文解字》开始，梁朝的《玉篇》、宋朝的《类篇》《广韵》《集韵》、明朝的《字汇》《正字通》、清朝的《康熙大辞典》等，全都对汉字的形体及其部首进行了相关阐述，此类研究是出现拆字现象的基础和前提，是研究汉字可拆性的发端。这类汉字本体研究一直延续到当今社会，成为独立的汉字学学科，在此基础上还形成了完整的汉字结构理论。在当代，除了从未停歇的汉字本体研究外，国内对于汉字的拆字研究还主要集中于另外三个方面。其一，从字谜、对联、古诗词等拆字现象中总结出汉字拆字修辞的相关理论。这一研究的主要力量是湘南学院的曹石珠教授及其团队。曹石珠教授在 2008 年编著了《汉字修辞学教程》一书，其中拆字修辞作为众多汉字修辞方式的一种，被单列为一节，曹教授在此节内容中分析了拆字可以成为一种修辞方式的原因，并详细阐述了拆字的含义、特点、类型、功能以及与其他汉字修辞的区别；另外，曹教授所带硕士研究生以及以曹教授为核心的湘南学院研究团队的研究内容也全部是此方向。其二，汉字拆字法在教学领域的运用研究。此类研究主要分布于基础教育（小学）阶段和国际汉语教育领域。张兰、杨莀茼、李艳姣等将拆字法运用到小学语文的教学中，取得了一定的教学效果；同时，吴思莹、洪斐、孙凡等在国际汉语教育领域试行了拆字教学，使其成为汉字教学的良好辅助教学方法，并在业界形成了汉字构形理论。其三，是针对翻译过程中出现的汉字拆字现象的研究。其中，一部分研究者针对中国古典作品中各种拆字修辞的不可译问题，展开分析和讨论，企图从中寻求到更为合适的翻译策略，如谢雅和、郭晓玲、黄粉保等；另一部分研究者则对外国译者翻译中国作品时出现的汉字拆字行为展开分析，如李勇、吴可研究了庞德及其作品中的拆字现象，任增强、邱云分析了美国译诗作品《松花笺》中大量集中的拆字行为。

西方关于汉字形体及部首的研究，最早可追溯到 16—17 世纪。在经过金尼阁、卫匡国、黄嘉略、马若瑟等人的努力后，最终于 18 世纪上半叶，汉字214 部首的权威地位在西方世界得以确立，汉字及其部首的研究趋向于统一。从 19 世纪开始，西方汉学家开始将汉字的拆字研究运用到教学实践中。卫三畏、狄考文、鲍康宁等都从汉字的形态和部首中吸取养分，在教学中运用"拆字"的部首教学法。当代，西方关于拆字的研究主要包括以下四方面：其一，通过分析汉字及拆字法，进而对中国及中国文化进行深入研究。其二，回顾西方作家的汉字拆字行为，并进行分析阐述。如 D Poupard、J Twitchell对庞德的拆字行为研究；Gabriel Hourcade 对谢阁兰作品背后的汉字思维进行了分析；O Belin 则分析了克洛岱尔的汉字拆字观。其三，是循着汉学的脚步，在研究汉字拆合的基础上开展国际汉语教育研究如 YC Luo、TP Hsiang。其四，将汉字拆字的研究上升到更高的层面，与某种学科理论相结合，探讨汉字或拆字背后的意义。如 Nils Gascuel、léon Vantermeersch 和 Wang Li 从精神分析学的角度来研究汉字拆字背后的心理学动机；Clement Fabre 从阅读学的角度来思考汉字作品带给读者的不同阅读体验，及其可能产生与表音文字阅读所带来的不同影响；Augustin Berque 则从景观生态学的角度来分析汉字的分合与山水景观之间的联系；Richard Sears 将汉字拆字的思考运用到计算机领域，利用电脑实现了汉字数字化。

综上所述，国内虽然有众多关于拆字现象与实践研究，但较少与具体学科理论相结合；而国外研究恰好相反，主要是从某种学科理论出发，并将拆字现象与之进行结合。具体到相关实践研究中，国内研究集中于教育和翻译领域，而国外的研究门类更广，涉及心理学、教育学、景观学、社会学等。从整体上看，不论国内还是国外研究，各领域的拆字研究都未形成系统，一般分散于各种特例个案分析中。以翻译领域为例，目前的拆字现象研究都散见于各类作品或作家分析中，并无整体的系统研究。故此，本书将以中国典籍外译作品为切入点，对西方不同译者对汉字的拆字行为进行集中归纳，并分析此种现象频发的共因，以期对西方拆字翻译研究进行整体梳理。

　　本书因为既需要详细梳理中国拆字文化的历史渊源，又需要综合整理西方各个国家的拆字翻译或者是拆字教学的现象，工作冗杂烦琐，耗时费力。首先，我们采用了文本细读的方式对所有相关历史文献进行梳理、分析、归纳、综合。其次，我们还采用了历史考据的方式，从译者言论、回忆录、札记等各类辅助材料入手，对以上文献资料进行佐证。最后，我们详细分析了各类拆字现象出现的背后成因，并进一步阐述了汉字拆字现象对西方文化所产生了各种影响。研究团队成员分工合作，各司其职。张赟负责文章的框架设计，主要内容撰写，以及最终统稿；吴方宇负责一至三章的修改和校订，以及相关章节资料的搜索和整理；吕卉负责四至七章的修改和校订，以及相关章节资料的搜索和整理。在此，对各位成员的辛苦付出和积极配合表示衷心的感谢。

目 录
CONTENTS

第一章

汉字构形及拆字修辞研究的发展历程

自古以来，拆字修辞研究与汉字构形研究之间存在着密切的关系。汉字构形研究主要关注汉字的形体结构、构造方式、演变规律等方面，旨在揭示汉字形成和发展的内在逻辑和系统性。它侧重于从历史、文化、语言学等角度分析汉字的形态特征、构件组合以及意义表达。拆字修辞则是利用汉字的形体结构特点，通过对汉字的拆分、重组或重新解释来达到特定的修辞效果，增强语言的表现力和趣味性。两者之间的联系非常紧密。一方面，汉字构形研究为拆字修辞提供了基础和依据。只有深入了解汉字的构形原理、构件意义和组合规律，才能更巧妙、准确地进行拆字修辞。例如，知道"休"字由"人"和"木"组成，才能理解"人倚木旁为休"这样的拆字表述。另一方面，拆字修辞的实践和研究也能为汉字构形研究提供新的视角和实证材料。通过对拆字修辞现象的分析，可以更直观地感受汉字构形的灵活性和多义性，进一步验证和补充汉字构形理论。拆字修辞研究与汉字构形研究相互促进、相辅相成，共同丰富了对汉字的认识和理解。因此，在本书的第一章，我们将通过梳理国内外汉字构形和拆字修辞的研究历史，来厘清中国典籍外译中拆字翻译现象出现的历史根源和理论基础。

第一节　国内汉字构形和拆字修辞的研究

一、国内汉字构形研究

（一）国内汉字构形研究的概念以及发展历史

汉字构形研究，又被称为汉字形态学或汉字结构学，是一门致力于深度剖析汉字形态结构及其演变规律的学科。汉字构形研究的概念不仅包括对汉字结构的解析，例如除笔画、偏旁、结构等基本要素外，还涉及形体特征、演变过程等方面的内容。在语言学和文字学研究领域中，汉字构形研究都占据着极其重要的位置。其核心关注点紧紧围绕在汉字的形态构成方面，它涵盖了诸多关键要素，包括汉字各个构成部件有何独特意义；不同汉字部首又是怎样巧妙地拼接融合，从而形成丰富多样的汉字的；同时，还深入探究这些部件如何精准且具体地表达出字义，并又承载丰富多元的文化信息的。汉字构形的研究意义旨在展示并揭示汉字内所存在的结构与规律，以便于我们深入探究汉字的起源，追溯过往并追寻汉字发展的轨迹。剖析汉字结构的组成过程，并与其他文字体系进行全面的对比和解析。通过更深层次的研究，我们能够更为清晰地认识到汉字在人类发展史上的特殊地位和不可估量的价值。

汉字形态演变的研究，其历史脉络深远绵长，可细分为六大关键性演进阶段：先秦时期，汉字的萌芽深植于远古时期的象形符号当中。这些符号不仅是人类智慧与自然界初次深刻的交流印记，更以质朴无华、直观生动的形态，勾勒了万物，记录了人与自然间最初的共鸣。最早有关汉字构形研究的内容，可以在如《周易》等典籍当中觅得相关描述。在这一时期，对于汉字的研究大多以某些哲学理念或宇宙观为基础，人们对文字的形态以及其所蕴含的意义进行了初步的思索和探讨。至两汉时期，东汉许慎所著的《说文解字》成为汉字构形研究的里程碑。这部著作首次提出汉字的"六书"概念，即象形、指事、会意、形声、转注、假借这六种分类方式，为汉字构形研究搭建了清晰而坚实的框架，为后世的汉字研究奠定了基础①。到魏晋南北朝至隋唐时期，随着汉字自身的进一步发展和不断演变，众多学者开始将关注的焦点聚集在汉字的书写规范和标准化问题上。例如《玉篇》《广韵》等字书的精心编纂工作，充分反映了当时学者们对于汉字构形规律的深入探索和不懈钻研。在宋元明清这一跨度颇长的时期，学者们对于汉字构形的研究愈发深入透彻。大量对《说文解字》的精彩注解和前沿研究成果如雨后春笋般涌现，其中最为经典的乃朱熹的《周易本义》。这些研究不仅仅局限于汉字的形态本身，更是广泛涉足音韵、训诂等多个至关重要的领域，形成了一个多维度、全方位的研究格局。20 世纪初，随着西方语言学理论的传入，国内汉字构形研究迎来了新的变革契机，开始采用比较语言学的先进方法。例如唐兰先生提出的"三书"说等开创性的理论，为汉字构形研究开启了全新的视野和独特的研究思路。新中国成立后，汉字构形研究迎来了前所未有的蓬勃发展机遇。特别是计算机技术在社会各个领域的广泛应用，为汉字构形研究注入了强大的动力。它极大地推动了汉字信息化处理以及汉字编码研究的迅猛发展，使得汉字在现代科技的浪潮中焕发出新的生机与活力。与此同时，王宁、裘锡圭等众多杰出的学者凭借着他们深厚的学术造诣和敏锐的洞察力，针对汉字构形理论展开了深入且富有前瞻性的探讨，提出了一系列崭新的构形模式和具有开创性的理论体系，为汉字构形研究的大厦添砖加瓦②。

从之前的发展历史可以看出，汉字构形的发展经历了从个体发展阶段逐步迈向群组发展阶段的完整过程。在个体发展的初始阶段，汉字构形主要是以具体的物象作为参照依据，属于高度注重字形个体与物象之间紧密关系的阶段。在这个阶段，汉字的形态与所描绘的事物之间存在着直观而密切的联系。随着时间的推移，系统化逐渐成为构形系统发展的关键目标和内在追求。部首的应运而生，如同里程碑一般，标志着汉字构形系统群组发展进入了一个具有重要意义的新阶段。它为汉字的分类和组织提供了更加科学和有效的

---

① （汉）许慎 . 说文解字 [M]. 北京：中华书局，1963：314-315.
② 胡朴安 . 中国文字学史 [M]. 上海：上海三联书店，2014：9、49.

方式。

此外，汉字构形研究还经历了从独体发展到组合发展的过程。汉字的发展先后经历了"文"的阶段和"字"的阶段，其中"文"的造字方法主要是以象形为主，所形成的大多是独体字，这些独体字犹如汉字的基石，简单而纯粹。而"字"的造字方法是相益，也就是通过巧妙的组合，将不同的部件融合在一起，由此形成的则是结构更加复杂、意义更加丰富的合体字。

（二）国内汉字构形研究的主要代表人物及其理论

纵观汉字构形研究的历史，我们可以发现每个研究阶段都出现了主要的代表人物和代表理论。汉字构形研究的理论建构过程是一个不断完善不断修正的历史过程。

清代乾嘉时期著名的考据学家钱大昕，治学博大精深，在汉字研究方面有许多重大成就。著作中囊括了对汉字深入的研究和查究。在著作《十驾斋养新录》中，钱大昕对汉字的音韵、训诂、文字演进等方面进行了研讨和细致分析。他运用大量的文献资料，对不同文献的内容进行反复对比和考证，纠正了前人对汉字意义理解与解释上的错误。钱大昕对汉字的研究注重真实，实事求是，强调对历史资料的精准解读和对汉字真实语境的考察。他的研究方法和成果对后世的汉字学研究产生了重要影响，为后人深入了解汉字的发展演变、正确解读古代文献提供了有价值的参考。其部分具体观点如下：其一，主张"古无轻唇音"，即上古时期的汉语中没有现代汉语中的唇齿音 f 等，这一观点对音韵学的发展产生了深远影响；其二，强调文字的形、音、义相互关联，在考释汉字时注重结合三者进行综合分析；其三，对汉字的演变和发展有着深刻的认识，通过对不同历史时期文献中汉字使用情况的研究，总结出一些汉字演变的规律。钱大昕研究方法和成果对后世的汉字学研究产生了重要影响，为后人深入了解汉字的发展演变、正确解读古代文献提供了有价值的参考①。

唐兰是中国著名的文字学家，他的研究对汉字学的发展产生了深远影响。

---

① （清）钱大昕．十驾斋养新录［M］．陈文和，孙显军，校点．南京：凤凰出版社，2000：107.

唐兰的研究方向主要集中于古文字学，同时也涉及青铜器、古诗词等领域。他在西南联大期间开设了"古文字学""甲骨文字""六国铜器""《说文解字》""《战国策》"等课程，甚至还有"宋词选读"，其课程广受欢迎，不仅有中文系学生，还有物理系和哲学系的教授前来听课。在此期间，他发表了诸多重要的学术论文，通过对铭文、器物的研究解决了考古学和古史研究领域的许多难题。例如《智君子鉴考》《王命传考》《洛阳金村古墓为东周墓非韩非墓考》《论彝铭中的休字》《古代饮酒器五种》《未有谥法以前的易名制度》《苏秦考》等。尤其是《苏秦考》，唐兰全面研究了《战国策》和《史记》中的相关记载，指出其中所记苏秦和张仪的相关史事多有舛误。30 年后，长沙马王堆汉墓帛书《战国纵横家书》证实了他的推论。1949 年成书的《中国文字学》是唐兰的标志性著作。在该书中，他确立了"形体派"科学文字学理论体系，使中国的文字学与语言学真正分离开来，成为一门独立的学问。他还提出了著名的"三书说"，以更正许慎的"六书说"。"三书说"将汉字分为象形文字、象意文字、形声文字三类。象形文字是画出一个物件或一些惯用记号，让人一见就能认识；象意文字是图画文字的主要部分，需要人去思考才能理解其含义；形声字则是由形旁和声旁组成。唐兰提出"中国文字学"的概念，指出中国文字没有发展为拼音文字，而是注音的，它能代表古今南北无数的语言，这是拼音文字无法做到的，这种记载中华民族文化的文字体系可以贯穿古今殊语、跨越东西南北方言。他强调研究中国文字学应去除音韵训诂，专门研究文字形体，因为中国文字学是一门中国独有的学科。唐兰的学说启发了诸多学者，后来的"二书说""新三书说""八书说""七书说""四书说"等，都是直接或间接受到其"三书说"的启发而建立的。他站在历史的高度维护汉字的尊严，其学术思想和研究成果对汉字学的发展具有重要价值①。

裴锡圭是中国著名的古文字学家和文字学家，在汉字研究领域有重要贡献。他认为分析汉字性质需从组成汉字的字符的性质出发。构成汉字的字符

---

① 鲍志华. 唐兰先生文字学理论研究［D］. 曲阜：曲阜师范大学，2006：2-3，10.

分为意符、音符和记号。跟文字所代表的词在意义上有联系的字符是意符，在语音上有联系的是音符，在语音和意义上都没有联系的是记号。按照六书的定义，象形、会意字是由意符组成，可推断象形字、会意字是表意文字；指事字是记号与意符的结合；而形声字形旁是意符，声旁表示声音，但在同一个汉字里，音和义结合，汉字是表意文字的结论无法在全体汉字占比最大的形声字上完全契合。此外，六书中的假借字被假借后，只有音的意义，其指称的实物无法在字形上体现，整个汉字成为音符。裘锡圭认为，假借字与事物有意义上的联系是偶然的，不是必然的，所以假借字不符合表意文字的定义，但也不能说假借字就是表音文字，他将这种现象称为汉字充当"借音符"。裘锡圭还指出，在汉字演变过程中，字形简化导致很多独体表意汉字的意符简化，意符记号化，使会意字和象形字表意功能弱化。人们通过识记记号字的读音来掌握和运用汉字，这使得汉字似乎有趋于表音文字的倾向。不过，汉字简化并没有使合体字由意符、音符构成的局面发生根本改变，所以汉字的性质也没有发生根本变化。从意符与记号的角度来看，语素是语言中最小的有意义的单位，能够独立活动的语素就是词。汉字的意符和记号都不表示声音，意符与所代表的文字意义有联系，记号只是起区别不同语素的作用，本身并不能表达意义，意符和记号都是语素这个层次的字符，所以汉字里的独体准合体字、独体表意字都可以看作是表意文字。从汉字做音符的角度来看，对于假借字，裘锡圭认为是由整个汉字充当音符，且这种情况下，应把它看作表示音节的符号，而不是语素符号。使用音符的假借字和由意符和音符构成的形声字，通常也是一个字表示一个语素，不能简单地将它们定义为语素文字。此外，在两个及以上音译外来词中表示音节的假借字，汉字没有意义，仅表示音节符号，所以这类汉字是音节文字。在记录汉语固有的单音节语素的假借字中，语素就是音节，所以这一类字也是音节文字。综合以上观点，裘锡圭认为汉字可以被称为语素—音节文字。他强调不能简单地把汉字称为表意文字，因为汉字使用的符号包括意符、音符和记号，且汉字中占比最大的形声字必然包含表音成分①。裘锡圭的研究成果对深入理解汉字的性质、结构和发展演变等方面具有重要的意义，其代表著作包括《文字学概要》等。这本书结合传世文献与出土文字资料及考古发现，全面讨论了有关汉字的性质、形成、发展、演变、结构类型、文字假借、文字分化与合并、字和字的形音义关系以及汉字整理和简化等问题，在汉字学研究和教学领域产生了深远影响。该著作于 1991 年荣获北京大学第三届科学研究成果一等奖及北京市第二届哲学社会科学优秀成果特等奖，1992 年荣获国家教委第二届高等学校优秀教材特等奖，1994 年荣获当时国家新闻出版署第一届国家图书奖，2011 年荣膺首届"思勉原创奖"。王宁教授，作为中国杰出的语言文字学家、北京师范大学资深教授，对汉字研究领域做出了卓越贡献，其学术成就影响深远。她的研究范围广泛，对章黄之学的精髓有着深刻洞察，并在继承传统的基础上，持续推动创新。她主张中国文字学应由汉字构形学、汉字字体学、汉字字源学、汉字文化学四个分支构成。在汉字构形学领域，王宁教授强调汉字的表意特性和可分析性，认为汉字与所记录的词义紧密相关，且汉字具有可拆分性，拆分过程需遵循字理。她对《说文解字》进行了深入研究，并撰写了《〈说文解字〉与汉字学》等著作。王宁教授对汉字的起源、发展、性质及体系拥有系统的理解。同时，她也关注汉字与中华文化的关联，认为汉字不仅是文化现象，也是承载文化的媒介。汉字在记录汉语意义的同时，也承载了中华历史文化的丰富内容。此外，王宁教授领导制定了《通用规范汉字表》《基础教学用现代汉字常用字部件规范》《古籍印刷通用字字形规范》等多项国家语言文字规范，为汉字的规范化和标准化做出了重要贡献。她的研究成果不仅在学术界具有重大价值，而且对于汉字教学、文化传承以及国家语言文字规范的制定等方面均产生了积极影响。她的学说有助于人们更深入地理解汉字的特点、规律和文化内涵，推动了汉字学在新时代的发展。

（三）国内汉字构形研究的主要研究方法

汉字构形研究是探究汉字形体结构及其演变规律的重要领域，对于深入

---

① 裘锡圭. 文字学概要 [M]. 北京：商务印书馆，1988：15-18.

理解汉字的本质、发展历程以及文化内涵具有深远意义。在国内，学者们采用了多种研究方法来推动这一领域的发展。我们强调，在汉字构形研究中，虽然借助了多种方法和技术，但我们的目标是深入理解和传承汉字的文化内涵，而非仅仅追求技术上的精准或效率。在运用这些方法时，我们会注重人文关怀，避免陷入机械化的分析，确保研究成果能够真正体现汉字的独特魅力和深厚底蕴。

我们采用以下六种方式进行各种研究：

1. 传统文献学方法作为汉字构形研究的基础，其重要性不言而喻。学者们不仅深入研读古代经典文献，还注重结合历史背景和文化语境，对汉字的字形、字义、字音进行全方位的解读，力求还原古人的思维方式和构字智慧。

2. 古文字考释法通过细致入微的字形分析和辞例推勘，揭示了汉字构形的早期形态和发展脉络。在此过程中，我们尤为注重结合出土文物和遗址资料，对古文字进行多角度、多层次的考证，力求使研究结果更加贴近历史真实。

3. 现代结构分析法则引入了现代语言学和结构主义理论，为汉字构形研究提供了新的视角和工具。我们运用层次分析法、平面分析法、部件分析法等方法，对汉字的结构模式和构造原理进行深入剖析，同时注重与古代文献和古文字材料的相互印证，确保分析结果的准确性和可靠性。

4. 文化阐释法将汉字构形与中国古代的文化观念、社会制度、思维方式等紧密联系起来，从文化的角度解读汉字构形的形成和演变。我们努力挖掘汉字背后的文化内涵和象征意义，揭示其与古代社会生活的密切联系，为传承和弘扬中华文化贡献力量。

5. 统计分析法运用统计学的原理和方法对汉字字形数据进行量化分析，揭示了汉字构形的分布规律和演变趋势。我们注重数据的准确性和代表性，通过科学的方法对数据进行处理和分析，为汉字的教学、编码、输入法设计等应用领域提供有力支持。

6. 跨学科研究法强调不同学科之间的交叉融合和相互借鉴。我们注重吸收语言学、历史学、考古学、人类学、计算机科学等多个学科的研究成果和方法论，为汉字构形研究提供更为广阔和深入的理论支持和实践指导。

在汉字构形研究中，我们注重方法的多样性和综合性，同时也强调人文关怀和文化传承的重要性。我们力求在尊重历史、尊重文化的基础上，推动汉字构形研究的深入发展，为传承和弘扬中华文化、促进汉字的国际传播和应用贡献我们的智慧和力量。

（四）国内汉字构形研究的主要特点

国内汉字构形研究经过几千年的发展，逐步形成了自己的个性和特征，主要体现在以下五方面：

1. 历史悠久，体系成熟

汉字作为世界上最早诞生的文字系统之一，承载着人类文明的古老记忆。其构形研究也拥有着漫长而辉煌的历史。在这期间，无数的学者和研究者们不断积累和传承着宝贵的经验和智慧。经过数千年的发展和演进，汉字构形研究已经形成了一套成熟完善、严谨科学的体系。这个体系结构严谨、层次分明，为后人的研究提供了坚实的基础和丰富的资源。

2. 理论丰富，方法多样

汉字构形研究如同一片知识森林，涵盖了众多丰富的理论。其中，六书理论作为传统文字学的核心理论之一，为汉字的构造和分析提供了经典的框架；而三书说等新兴理论为汉字构形研究带来了新的视角和思路。同时在研究方法上，汉字构形研究也是不拘一格、多种多样。形态学方法从汉字的外在形态入手，剖析其结构和演变规律；语义学方法则深入挖掘汉字所蕴含的意义和语义关系；比较研究方法通过将汉字与其他文字系统进行对比，揭示其独特之处和普遍规律。这些丰富的理论和多样的方法相互交织、相互补充，共同推动了汉字构形研究的不断深入和发展。

3. 跨学科研究

汉字构形研究并非孤立地存在于语言学的范畴内，而是广泛地涉及历史学、考古学、文化学等多个学科领域。它就像一座桥梁，连接着不同学科之间的知识和思想。从历史学的角度，汉字构形的演变反映了社会政治、经济、文化的变迁；考古学的发现为汉字构形的起源和早期发展提供了实物证据；文化学则从更宏观的视角探讨汉字构形与民族文化心理、价值观念之间的深刻联系。这种跨学科的特性使得汉字构形研究能够从多个维度进行全面、深入的分析，为揭示汉字的奥秘提供了更广阔的视野和更丰富的研究手段。

4. 注重实践应用

汉字构形研究的成果并非仅仅停留在学术的殿堂里，而是广泛应用于汉字教学、汉字信息化处理、对外汉字教学等众多与现实生活密切相关的领域。在汉字教学中，教师们通过对汉字构形规律的讲解和分析，帮助学习者更好地理解和记忆汉字，提高学习效率和质量；在汉字信息化处理中，学者们对汉字构形的深入研究为汉字编码、输入法的优化等提供了理论依据和技术支持；在对外汉字教学中，汉字构形的特点和规律成为帮助外国学习者克服汉字学习困难、了解中华文化的重要途径。这些实际应用的成果不仅体现了汉字构形研究的实用价值，也进一步推动了研究的不断深入和发展。

5. 创新发展

在新时代的背景下，汉字构形研究紧跟时代步伐，不断展现出创新的活力。随着科技的飞速发展，人工智能、大数据等新兴技术被引入汉字构形研究中，为古文字的考释、汉字演变规律的分析等提供了新的方法和手段。同时，在研究理念和思路上也不断创新，更加注重多学科融合、跨文化比较等，为汉字构形研究开拓了新的领域和方向。这种创新发展的态势使得汉字构形研究能够适应时代的需求，不断焕发出新的生机和活力。

（五）国内汉字构形研究的不足

国内汉字构形研究虽然取得了很多亮眼的成绩，但仍不是完善的，在许多方面还有许多可以改进的空间，具体包括以下五个方面：

1. 汉字构形研究领域已经累积了丰富的理论知识，但现有的各种理论之间还处于一定的分散切割。我们必要时需要对这些理论进行全面、系统的整合并梳理框架，建立一个更为统一、和谐、科学且易懂的汉字构形理论体系。拥有了这样的框架才能够更好地进行各种理论的推理，展现其中的优势，避免内容重复和矛盾，为汉字构形研究提供更加清晰、明确、一致的研究方向。

2. 汉字构形研究已经凸显出跨学科这一特点，不同学科之间的融合与贯通还需要进一步加强和深化。不同学科之间的研究方向、方法、数据和成果的互通还不够完善，所以跨学科研究这一方面的广度仍需拓展。需要建立更加有效的跨学科合作机制和平台，促进不同学科之间的深度融合，共同攻克汉字构形研究中的难题。

3. 在当今数字化、信息化的时代，现代技术在汉字构形研究中的应用还不够充分和深入。应当更加积极地探索和利用人工智能、大数据等先进技术，提高汉字构形研究的效率和准确性。例如，利用人工智能进行古文字的识别和分析，利用大数据进行汉字演变规律的挖掘和预测等。同时，还需要加强技术人才与汉字构形研究专家之间的合作，推动技术与学术的深度融合。

4. 在全球化的背景下，汉字构形研究需要更加积极地参与国际交流与合作，提升在国际学术界的影响力和话语权。现在，我们与国际上其他文字研究领域的泰斗之间的交流还不够深入，国际合作项目相对较少。只有加强与国际知名研究机构的学者之间的合作，举办国际语言学术会议，积极向国际学术界展示我国对汉字构形研究的成果，吸收先进的研究理念和方法。

5. 汉字构形在大众中的宣传程度相对较低，我们要加大对汉字构形方面知识的推广程度和教育力度。融入日常教学当中，这样可以进一步加强青年对汉字构形内容和方法的了解程度，也提高学生对汉字构形的兴趣。同时通过各大媒体和网络渠道，向大众普及汉字构形的基础知识及其文化底蕴，增强民众对中国汉字文化的兴趣和热爱，提高全民的汉字素养。

近年来，汉字构形学领域在理论深化与实践应用两个维度均实现了显著的学术进展。在理论层面，学者们持续深入探究汉字构形的内在机制与规律，从微观至宏观，从局部至整体，对汉字构形的原理、方法及演变趋势进行了更为全面和系统的分析。这种深入的理论探索不仅丰富了汉字构形学的理论体系，而且为实际应用提供了更为坚实的理论支撑。通过对国内汉字构形研究的历史与现状进行详尽的梳理与分析，我们能够清楚地认识到，汉字构形学在我国学术界占据着举足轻重的地位，并产生了深远的学术影响。未来，我们需要继续加强理论创新，拓展跨学科合作，将研究成果与实际应用相结合，推动汉字构形研究的深入发展，为汉字文化的传承和发展做出更大的贡献。

二、国内汉字拆字修辞研究的历史

（一）国内拆字修辞研究的概念及其发展

拆字修辞法是将一个完整的汉字分解为若干个可独立成字的部分，借此巧妙地传递作者意欲表达的特定意义与情感。拆字修辞法具有其独特的形式特征，即"作者拆分，读者重组"。这表明作者在创作过程中有意识地将字拆解，打乱其原有的结构。而读者在阅读与理解时，需动用自身的思维能力，通过将拆解的部分重新组合、分析与联想，以领悟作者所欲传达的深层含义。这种独特的互动方式，不仅提升了文字表达的趣味性和神秘性，也对读者的智慧和对汉字的了解程度提出了挑战。

拆字修辞是中国古代文化中的一种独特表达方式，它在古代文学作品、对联、谜语等多种形式中都频繁出现，展现出其独特的魅力和价值。例如南北朝时期刘义庆的《世说新语》中记载的"杨修之死"的历史掌故：人饷魏武一杯酪，魏武啖少许，盖头上题"合"字以示众，杨修看到后将"合"字分解为"人一口"，会意成"一人一口"酪，这里曹操运用的就是拆字的修辞手法。又如，南宋女词人朱淑贞的《断肠词》，"下楼来，金钱卜落；问苍天，人在何方？恨王孙，一直去了；詈冤家，言去难留。悔当初，吾错失口；有上交，无下交；皂白何须问；分开不用刀；从今莫把仇人靠，千里相思一撇消"，全词十句话，每句都可作为拆字格修辞的谜面，谜底正好顺次为"一、二、三、四、五、六、七、八、九、十"这十个数码字。到了近现代，对于拆字修辞的研究逐渐深入和系统。一些学者对拆字的特点、功能、规律等进行了探讨和总结。五四运动以后，修辞学摆脱了文学批评的范围，成为一门独立的学科。当时的修辞研究主要有两种倾向：模仿西方的修辞著作以及辑录古人的说法。陈望道于1932年所著的《修辞学发凡》一书，堪称汉语修辞学领域中极为重要的作品。当今时代，学者们持续对拆字修辞进行深入研究。他们致力于明确拆字修辞格的界限，辨别真正的拆字现象与那些看似拆字实则不然的语言现象，并深入分析其特征与规律，旨在为人们恰当运用拆字技巧提供参考，同时促进汉字修辞学研究的进一步发展①。

拆字修辞的发展历程悠久，它不仅是中国汉字文化与修辞学研究的关键组成部分，而且随着时间的推移，研究领域还在持续深化与完善之中。

（二）国内汉字拆字修辞研究的主要代表人物及其理论

拆字作为一种独特的汉字修辞方式，吸引了众多学者的深入研究。以下几位国内学者在这一领域贡献卓著，他们的研究成果为我们理解和探索拆字修辞提供了宝贵的理论支持。

陈望道先生在其经典著作《修辞学发凡》中，对各种修辞方式展开了全面且系统的分析归纳。尽管这部作品并非专门聚焦于拆字修辞，但其中涉及的相关内容具有重要的启示意义。陈望道先生开创性地提出了"修辞两分野"和"消极修辞"等学说。"修辞两分野"将修辞明确区分为消极修辞和积极修辞，为修辞学的研究提供了清晰的分类框架。消极修辞强调语言表达的准确性和明白性，旨在使语言表达清晰、通顺、平匀、稳密，这种学说为中国法律语言研究的开创和发展提供了正确的理念、理论、方法和范式。其理论体系的构建对于拆字修辞的研究同样具有指导性，促使研究者在分析拆字现象时，不仅关注其形式的独特性，还能深入思考其在语言表达中的准确性和效果②。

20 世纪 30 年代，杨树达先生在清华大学教授修辞学。他的讲稿历经多次增订完善，最终出版了《中国修辞学》一书。在书中，杨树达深入剖析了汉字在不同语境中的运用和变化，为我们理解拆字在语言表达中的多样性和灵活性提供了丰富的视角。杨树达在传统"六书"理论的基础上，进一步清理象形与指事的界限，对汉字结构进行更为精细的分类。他坚持从汉字的字形出发，深入探究其原始意义和含义的演变。以"民"字为例，根据甲骨字形，他推断"民"的本义是"瞑"，表示眼睛合上。后来借作"民众"之"民"，是因为音近通假。随着时间的推移，"民"字原本表示"瞑"的意义逐渐转移到了新造的"瞑""眠"等字上，这一现象清晰地体现了同音假借所造成的字义变迁。在对汉字进行广泛而全面的探究后，他成功提炼出了汉字演化

① 袁晖，宗廷虎．汉语修辞学史［M］．合肥：安徽教育出版社，1990：125-126.
② 陈望道．修辞学发凡［M］．上海：大江书铺，1932：35-36.

的普遍规律。他深刻认识到，汉字的变化并非杂乱无章，而是受到其他多种因素的综合作用，这些因素涵盖了社会的演进、语言的交流以及书写工具的革新等。例如，随着社会的不断进步和人类思维的日益复杂化，汉字的数量逐渐增多，新的字形和字义不断涌现；与此同时，为了书写上的便捷，部分汉字的字形也经历了简化的过程。杨树达通过对这些现象的深入研究，揭示了汉字发展背后的内在逻辑和推动力。他的研究成果对于理解汉字的演变过程及其应用具有极高的参考价值。在现代社会，汉字的使用环境和方式经历了翻天覆地的变化，电子领域的广泛使用和网络语言的兴起都对汉字的传承和发展提出了新的挑战。杨树达的研究成果为我们应对这些挑战提供了宝贵的启示。它让我们认识到，汉字的演变是一个遵循一定规律的历史过程，在创新和发展汉字文化的同时，我们应当尊重其内在规律和传统。

曹石珠所著的《汉字修辞学》和《汉字修辞研究》在学术界占据着举足轻重的地位。他在中国修辞学史上首次构建了具有中华文化特色的汉字修辞学体系。该体系详尽地阐释了汉字修辞的一系列理论问题，包括对拆字、并字、增笔、减笔、借形、合形、变形、联边和倒字等九种汉字修辞格所做的深入分析和探讨。

他认为，"拆字"是将汉字的形体巧妙地拆分为几个独立的汉字或偏旁，从而实现特定的修辞效果。其显著的特点在于"作者离，读者合"，作者将汉字拆分书写，而读者需要在阅读过程中进行组合和理解。"并字"则是将几个汉字融合合并成一个全新的汉字。其特点为"作者合，读者离"，作者在创作时将多个汉字合为一体，而读者在解读时需要将合并的字分离还原，去理解其原本所包含的多个汉字的意义。"增笔"即在原汉字的基础之上增加笔画，从而形成一个新的字，以此来达成某种特定的修辞效果。通过增加笔画，不仅能够改变字的意义，还能够塑造出不同的形象。"减笔"与之相反，通过减少原汉字的笔画，形成新的字。这样做既可以使字形变得简洁明了，又有可能引发读者对原字的联想和思考，从而在简洁中蕴含丰富的意义。"借形"是借用某个汉字的形体来表示另一个与之相关或相似的意义。它巧妙地借助了字形的相似性来传递特定的语义，让读者在看到字形的瞬间能够联想到相关的意义，实现快速而有效的信息传达。"合形"则是将两个或多个汉字的部分形体组合在一起，构建成一个具有全新意义的字。"变形"通过改变汉字的形状或结构，从而产生特殊的修辞意义。它使得汉字在形态上发生显著的变化，能够迅速引起读者的注意和深入思考，增强表达的冲击力和感染力。"联边"特意选用一些具有相同偏旁的汉字来进行表达，利用偏旁的相同，不仅增强了语言的节奏感，还营造出一种形式上的美感，使读者在阅读时能够感受到一种韵律和和谐。"倒字"是将汉字的顺序颠倒使用。通过字序的颠倒，创造出别样的表达效果，可能带来新奇的感受或者强调的作用，使表达更加生动活泼。这些汉字修辞格充分体现了汉字独特的构形特点和无比丰富的表现力。它们通过巧妙地运用汉字的形体变化，极大地丰富了语言的表达方式，显著增强了语言的艺术感染力和趣味性。在探讨汉字拆分现象的论述中，曹石珠详尽地阐释了其特征、规律以及修辞功能，并系统地论述了离合字的演变与发展趋势。他的研究不仅充实了汉字修辞学的理论宝库，而且为拆字修辞的研究构建了更为系统化和全面化的理论框架，有助于我们从历史与文化的角度深入探究拆字修辞的发展轨迹及其内在逻辑①。

这些学者的研究成果从多角度丰富和深化了我们对拆字修辞的理解。他们的理论与实践探索为后续研究奠定了坚实的基础，并提供了宽广的思路，促进了汉字修辞学的持续发展与创新。

（三）国内汉字拆字修辞研究的主要研究方法

汉字作为中华文化的瑰宝，承载着丰富的历史和文化信息。而汉字拆字作为研究汉字的一个重要方面，具有独特的价值和意义。为了深入探究汉字拆字这一领域，学者们运用了多种研究方法，这些方法相互补充、相互印证，为揭示汉字拆字现象的奥秘提供了有力的支持。

第一，在这一研究领域中，文献研究法在汉字拆分研究中占据着至关重要的地位，广泛搜集并深入分析古代与现代关于汉字结构、演变以及拆分相关的文献资料是不可或缺的步骤。这些资料包括了种类繁多的资源，例如古

---

① 曹石珠. 汉字修辞研究［M］. 长沙：岳麓书社，2006：154，175，183.

代的字书，它们作为汉字研究的权威著作，对汉字的字形、结构及其意义进行了详尽的记录和阐释；训诂学著作则专注于对字词含义的考证和阐释，为深入理解汉字拆分的内涵提供了坚实的学术基础；而语言学论文从更为现代和专业的视角对汉字拆分进行分析和探讨。通过广泛阅读和深入研究这些文献资料，我们能够站在前人的肩膀上，掌握他们在汉字拆分方面所取得的研究成果和独到见解。

这不仅为我们的研究提供了宝贵的参考，还能够帮助我们避免重复前人已经走过的弯路，从而更有针对性地开展新的研究。

第二，是字形分析法。对于汉字的字形，我们需要进行细致入微的观察和分析，涵盖笔画、部件、结构等多个方面。汉字的笔画有着独特的形态和书写规则，其走向和组合方式往往蕴含着特定的意义。部件则是构成汉字的基本单元，不同的部件组合形成了丰富多样的汉字。汉字的结构展现出极为丰富的变化，包括但不限于上下结构、左右结构、包围结构，通过对比分析不同时期、不同风格的汉字，我们能够明确地观察到汉字在悠久历史进程中的形态演变。例如，从远古的甲骨文到金文，继而发展至篆书、隶书、楷书，每一种书体均映射出其时代特有的社会文化背景及书写传统。借助此类比较研究，我们得以深入探究汉字的发展规律，掌握其演变的轨迹与推动力。

第三，历史比较法的应用是通过对不同时期汉字拆分现象的对比分析，我们才得以深入理解汉字拆分的演变历程及其成因。从甲骨文的生动形象描绘，到金文的规整与华丽，再到篆书的优美线条、隶书的扁平舒展以及楷书的规整端庄，每一种书体均展现了独特的拆字特征。在这一演变过程中，我们能够发现线索，探究社会变革、书写工具的演进、文化交流等多重因素对汉字拆分方式的影响。例如，随着社会的进步，一些复杂的字形逐渐简化，拆字方法也随之改变，以满足书写便捷性和传播效率的需求。

第四，文化分析法最终表现出的汉字不仅是符号，更是文化的承载者，它映射了社会、历史、哲学、宗教等多个维度的内涵，从文化视角审视汉字的结构分析，有助于我们更深刻地领会汉字所蕴含的文化意蕴。例如，特定汉字的结构分析可能与古代的祭祀仪式、农耕文化、家族制度等紧密相连。

通过对汉字与文化关系的研究，我们能够揭示结构分析背后所蕴含的文化密码，进而更有效地传承和推广中华文化。

第五，案例分析法是典型的一种研究方法。通过选取具有典型性的拆字案例进行细致的分析，有助于我们更精确地理解拆字的构成原理、意义的演变以及其在具体语境中的应用方式。对这些典型案例进行研究，可以让我们归纳出普遍性的规律和特征。例如，对于那些蕴含特殊历史背景或文化内涵的拆字案例，我们能够分析其在文学作品、民间传说、历史典故中的运用，探讨其如何通过拆字表达特定的情感、思想或价值观。

第六，研究采用统计分析法是通过对大量汉字拆分实例进行系统性统计，从而客观、精确地掌握汉字拆分现象。通过分析拆分汉字的频率、类别及规律等数据，能够揭示潜在的趋势与模式。这些数据不仅能够验证研究假设，而且为后续研究提供方向和依据。例如，通过对不同文体、不同历史时期拆分汉字的频率进行统计分析，可以探讨社会文化背景对汉字拆分应用的影响。

第七，跨学科研究法的应用融合了心理学、认知科学等领域的理论与方法论，有助于我们深入剖析人们对汉字拆解的认知过程及其心理机制。从心理学视角审视，拆解汉字时所涉及的思维模式、记忆策略以及对图形与符号的认知特性，均对汉字拆解的理解与应用产生重要影响。认知科学则能从大脑信息处理机制、语言习得过程等维度，为汉字拆解研究提供新的理论支撑。此类跨学科研究方法为我们开拓了新的视野，使我们得以从更为微观、更为本质的层面，理解汉字拆解现象。

第八，实验研究法是一种从科学层面延伸的研究方法，精心设计实验，安排参与者进行汉字拆解活动，并观察他们的反应及其所采取的策略，研究者就能够直接获取原始数据。在实验过程中，研究者可以设定多种任务和条件，如时间限制、特定提示的提供或干扰因素的引入，以此来观察参与者在不同情境下的汉字拆解表现。通过对所得实验数据的深入分析，研究者能够揭示人们在汉字拆解过程中的认知负荷、注意力分配以及问题解决策略等多方面的特征，进而为汉字拆解的教学和实际应用提供科学的理论支持。

综合运用以上多种研究方法，能够使我们更全面、更深入地开展汉字拆字研究。文献研究法为我们奠定理论基础，字形分析法让我们从微观层面了解汉字的结构，历史比较法揭示演变的脉络，文化分析法挖掘背后的文化内涵，案例分析法提供具体的研究样本，统计分析法提供量化的数据支持，跨学科研究法拓展研究的视野，实验研究法获取直接的实证依据。只有将这些方法有机结合起来，我们才能够逐步揭示汉字拆字现象的本质和规律，更好地传承和发展汉字文化，为人类的语言文字研究做出更大的贡献。

（四）国内汉字拆字修辞研究的主要特点

和汉字构形研究一样，汉字拆字修辞研究也具有自己鲜明的特点。

1. 对文化内涵的深入探究

国内学者在拆字修辞研究方面，重视从历史的纵深中追溯其起源及发展脉络。通过系统整理古代典籍、诗词歌赋中拆字修辞的运用，深入探究其所蕴含的文化内涵。此类研究视角有助于揭示拆字修辞与中国传统文化之间的紧密联系，并彰显其在传承民族文化方面的独特价值。

2. 关于语言艺术的探讨

汉字拆字修辞学研究着重于拆解汉字过程中所形成的独特语言艺术效果，并对其进行深入分析。例如，在诗词、对联、谜语等文学体裁中巧妙地运用拆字修辞，以此来提升语言的趣味性、含蓄性和表现力。

3. 汉字结构规律探究

汉字拆分修辞学研究致力于深入剖析汉字的构造特征及其分解规律，涵盖字形、字音、字义以及汉字各组成部件间的相互关系，系统地梳理并总结出各种拆字技巧的逻辑与规则。

4. 对现代语言应用的拓展

拆字修辞在现代广告、网络语言、文学创作等领域都进行了创新运用，不少研究会深入探讨其如何适应时代发展，为现代语言表达增添魅力。这种研究方向有助于推动拆字修辞在当代社会的活态传承和发展。

5. 跨学科视角

此项研究往往需要结合语言学、文字学、修辞学、心理学等多学科的知识和方法，进行综合分析和研究。

（五）国内拆字修辞研究的不足

作为一种的修辞方式，汉字拆字现象在文学作品和人们的日常生活中很常见。但目前对于它的研究却存在着很大提升的空间。

1. 研究深度和系统性有待加强。尽管已有不少研究成果，但在对拆字修辞的内在机制、生成原理等方面的研究还不够深入和系统。例如，对于拆字修辞中字的拆分与组合的规律，以及其与语言结构、语义表达之间的深层关系，还需要更细致地探讨和总结。

2. 跨语言比较研究相对薄弱。目前的研究主要集中在汉语中的拆字修辞，对于其他语言中类似现象的比较研究较少。开展跨语言的比较研究，有助于揭示拆字修辞在不同语言中的共性和个性，拓展研究视野，为语言共性和语言类型学的研究提供新的视角。

3. 实证研究方法的运用不足。在研究方法上，以理论分析和文献研究为主，实证研究相对较少。应该加强实验与调查等证实手段，在拆字修辞的认知处理的过程、受众群体的理解以及接受程度上进行量化分析，提供更为科学且具有说服力的研究成果。

4. 针对应用研究的创新性和实用性的不足，在现代语言应用结合的研究中，创新性和实用性的提升空间依旧广阔。所以我们需要进一步探索拆字修辞在新媒体、人工智能等新兴领域中独特的应用方式和实际效果，这样才能为语言技术的发展和创新提供更多的方向。

所以，国内拆字修辞研究在取得一定成果的同时，也存在一些需要改进和完善的地方。未来的研究应在深化理论研究、加强跨语言比较、运用实证方法以及拓展应用研究等方面不断努力，推动拆字修辞研究的进一步发展。

第二节 西方世界的汉字构形研究

一、17—18 世纪西方世界的汉字构形研究

17—18 世纪，西方世界对汉字构形的研究逐渐兴起。这一时期的西方学

者对汉字的兴趣日益浓厚，试图探索和理解汉字的构形规律及特点。17 世纪，传教士是汉语学习与研究的主力军。他们在学习汉字上遇到诸多困难，对汉字抱有一些负面评价。然而，他们也将汉字的相关知识介绍到了欧洲。此外，这一时期旅居国外的中国留学生，也成为介绍汉字构形研究内容的主要人员。18 世纪，索隐派兴起，以白晋（Joachim Bouvet）、马若瑟（Joseph de Prémare）为代表的索隐派传教士对中国古代经典神秘意义的解读和对汉字的分析相辅相成。他们在基本笔画和字形的基础上，对其他汉字各个部分进行解构、分析、联系，搭建出一套汉字的解读方式。不过，这种释义方法存在过度解读的问题，他们的汉字研究更多是神学论述。这一时期的研究为西方汉学的发展奠定了基础，促进了西方对中国文化的进一步了解。同时，也在一定程度上影响了西方语言文字学的发展，为比较文字学等领域的兴起提供了条件。

（一）卫匡国

卫匡国（Martino Martini，1614—1661），原名马尔蒂诺·马尔蒂尼，是一位来自意大利的天主教耶稣会传教士，同时也是在汉学领域颇有建树的学者。"卫匡国"便是他为自己所取的中文名字。他出生于意大利北部的特伦托，这座城市赋予了他生命的起点，也为他未来的传奇之旅埋下了伏笔。1631 年，马尔蒂尼投身于耶稣会。1638 年，他肩负着传教的使命，踏上了前往中国的漫漫征程。1640 年，他抵达印度果阿。但由于缺乏船只等一系列不利因素，直至 1642 年，他才终于成功越过重洋，抵达中国澳门。1643 年的夏天，历经无数艰辛与磨难的他，终于抵达了杭州。在这片充满神秘与魅力的土地上，他给自己取了中文名字"卫匡国"，其中蕴含着"匡救国家"的深意，这里的"国"指的便是中国。他还取号"济泰"，此号承载着"帮助、协助、救助"的美好寓意。卫匡国来到中国后，活动范围广泛。他对中国的山川地理进行了深入考察，对各地的人物掌故更是了如指掌。在这个过程中，他全身心地投入到汉文华语的学习中，广泛阅读中华典籍舆志，不断积累知识，其对中国历史文化的造诣日益深厚。1650 年下半年，卫匡国偕同米尼克前往福建。在此期间，他因出众的才能和坚定的信仰，被委任为中国耶稣会传教团代理人。随后，他肩负着重大使命，奔赴罗马教廷，为中国礼仪进行辩护。

1651 年 3 月 5 日，他离开中国，踏上了前往欧洲的旅程。1654 年底，卫匡国在罗马参加了一场关于中国的礼仪之争。在这场激烈的辩论中，他与"多明我派"展开了激烈的交锋。凭借着对中国文化的深刻理解和坚定信念，他的见解最终获得了胜利。罗马教廷随后颁布敕令称，中国教徒的敬天、祭祖、尊孔等礼仪，只要不阻碍天主教的传播，均可照旧进行。这一敕令不仅为西方传教士进入中国排除了诸多障碍，也在一定程度上促使天主教逐渐与中国的传统文化相融合，实现了一定程度的中国化。1657 年 4 月，怀着对中国的深厚情感和面临未竟的传教事业，卫匡国再次踏上了前往中国的旅程。此次归来，他甚至有幸觐见了清顺治帝，足见其在当时所受到的重视。此后，他返回杭州继续传教。在浙江巡抚余国器的大力协助下，他在杭州着手重建教堂，经过持续不懈的努力，新教堂于 1661 年竣工。教堂在当时被誉为西式建筑的典范，因其充分体现了卫匡国对传教事业的坚定执着与热忱。但是，令人深感遗憾的是，1661 年 6 月，卫匡国因感染霍乱，不幸在杭州逝世，享年47 岁。最后被安葬于老东岳大方井天主教墓地，结束了充满波折与传奇色彩的一生。卫匡国被誉为杰出的汉学家，是因为他在欧洲游历期间，用拉丁文精心撰写了许多具有深远影响的著作，这些作品全面而深入地介绍了中国悠久的历史、地理风貌和独特的文化。

其中包括编年体的历史巨著《中国上古史》、介绍中国地理知识的《中国新图志》，以及描述关于当时中国战争情况的《论鞑靼之战》。

在汉字研究领域，卫匡国的《中国文法》一书具有开创性的意义。此书的出版，将汉字的 214 个部首介绍给了西方世界。受其影响，西方人一度认为这 214 个字宛如西方语言学构词法中的"词根"，只要理解了这些"字根"的基本含义，便能轻松理解由其构成的复合字的意义。然而，事实证明，这种分析方法虽然在一定程度上有助于记忆汉字，但对于深入理解和准确解释汉字的含义却存在明显的局限性。比如"线"字，由"丝"和"泉"构成，但从意义上看，却无法像印欧语系中那样，简单地通过"丝"和"泉"两个字根的叠加来进行直接解释。在西方人学习汉字的过程中，他们逐渐认识到，复杂的汉字的确是由简单的汉字或部件组合而成。但是，他们也发现，汉字里最为重要的表意部分并非只是部首。所以在 19 世纪，英国传教士乔书亚·马士曼（Joshua Marshman）深受此观点的影响，写出《中国言法》这本著作。

卫匡国许多著作在中西方文化交流的历史长河中，具有不可磨灭的重要时代意义。他为了使西方世界更了解中国的历史、地理、文化等各方面知识，提供了无比珍贵的资料，极大地丰富了西方人的眼界。看得出，他的研究成果对西方的汉学研究产生了深远持久的影响，为后续的学者们提供了广阔的研究道路，进一步激发了他们对中国文化探索的热情①。

（二）马若瑟

马若瑟（Joseph de Prémare，1666—1736），法国人，天主教耶稣会传教士。与白晋（Joachim Bouvet，1656—1730）一起成为索隐派代表人物。他的一生，充满了传奇色彩，在中西方文化交流的历史长河中留下了深刻的印记。1683 年，马若瑟加入耶稣会（法国教区）。1693 年，路易十四决定向康熙皇帝赠送一些珍贵无比的礼物，同时批准白晋带领一批新的耶稣会士返回中国。白晋精心挑选了 12 位优秀的人才一同赴华，马若瑟和另外 7 个人于 1698 年 3 月 7 日，与白晋一同登上了安斐特里特号。经过漫长的海上航行，他们于 11 月 7 日抵达广州，随后在 1699 年成功抵达江西省会南昌。马若瑟被安置在南昌以南约 150 千米的建昌（如今为南城），并在此地持续生活至 1721 年。马若瑟将自己的大部分时间和精力都投入到了对中国语言和文学的深入研究之中，而将传授基督教教义这一任务托付给了助手。他坚信，通过对中国丰富藏书的精心钻研，能够为归化中华民族的信仰发挥出更为显著的作用，做出更为重大的贡献。1714 年，马若瑟因其卓越的才能和深厚的学识，被召唤到北京宫廷，与白晋共同开展工作。在北京宫廷的这两年时间里，他充分展现了自己的才华和智慧。当他获得许可返回南方的江西省时，便开始以一种全新的方式投身于索隐主义的研究。1724 年，基督教在中国遭遇禁令，马若瑟无奈之下，不得不告别他在江西省的传教点，向南行进至广州。在广州，他开启了一种截然不同的新生活。1733 年，他又迁居至澳门。据一些相关书籍

---

① 刘平. 中国天主教艺术简史［M］. 北京：中国财富出版社，2014：245-247.

的记载，他于 1736 年在澳门与世长辞。

马若瑟精通汉文，留下了众多用汉文撰写的用以宣传天主教教义的书籍，同时也创作了许多用拉丁文、法文写成的研究中国的重要著作。关于马若瑟在汉字构形方面的研究，主要体现在他的著作《汉语札记》（*Notitia Linguae Sinicae*）中。《汉语札记》是西方汉语研究史上第一部既介绍白话又介绍文言文的语法著作。在书中，马若瑟对汉字的构形研究进行了探讨和分析。书中体现的研究特点之一是，强调不能简单地将西方语法模式用于汉语。他意识到，汉语语法有自己的独特性，所以试图突破拉丁文法的范本来描绘汉语的语法结构。马若瑟在书中收集了一万两千多个中文例句，通过这些实例来阐述汉语文言文和白话的语法特点。例如，他对汉字的部件、结构以及它们如何组合表达意义等方面进行了解释。尽管关于马若瑟对汉字部首的具体研究细节，并没有翔实完备的记载，但毋庸置疑的是，在他钻研汉字的过程中，充分吸收了中国传统"小学"的治学精髓。举例来说，在《汉语札记》里，他匠心独运地构建了一个层级分明的中国文学典籍分类表。该表共分为 9 个级别，涵盖了多达 49 部的经典之作。通过考察汉语中那些最具代表性作者的语言风格和语言结构，成功地揭示出汉语语言典型的语法现象和主要特征。这种深入的研究为后来者理解和研究汉语提供了宝贵的思路和方法。然而，需要注意的是，马若瑟的研究是在当时的历史背景和学术条件下进行的，可能存在一定的局限性。但他的工作为后来西方对汉字构形的深入研究奠定了基础，对欧洲汉学史和世界汉语教育史都产生了深远的影响。《汉语札记》的成书和出版经历了颇为曲折的过程。马若瑟于 1728 年完成此书，但手稿在寄回法国后，被束之高阁。直到 19 世纪初，被年轻的汉学家雷慕沙（Jean-Pierre Able-Rémusat）发现并抄录，该书才逐渐受到关注，并于 1831 年正式出版。彼时距他离世已过去了 70 多年，堪称一部珍贵的遗著。

马若瑟在汉学领域的造诣达到了极高的水平，后世学者一致公认他是西人汉语文学专家和易学专家中的杰出代表。他的研究成果和众多著作，极大地促进了西方对中国语言、文学和文化等方面的深入了解，为中西方文化交流搭建了重要的桥梁，其贡献不可磨灭，影响深远持久①。

（三）黄嘉略

黄嘉略（1679—1716），原名黄日升，福建莆田人，是中国第一个定居巴黎的留学生，在中西文化交流史上具有重要地位。黄嘉略出生于天主教家庭，教名是 Arcade。他七岁丧父，母亲将他交给在莆田的巴黎外方传教会传教士李斐理抚养。李斐理请当地最好的儒师教他中文，自己则教他天主教神学和拉丁文。后来，李斐理又把黄嘉略托付给主教梁宏仁。1702 年，梁宏仁奉命到罗马汇报礼仪之争的情况，顺带黄嘉略同往。他们于 2 月 17 日从厦门乘英国船出发，途经伦敦、巴黎，1703 年到达罗马。1706 年，梁宏仁完成任务后回巴黎，候船回中国，但因健康问题滞留巴黎，黄嘉略因此不能回国。经法国王家学术总监比尼昂教士推荐，黄嘉略开始教法国人汉语，并获得一份年金。此后，他受聘为国王路易十四的中文翻译官，任务包括翻译传教士信函，整理皇家图书馆中文书籍并翻译诸如天文学和中国经典著作章节的原文，以及编写汉语语法与汉法词典等。黄嘉略在法国期间，与许多法国学者有着密切的交流。他身边围着一群对中国文化充满兴趣的法国学者，其中包括著名思想家、法学家孟德斯鸠。黄嘉略还协助孟德斯鸠发表了《波斯人信札》及《论法的精神》等著作。据相关研究，孟德斯鸠在酝酿《波斯信札》时，从黄嘉略的谈话中获得了很大启示。书中的主人公于斯贝克便是以黄嘉略为原型塑造的，而《信札》中至少有五处直接取材于他们的谈话。此外，孟德斯鸠在其巨著《论法的精神》中六次直接引用他们的谈话内容。

在汉字及其部首的研究方面，黄嘉略做出了开创性的贡献。他曾编写了《法汉字典》一书，这部未完成的作品手稿藏于巴黎国立图书馆东方部。起初，字典的第一部分是按音序排列的 401 个字，但弗雷莱认为不习汉字的法国人无法按照汉字读音进行检索，建议他改用易于视觉识别的部首进行排序。于是，黄嘉略改变了方法，第二部分采用部首排列，共 5210 字。在此书中，黄嘉略并不满足于简单地编写字典，而是将其打造为一部介绍中国文化的

① ［美］龙伯格. 清代来华传教士马若瑟研究 ［M］. 李真，骆洁，译. 郑州：大象出版社，2009：1-9，82-88.

"辞海"。例如，他为"山"所写的释义，不仅解释了山在中国有五座名山以及泰山的位置和其在称呼岳父时的特殊用法，还提到了"有眼不识泰山"这句谚语的含义。通过这样的方式，他让法国人更多地了解了中国的常识。

黄嘉略是用法语编写汉语字典和汉语语法的第一人，也是向西方介绍汉字部首的第一人，他的工作为西方学习和了解汉字提供了重要的参考和基础。然而，由于一些原因，他在法国汉学界曾寂然无名。傅尔蒙和费雷莱在与他合作编写字典后，为争取名位而刻意歪曲了很多事实。尽管如此，黄嘉略的贡献仍然不可忽视。他的研究成果对后来西方对汉字的研究和中西文化交流产生了深远的影响①。

由于汉字构形体系与西方字母文字差异巨大，17—18世纪的西方学者对汉字构形的研究面临诸多挑战，但他们仍取得了一定的成果，如认识到汉字的基本构形原则，并尝试与西方语言文字对比以揭示其独特之处等。这一阶段的研究推动了西方汉学的发展，增进了对中国文化的认知，也在一定程度上作用于西方语言文字学，为相关新领域创造了条件。

二、19世纪西方世界的汉字构形研究及汉字拆字教学

19世纪，西方对汉字的研究进入了音形义的新阶段。卫匡国出版的《中国文法》将汉字214部首介绍给西方人，使他们认为这214个字如同西方语言学构词法中的"词根"。但马士曼指出了这种观点的局限性，他在《中国言法》中提出汉字由根字（primitive）、构字部件（formatives）和派生字（derivatives）组成，部首仅是根字中的一个部分，同一字根派生出的新字与根字之间的关系是字音相近、部首不同。这一发现促进了19世纪中后期传教士和汉学家们对汉字音形义关系的积极探讨，他们开始注意到构字部件的表音功能，进而推导出语音相同相近汉字在意义上和语源上的关联性。同时，西方的学者们也开始使用拆字法来进行汉字教学，以期为西方寻找到更为快速且便利的学习汉语的方式。在这一时期，历史比较语言学盛行，传教士和汉学

---

① 许明龙. 黄嘉略与早期法国汉学［M］. 北京：中华书局，2004：158-176.

家们受其影响，逐渐走出对汉字形体神秘解读的执念，以更加科学客观的态度分析汉字结构，并开展真正的汉字语言学研究。

（一）乔书亚·马士曼

乔书亚·马士曼（Joshua Marshman，1768—1837）出生于英国威尔特郡的韦斯特伯里一个平凡的家庭。1794 年，马士曼举家搬迁至布里斯托尔。在那里，他受洗成为布里斯托尔的布罗德梅教堂的一名虔诚教徒，并进入大学深造。在大学的 5 年时光里，他潜心研读经典著作，深入探索希伯来语和叙利亚语的奥秘。1799 年 5 月 3 日，马士曼踏上了传教士的征程。当月 25 日，他乘坐美国轮船"标准号"从伦敦扬帆起航，于同年 10 月 12 日抵达加尔各答，随后在第二天便到达了位于胡格利的塞兰布尔。自此以后，他在印度这片土地上辛勤工作和生活了 30 多个春秋，直至 1837 年 12 月 7 日与世长辞。在印度期间，马士曼与凯里、沃德两位传教士紧密合作，分工明确。他主要负责学校方面的工作，并成为教会的执事之一，为教会的发展和教育事业倾注了大量的心血。大约在 1805 年，在亚美尼亚人乔安斯·拉萨（Joannes Lasser）的悉心指导下，马士曼开启了学习汉语的征程。马士曼在汉语学习的道路上克服了重重困难，最终成功完成了第一部汉语《圣经》全译本，并于 1822 年正式出版，这一成就具有里程碑式的意义。马士曼不但完成了这一重要的翻译工作，还编撰了许多有关汉语的珍贵资料，覆盖语法、字体、读音等多个方面。同时，他将《论语》《大学》等中国经典著作翻译成英文，以英文的形式呈现给世界，为中西方文化交流搭建了桥梁。此外，他积极鼓励印度学校采用印度语言进行教学，为印度教会的本土化进程做出了重要贡献。正因如此，他与凯里、沃德通力协作，被誉为"塞兰波尔三人组"。

马士曼在汉语研究和翻译领域的贡献不可小觑，他的工作为促进东西方文化交流发挥了积极且重要的作用。他所著的汉语语法书《中国言法》是英语世界最早的汉语语法著作之一，比中国学者马建忠的《马氏文通》还要早 80 多年。尽管他从未亲身涉足中国这片古老的土地，但凭借着不懈的阅读和深入的研究，他对汉语的理解达到了比较精深的境界。在《中国言法》中，马士曼开创性地提出了关于汉字中根字（primitive）、构字部件（formatives）

和派生字（derivatives）的独到观点。他敏锐地洞察到，部首仅仅是根字里的一个组成部分，并且深刻地指出，由同一字根派生出的新字与根字之间存在着紧密的联系，其显著特征便是字音相近，而部首有所不同。1 个汉字能够成为其他 10 个甚至 12 个汉字的根（root）。这些由同一个根字繁衍而出的字，读音与根字大致相同，仅仅存在细微的变化。为了使这一发现更具说服力和准确性，马士曼不辞辛劳，在一位中国助手的得力协助下，耗费了长达 15 个月的宝贵时间，对《康熙字典》所收录的浩如烟海的汉字进行了全面而细致的整理。功夫不负有心人，他成功地梳理出了字与字之间复杂而精妙的派生关系。在此过程中，他还惊喜地发现，除了众所周知的 214 个部首之外，经常与其他部件相互组合从而构成新字的字竟然多达 1869 个。这些字在他看来，无疑是整个汉字系统的核心所在，具有举足轻重的地位。马士曼的这一伟大发现，犹如一颗投入平静湖面的巨石，在 19 世纪中后期的传教士和汉学家群体中激起了千层浪，极大地促进了他们对汉字音形义关系热烈而积极的探讨。在此之前，他们对于汉字的研究往往侧重于形体和象征意义，而马士曼的观点犹如一盏明灯，使他们开始将目光聚焦于构字部件的表音功能。在这一崭新视角的引领下，他们进一步推导出语音相同或相近的汉字在意义上和语源上所存在的内在关联性。这一系列的探索和发现，无疑为汉字研究打开了一扇全新的大门，引领着这一领域迈向更加深入和广阔的天地①。

（二）鲍康宁

鲍康宁（Frederick William Baller，1852—1922），内地会英国籍传教士、浸信会人士、汉语语言学家、汉学家和教育家。鲍康宁在 17 岁时皈依基督，之后在英格兰的宣教学院学习。1873 年 9 月 3 日，他离开英国，乘船前往中国，并于 11 月 5 日抵达上海，随后在南京学习汉语。其在华最初几年主要在安徽和江苏两省从事宣教工作，同时他也是一位开拓者，曾在山西、陕西、湖南、湖北和贵州等地进行了广泛的旅行考察。鲍康宁在华生活了 49 年，期间参与了《圣经》中文译本"和合本"的翻译工作。他著述丰富，编写了多

---

① 韦小艳. 马士曼《论中国语言的文字和语音》的研究［D］. 厦门：厦门大学，2018：5.

部供传教士学习使用的教材，比如文理教材和官话教材等；还将司布真的生平翻译成中文；也曾把清朝的圣谕广训白话版翻译为英语。其主要作品包括《英华词典》《普通话初级读本》（又译为《英华合璧》，共出版 14 版）、《一成语一课》《新约辞汇分析》《文理教程》《圣谕英译》和《戴德生传》等。1900 年到 1918 年，鲍康宁作为圣经修订委员会的成员，从事普通话新旧约修订工作（中文《和合本圣经》）。完成《戴德生传》之后，他在上海去世，并葬于上海。

鲍康宁在中国生活时，一直关注汉语教学，并凭借自身的努力在此领域做出了很大的贡献。鲍康宁深刻地认识到，对外国人而言，汉字学习堪称一项艰巨的任务。面对这一难题，他独具慧眼，采用了汉字拆字教学这一创新的方法。汉字拆字教学，从字面上来说，就是将汉字拆分成单独组成的部分。然后，深入剖析这些部分所蕴含的意义以及它们之间独特的组合变化，帮助学生理解和记忆汉字的含义和结构。这种教学方法的优势在于，能够让学生以更加直观的方式了解汉字的构造逻辑。从例子上看，像"明"这个字，可以拆分成"日"和"月"，意思即为日和月交相辉映从而带来明亮。通过这种生动形象的拆分讲解，学生能够更加深刻地领会汉字中丰富的意象特点，从而大幅提高识字的效率和效果。1878 年，鲍康宁精心编写了《英华合璧》（*A Mandarin Primer*）这部教材。从 19 世纪 70 年代末一直到 20 世纪 30 年代，在长达半个世纪左右的时间里，这部教材竟然一共发行了 14 版。如此广泛的发行和多次再版，足以证明其在当时对于在华西方人的汉语学习产生了颇为显著的影响。这部教材很可能充分运用了他所倡导的拆字教学方法，为学习者提供了系统且实用的学习指导①。

19 世纪，西方对汉字的研究步入新阶段。西方学者们一开始对汉字的理解较为片面，之后逐渐深入。他们开始重视汉字音形义的关联，意识到构字部件的作用，并采用拆字法开展教学。因为历史比较语言学的兴起，这一时期的西方学者开始摒弃神秘解读，以科学客观的视角分析汉字结构。这一转

---

① 付碧 . 鲍康宁《圣谕广训》英译本研究 [D]. 上海：上海师范大学，2018：4-5.

变开启了西方对汉字的系统且科学的语言学研究，为汉字在西方的传播和认知打开新局面。

三、20 世纪西方世界的汉字构形研究及汉字拆字教学

20 世纪，西方世界对汉字构形的研究愈发深入和多元化。众多学者从不同学科领域切入，试图揭示汉字构形的奥秘。有一些学者，运用语言学相关理论，通过对比分析不同语言的结构，探寻汉字构形的独特规律。另一些学者，融合考古学和社会学的方法，一方面借助出土文物上的文字，研究汉字构形的早期形态及演变脉络，另一方面，借助民族志的方式开展大量田野调查，并以此为基础研究汉字在社会环境中的不断演变。还有一些学者，运用计算机技术，建立大数据库和模型，对大量汉字进行量化分析。这一时期的研究成果拓宽了学者对汉字构形研究的视野和方法，为更好地理解汉字文化和传承做出了贡献重大。

（一）高本汉与语言学研究

瑞典语言学家、汉学家，瑞典汉学的奠基者高本汉（Bernhard Karlgren，1889—1978），从小受到浓厚的民族文化气息的熏陶，对方言产生了浓厚兴趣，学习并调查当地的方言。15 岁时，他用方言写出了《特外达和摩县的民间故事》，16 岁时又发表了《瑞典南部和中部方言的界限（附方言地图）》。高本汉对中国的兴趣也是从中学开始的。1907 年，高本汉进入乌普萨拉大学并主修俄语，他的恩师是斯拉夫语语言学家、方言学家伦德尔教授（J. A. Lundell）。1908 年，高本汉发表了第一篇文章《用方言记录的特韦塔和穆村民间故事》。1909 年，高本汉在取得学士学位后，通过伦德尔教授的帮助下，获得奖学金前往俄国学习俄文与中文。经过研究比较语言学的需求，高本汉选择了中文，最终走上了汉学研学的道路。之后他又前往中国进行方言收集。1910 年，高本汉来到中国，先后在太原、上海等城市，用了两年时间来学习汉语并收集方言。在中国的两年里，他记录考察了 24 种方言（后来增加到 33 种），外加汉语借字的日语、越南语读音。在 1912 年 1 月，高本汉离开中国回到了欧洲。他先在伦敦学习了几个月，之后到巴黎成为法国汉学家

沙畹的学生，在近两年（1912 年 9 月至 1914 年 4 月）学习期间，结识了伯希和教授和马伯乐（Henri Maspero）教授。1915 年 5 月 20 日，高本汉在乌普萨拉大学获文学硕士学位，次日获哲学博士学位，同年任乌普萨拉大学汉学教师。他的博士学位论文后来成为其著作《中国音韵学研究》中 1~338 页的内容。《中国音韵学研究》一书共 4 卷 898 页，发表在伦德尔主编的《东方研究文集》法文单行本第一版第 15 卷上，成为重新构拟中古汉语语音系统的奠基之作，被汉学界公认为 19 世纪科学研究汉语语音的第一部宏伟著作。1916 年，高本汉获得铭文与美文学研究院授予的尼斯拉斯·朱丽安奖金。1916 年至 1918 年，高本汉在利丁厄的传教士学校教授汉语。1918 年 9 月，他被聘为哥德堡大学东亚语言学与文化学系教授，主要教授中文和日文。1922 年 3 月到 12 月，高本汉第二次到中国旅行并访问了日本。次年，他开始重新构拟上古汉语语音系统，重要著作《中日汉字分析字典》正式出版。1926 年，他完成了《汉语音韵学导论》著作，中文翻译版由中国知名的语言学家赵元任、李方桂和罗常培合力完成。1931 年到 1936 年，高本汉任哥德堡大学校长。1939 年 6 月，远东博物馆馆长安特生教授退休后，高本汉出任馆长长达 20 年之久，并担任远东博物馆馆刊主编一职持续到 1976 年，其间在馆刊上刊登了自己大部分重要著作，又以书籍的形式出版专题系列论文。高本汉以毕生精力研究中国文化，汉学著述达百部之多，研究范围包括汉语音韵学、汉语方言学、词典学、文献学、考古学、文学、艺术和宗教，尤其致力于汉语音韵和训诂的探究。他在中国历代学者研究成果的基础上，运用欧洲比较语言学的方法，构拟《切韵》和《诗经》的语音系统，创见颇多，开创了汉语音韵学研究的"高本汉范式"。其研究方法和思想观念对同时代中国学者的学术研究产生了重大影响。高本汉作为瑞典汉学的启蒙者、瑞典最有影响的汉学家，对瑞典汉学作为一门专门学科的建立和汉学研究队伍的培养，起了决定性的作用。他的学生中许多人后来成为杰出的汉学研究者，在挪威、荷兰、丹麦、美国、日本、澳大利亚各大学任教。他的主要著作包括《中国音韵学研究》《中日汉字分析字典》《汉文典》《左传真伪考》《诗经研究》《汉语词族》等。

在汉字研究领域，高本汉也收获了诸多极具价值的研究成果。他巧妙地运用历史语言学的理论和方法，以揭示汉字的本质特征以及历史演变的内在规律为目标。高本汉深刻地认识到汉字所具有的独特魅力与复杂特性。他明确指出，汉字最初并非表音文字，而是表意的象形文字，也就是说，每一个符号所代表的是整个词的意义，而非其读音。就像"一"简单地画一道，"二"则画两道，"口"的形状仿若真实的嘴，"米"清晰地标明了穗上的稻粒，"门"就像两扇实实在在的门。此类象形造字的巧妙方法，历经数千年的岁月变迁，在大体上依旧保持着相对稳定的状态，没有发生根本性的改变。不仅如此，高本汉还针对汉字的演变历程与发展趋势进行了深入的探讨。随着人们表达需求的日益增长，汉字的造字方法也逐渐丰富多样。除了象形之外，还出现了指示造字，例如"上""下"等，通过简单的符号指示出方向或位置；会意字，如"家"，由多个意象相互组合而成，传递出更为复杂的含义；形声字，这种音意结合的造字方式造就了数量庞大的汉字，成为汉字构成中的重要部分。还有转注、假借等造字用字方法的出现，使"六书"造字用字法逐步趋于完备。高本汉的相关著作有许多，包括《中国音韵学研究》《中日汉字分析字典》《古汉语字典》《汉语的本质和历史》等。其中，《汉语的本质和历史》这部作品，是专门为欧洲的大学生编写的汉语入门读物。在书中，他充分运用历史语言学的基本理论和方法，对汉语的本质进行了深入浅出的解释，所列举的例子丰富多样而且生动有趣，能够有效地帮助初学者更好地理解和把握汉语的特点与规律。

高本汉耗费了数十年的宝贵光阴，以严谨的治学态度，对中国古代的典籍展开了全面而深入的剖析，同时对各式各样的汉语方言进行了广泛且细致入微的考察。他的研究成果为汉字的深入探索提供了全新的视角和富有启发性的思路，极大地推动了汉字研究向科学化的方向迈进[1]。

（二）林茜莉与汉字的社会学及考古学教学研究

林西莉（Cecilia Lindqvist，1932—2021）是一位瑞典汉学家。出生于1932

---

[1] 高本汉. 汉语的本质和历史［M］. 聂鸿飞，译. 北京：商务印书馆，2010：6-20.

年6月4日瑞典隆德。七八岁的时候，她从母亲那里得到了一把粉红色的中国伞，上面还有奇妙的中国汉字，这是传教士从中国带回来的，这把伞引发了她对中国的美好幻想，从此与中国结下了缘分。1952年到1961年，1963年到1966年，林西莉在斯德哥尔摩大学学习艺术史、文学史、斯堪的纳维亚语、通史和汉语，获得文学学士和文学硕士学位。在20世纪50年代末，她就跟瑞典优秀的汉学家高本汉学习汉语。1961年到1962年，她前往北京大学学习汉语，同时在中央音乐学院古琴研究会学习古琴。在1961年，28岁的林西莉第一次见到中国古琴，她偕夫婿定居北京两年，并到北大继续学习中文。在此期间，她在中国音乐学院开始学习古琴。1963年到1994年，林西莉全职担任高中教师，教授历史和文学。1971年，她在瑞典担任汉语教师。1973年起，她几乎每年都会来中国，有时一年来几次。她痴迷于中国陕西安塞的剪纸，并且已经收集了150多种不同的剪纸。林西莉经常受邀在瑞典和欧洲参加各种有关中国现状的讨论会，也被瑞典和其余国家的媒体采访，2008年时，她还被瑞典电视一台邀请担任北京奥林匹克运动会开幕式的转播嘉宾。当地时间2021年9月26日，林西莉去世，享年89岁。但她的作品让更多人了解和喜爱上了中国的文化，为中瑞文化交流做出了重要贡献。林西莉曾出版多部关于中国的作品。1989年出版的《汉字王国》和2006年出版的《古琴》，都获得了瑞典最高文学奖——奥古斯特文学奖。在《汉字王国》里收录了日常使用的汉字，从字形上追溯本源，讲述了民族社会、经济、文化的变迁。为了写这本书，她到中国进行了十多年的调查，亲自到考古工地上找寻汉字最初的故事①。

　　林西莉将考古学、社会学等多种方法融合在一起，将汉字的起源、演变过程与古代中国人的生活情境巧妙地融合在一起，并在此基础上进行生动的汉字教学。在其著作《汉字王国》当中，她精心挑选了多达200多个与人们的日常生活紧密相关的汉字，通过图文并茂这种直观而富有吸引力的形式，娓娓道来这些汉字的起源以及各自独特的特点。林西莉始终坚信，对于汉字

---

① 王璇. 瑞典汉学家林西莉的《汉字王国》与汉字教学 [D]. 苏州：苏州大学，2014：1-3.

的结构以及其早期形式的讲解越是丰富和深入，学习中文的学生就越能够轻松地理解并牢记这些汉字。为此，她常常会给学生们详细地讲解一些汉字最初在甲骨或者青铜上所呈现出的模样，并精心提供与之相关的珍贵历史资料以及考古图片。如此一来，学生们便能对这些汉字的形状来历清晰明了。为了成功创作《汉字王国》这部佳作，林西莉可谓是倾注了大量的时间与精力。她不辞辛劳，前往多个不同的考古地点进行深入的田野调查。像安阳郊外的小屯、山东省的肥城、郑州附近的大河、西安郊外的半坡等地，都留下了她探索的足迹。在诠释汉字形体结构的演变过程中，林西莉并非单纯地就字论字，而是巧妙地将其与古老民族的传统、性格以及风俗紧密结合起来。她一直努力尝试通过这样的方式，真正地"让汉字活起来"。使得读者在阅读的过程中，不仅能够清晰地了解到汉字的字形和其蕴含的意义，更能够深入地感受到中国文化那源远流长、博大精深的深厚底蕴。

林西莉的研究成果，为汉字的学习和理解开辟了一条独特而充满趣味的路径。为广大读者提供了全新的视角，极大地有助于人们更加全面深入地认识和欣赏汉字所独有的魅力。让人们在探索汉字的世界时，仿佛穿越时空，与古代的智慧和生活紧密相连，感受到中华文化的无尽魅力和深厚内涵。

（三）西尔斯与汉字的电脑化

理查德·西尔斯（Richard Sears，1950—），1950 年出生于美国。他是"汉字字源"网站的创办者，也被人们亲切地称为"汉字叔叔"。自 22 岁学习中文起，如今已年逾七旬的西尔斯花了近半个世纪学习和研究汉字。年轻时学习汉语的他要面对近 5000 个汉字和 6 万个词汇，为了学懂汉字，他不得不去查找汉字的原型，但他发现没有英文书籍来解释汉字字源。此后，他将了解汉字字源作为一项研究项目，并决定利用电脑实现汉字数字化。1994 年，西尔斯遭遇了突如其来的心脏病，这场病对他产生了很大影响。手术后医生说他还有一年的时间，他开始思考什么是最重要的事情，最终决定要做《说文解字》。随后他雇了一位华裔妇女帮他扫描《说文解字》《金文编》《甲骨文编》和《六书通》上所有的字源，这一工作持续了 7 年。2002 年，调试基本完成后，他创办的"汉字字源"网站上线公开，该网站收录了近 10 万个古

代中文字形，对 6552 个最常用的现代中文字进行了字源分析，其中包括
31876 个甲骨文、24223 个金文以及秦汉的 11109 个大篆书、596 个小篆体等。
用户在网站上输入单一的汉字，就可以查到该字简单的英文释义、简繁体表
示、unicode 码、声部和意部的表示以及汉字来源等信息，还能收听字词的英
语、广东话等发音，旁边还配有《说文解字》对汉字的解读。

2011 年，他的网站被网友放到微博上而受到广泛关注，他也因此获得了
"汉字叔叔"的称号。2012 年，他被评为"知识中国"年度人物；2013 年，
被中央电视台评为"2013 年度中国乡土风云人物"；2018 年 11 月，获得第八
届"华人榜"星球奖；2020 年 6 月，荣获南京市"金陵友谊奖"；同年 12
月，领取到他期盼近 10 年的中国"绿卡"。"汉字叔叔"第一部传记《独树
一"字"："汉字叔叔"的中国故事》在世界知识出版社于 2023 年 12 月正式
出版。由于理查德·西尔斯对汉字的研究和推广做出的重要贡献，他的"汉
字字源"网站为全球的汉字学者提供了便利，让更多人了解和感受到了汉字
的魅力①。

看得出西方对汉字构形的研究历史反映了对中国文化和语言认识的不断
深化。这一研究不仅仅丰富了西方的学术领域，也是为促进东西方文化的交
流与理解做出了突破性的贡献。随着学术的不断发展，未来的西方在汉字构
形研究方面将取得更多有价值的成果。

总　结

在人类文化发展的悠久历史中，中西方对汉字构形的研究各自呈现出独
特的走向。中国作为汉字的发源地，对汉字构形的探索历史悠久且深远。从
古代开始，不断有学者致力于探寻汉字构形的规律和秘密，从而形成了一系
列丰富的理论。自近现代以来，在借鉴西方学术理念和方法的同时，持续深

---

① 孙晨慧. 东西问·汉学家 | "汉字叔叔"理查德·西尔斯：横撇竖捺间的中式之美
［EB/OL］. 中国新闻网，2024-04-20.

化和拓展研究领域，使汉字构形研究更加科学化、规范化。西方对汉字构形的研究起步较晚。最初是出于特定的实用目的而接触汉字，随后逐渐发展为对其构形的系统性探索。随着时间推移，西方学者运用多种学科的理论和方法，从不同角度切入，不断丰富对汉字构形的认知和理解。总体而言，中西方在汉字构形研究方面都经历了从初步探索到逐渐深入、从单一视角到多元融合的过程，为汉字研究的发展和传承做出了各自的贡献。

第二章

东学西渐中的汉字拆字翻译

在全球化的时代背景下，文化交流日益频繁且深入，东学西渐成为跨文化传播中的一道亮丽风景线。在这一传播过程中，翻译扮演着至关重要的角色，它不仅是语言的转换，更是文化的传递与交融。汉字，作为中国文化的瑰宝，以其独特的构形和丰富的内涵承载着千年的智慧。在将中国典籍翻译为西方语言时，一种独特的翻译现象——汉字拆字翻译逐渐引起了学者们的关注。汉字拆字翻译并非简单的语言操作，它涉及对汉字结构的精细剖析和文化内涵的深度挖掘。这种翻译方式一方面为西方读者打开了一扇窥探中国文化神秘面纱的窗口，另一方面也引发了诸多关于翻译准确性、文化适应性以及跨文化理解的思考。通过对中国典籍西传中汉字拆字翻译现象的研究，我们试图揭示其背后的文化逻辑、翻译策略以及对中西文化交流产生的影响。这不仅有助于深化我们对翻译这一跨文化活动的认识，也为促进中国文化在世界范围内的传播与理解提供了新的视角和思路。在本章中，我们将从诗歌、儒家经典、小说三方面着手，探讨当中国典籍西传时，译者是如何进行拆字翻译的。

第一节 中国古诗词译本中汉字拆字翻译

诗歌是一门特殊的语言艺术，讲究隐喻和意境。而汉字，作为中华文化的载体，具有表意性和象形性的特点，其结构常常蕴含着丰富的内涵和独特的结构。在诗歌外译的领域中，汉字拆字便是对这种特点的一种巧妙运用，通过将汉字分解为各个部件，挖掘其中隐藏的意义，并以别样的方式在目标语言中呈现出来。它宛如一把独特的钥匙，试图开启文化交流与理解的新大门。

一、朱迪特·戈蒂埃与《玉书》

（一）朱迪特·戈蒂埃其人

朱迪特·戈蒂埃（Judith Gautier，1845—1912）是法国 19 世纪浪漫潮流高蹈派大诗人泰奥菲尔·戈蒂埃（Théophile Gautier）的女儿。在 16 岁时，她就针对波德莱尔翻译的爱伦·坡散文诗《我发现了》，发表了一篇文采斐然的评论文章，展现出了文学方面的才华。她与中文和中国结缘，中国秀才丁敦龄起了关键作用。丁敦龄 1861 年 8 月受雇前往巴黎为耶稣会士约-玛·卡莱（Mar Carle）核对、抄写书稿。机缘巧合下，他被大诗人泰奥菲尔·戈蒂埃收留在家当"清客"，教其两个女儿学汉语①。丁敦龄引导朱迪特领略中国古典诗词的妙异，使她掌握了不少中国知识，并逐步明确了自己崇仰东方文化和艺术的意向。1867 年，22 岁的朱迪特出版《玉书》，辑合了近百篇她翻译的中国古典诗词。该诗集转译成德文、丹麦文和英文后，给欧洲浪漫派音乐大师马勒的第九交响乐《大地之歌》注入了神秘的灵感。《玉书》初版，朱迪特署名"俞第德"，这是她给自己取的中文笔名，蕴含她平生欲求"清净功德"的志向。朱迪特一生中创作了许多取材于中国的作品，如《帝龙》《奇异族类》《中国》《东方之花》等散文和小说。她还与东方学者皮埃尔·洛蒂（Pierre Loti）合作，写了以东方为题材的剧本《天之娇女》《卖笑妇》等。朱迪特在文学翻译上别具特色，不拘泥原文，着力自由发挥想象，以传诗文之妙。她的作品引领法国公众去发现丰富的古老中国文明，在一定程度上扭转了法国人对中国的偏见。1910 年，朱迪特在克洛岱尔等八名候选人中脱颖而

---

① 　GAUTIER J. Le second rang du collier, Souvenir Littéraire ［M］. Paris：L'Harmattant，1999：168-170.

出，全票当选龚古尔文学院第一位女院士。朱迪特于 1912 年去世，埋葬在布列塔尼迪纳尔海边的圣·埃诺加。

（二）朱迪特的《玉书》

《玉书》是法国作家俞第德（Judith Gautier）编译的中国诗歌选集，其诗选时间从《诗经》一直延续到清朝。这是欧洲的第二本中国古诗词译本。初版译于 1867 年，包含 24 位诗人的 70 余首诗，其中包括李白、杜甫、苏东坡和李清照等诗人的作品。她在《序言》里赞美中国是"诗歌的天堂""一个为诗人建立庙宇的圣地"。自面世以来，《玉书》总共经历 1902、1908、1911、1923、1928、1933 和 2004 等七次再版。1902 年版本大幅增加选译数量，扩充为 110 首诗，且对 1867 年的若干诗歌进行了修订，此后版本与该版本基本一致。虽然《玉书》在翻译过程中改变了中文原诗的节奏和韵味，但它对很多同时代和后世法国诗人的审美趣味产生了影响。《玉书》一经出版，便在法国引起轰动，改变了西方对中国古代诗歌的印象，该书随后被译为德语、英语等多种语言，传遍整个欧洲，产生了深远影响。

朱迪特最初是在中国留法文人丁敦龄的教导和帮助下开始尝试翻译中国古诗的。1863 年她开始师从丁敦龄学习中文，1864 年 1 月就开始以朱迪特·瓦尔特的笔名在《艺术家》杂志上连载中国诗歌翻译作品。也许是因为理解障碍，《玉书》的翻译大多极其自由，很多译诗并未拘泥于原诗，而是选取原诗的某个片段、场景、意象或词为基础进行自由发挥，创作出面貌全新的诗，有的甚至与原诗相去甚远，很难找出对应的中文诗。尽管《玉书》的封面上标注了"由朱迪特·戈蒂耶翻译的中国诗歌"，且朱迪特本人强调她所坚持的是忠实于原文的翻译，认为在原作的优雅中添加一丝翻译的痕迹都是一种耻辱，但后世人更倾向于将它理解成一篇介于翻译和诗歌创作之间的文学作品。

（三）《玉书》中的拆字翻译

朱迪特在翻译中国古诗词时，很多时候都是根据原文大胆想象，重新创作。《玉书》中的译作，有很多就是根据汉字的不同构形来进行拆字翻译的。如：

例1：　　　　　　　　　　玉阶怨

李白

玉阶生白露，夜久侵罗袜。

却下水晶帘，玲珑望秋月。

最后两句朱译：

L'escalier de Jade①

……

Sur le seuil du pavillon, éblouie, elle s'arrête, puis baisse le store de cristal, qui tombe, comme une cascade, sous laquelle on voit le soleil.

Et, tandit que s'apaise le clair cliquetis, triste et longuement rêveuse, elle regarde, à travers les perles, briller la lune d'automne.

作者回译：

在光彩夺目的庭院前，放下如瀑布一般下垂的水晶帘；她停坐着，穿过帘子看向太阳。清脆的帘响声慢慢平息，就像如梦似幻的长久悲伤；她透过帘珠，看着闪耀的秋月。

例1原文中的主人公透过水晶帘是在观月，而译文中，她不仅是在观月，也在望日。那这个"日"从何而来呢？有人解析说，朱迪特是将水晶帘的"晶"字进行了拆解，由此得出三个日，推测作者是暗示主人公在透过水晶帘长时间观日②。这无疑是对原作的一处误读。但此种译法却给读者描绘出一个长时间无所事事的主人公形象。她的生活可能就是如此孤独乏味的，只能长时间透过"水晶帘"望日观月，如此日复一日，孤独终老。这正是切题描绘了一个深宫怨妇的形象，点题中一个"怨"字。

---

① GAUTIER J. Le Livre de jade [M]. Paris: Télix Juven, 1902: 105.

② DÉTRIE M. Le《Livre de Jade》de Judith Gautier, un livre pionnier [J]. Revue de littérature comparée, 1989, 63 (251): 301-324.

例 2：　　　　　　　　　　《送友人》

李白

青山横北郭，白水绕东城。

此地一为别，孤蓬万里征。

浮云游子意，落日故人情。

挥手自兹去，萧萧班马鸣。

最后一句朱译：

Le départ d'un ami①

⋯⋯

D'un long hennissement, mon cheval cherche à rappeler le vôtre⋯⋯Mais c'est un d'oiseau qui lui répond !⋯⋯

作者回译：

我的马儿用一声长嘶，来呼唤你的马儿⋯⋯但只换来一声鸟鸣的回应！⋯⋯

例 2 中，朱译版中出现了鸟鸣，但原诗中并没有这一描述。很有可能是朱迪特在学习"鸣"字时，将它拆解成了"口"和"鸟"，并将其误解为鸟叫的回应。虽然也是明显误读，但译本所表现出的马嘶无回应的落寞感却跃然纸上，体现出了诗人李白当时的满腔离愁，与诗歌的整体意境相互呼应。

这种拆字翻译，在《玉书》中俯拾皆是，成为朱迪特译作的一大特色。虽说此种拆字法在表达原文含义方面确实有点牵强附会，但不得不说朱迪特在尽力解码源语语言符号的所指含义时，还是煞费苦心的。

（四）《玉书》拆字翻译的后世影响

虽然《玉书》在翻译过程中改变了中文原诗的节奏和意味，但它在出版

---

① GAUTIER J. Le Livre de jade [M]. Paris：Télix Juven, 1902：118.

后，却在法国引起很大反响，并在之后一直对法国文学产生着深远影响。

其一，它对很多同时代和后世法国文人的审美趣味产生了影响。《玉书》初版后，译文中包括汉字拆解在内的中国异质文化，给文人们带来了全新的体验。特别是文字拆解，汉字可以达到一字多义的作用。这种简洁而富有诗意的表达，给法国文学界带来了耳目一新的感受。它获得了文学界一众大家的热捧，特别是浪漫主义及象征主义多人为其写书评，大赞其文学性。其中包括众人熟知的雨果、法朗士、魏尔伦、古尔蒙等人。法朗士称赞《玉书》可与波德莱尔的作品比肩①；古尔蒙认为朱迪特"深谙中国诗歌的秘密，她能自由的在这些令人惊愕的中国汉字中漫步"②；魏尔伦更是为《玉书》写下过如下的赞誉之辞："在我们所有的文学中，除了贝特朗的《加斯帕尔之夜》外，我不知道还有什么作品能与此书相比。但如果让我选择，我会更喜欢《玉书》，因为它更具独创性，形式更纯美，诗歌更真实、紧凑。"③

其二，它引发了翻译实践和理论的探讨。拆字翻译这种独特的翻译方式挑战了传统的翻译观念，促使后来的译者更加关注如何在忠实传达原意的基础上，采用多样化的策略展现诗歌的韵味和意境。思考如何采取巧妙的方法处理不同语言之间的结构差异，以及如何在翻译中保留原文的文化特色和深层含义。另一方面，它也为翻译研究提供了真实具体的案例，有利于深入探讨翻译中的创造性与真实性之间的平衡。学者们可以分析《玉书》中的拆字翻译，进一步思考翻译的本质意义、目的和方法，推动翻译理论的前进。就算拆字翻译存在一定争议，但它在某种程度上帮助了西方读者更好理解中国文化的独特性。这种创新的方式让西方读者对中国文字的构造和意义有了更加直观的体验，增进了他们对中国文化的兴趣和认知，为中西方文化的交流做出了贡献。到后来，学术界许多人都对此译本的翻译实践和翻译理论进行了更为深入的探讨。

---

①　ANATOLE F. Madame Judith Gautier［J］. La vie littéraire, Série 1892：133-144.

②　RÉMY D G. Les souvenirs de Judith Gautier［M］//RÉMY D G. promanades littéraires, Paris：Mercure de France, 1904：136-137.

③　VERLAINE P. Le livre de Jade de Judith Walter, Oeuvres en prose complètes［J］. Gallimard, 1972：300-301.

其三，启发了后世诗人的文学创作。《玉书》中的拆字翻译给一些作家的文学创作带来了新的灵感。它展示了语言的灵活性和创造性运用，让作家们开始在自己的作品中尝试用不同的语言进行表达的方式，丰富文学创作的手法和形式。20世纪上半叶，法国的许多诗人都从《玉书》中汲取营养，在其诗歌创作中融入来自中国的影响。如法国东方学家图桑和象征主义诗人克洛岱尔。图桑的诗集取名为《玉笛》，并在其致辞一页中将此书献给一名已去世的中国人 TSAO-CHANG-LING，并声称此诗集中的诗是由这位先生选择和翻译的。这位"TSAO-CHANG-LING"究竟是谁或者是否真实存在都已无证可考。但这种表达形式不禁让人联想到朱迪特在发表第一版《玉书》时也将诗集献给自己的中文老师丁敦龄。类似的书名、类似的致辞，甚至相似的选诗都彰显着《玉书》与《玉笛》之间千丝万缕的联系。图桑的《玉笛》共收录诗词170首，选诗与《玉书》有部分重合，但又在数量上进行了扩充。以李白和杜甫诗歌为例，《玉书》收录的李白和杜甫诗歌分别为19首和17首，而《玉笛》分别为41首和26首，因此《玉笛》在选诗的广度上要远超出《玉书》，主题也更为多样①。而《玉书》对克洛岱尔的创作影响更为直接。据一些法国研究者考据，克洛岱尔《拟中国诗补》里的十七首诗歌就是完全根据《玉书》进行的改写，甚至手稿都直接写于《玉书》的页边，注明日期是1937年11月。克洛岱尔的《拟中国诗补》共收录诗歌17首，虽然诗歌全部选自《玉书》，但主题却呈现出多样性。而《拟中国诗补》从中国诗词中学到的最大收获在于其形式简短，这种简洁接近于中文原诗的美学②。

其四，它推动了中国古典诗歌的欧洲传播，使中国古典诗歌以一种别样的方式在西方传播，吸引了更多西方学者和读者对中国古典诗歌的关注。其独特的翻译风格在一定程度上提升了中国古诗在西方的影响力，为中国古典诗歌走向世界提供了新的思路和途径。另一方面，《玉书》将中国诗词改写、再创造后，形成了自己独特的风格，实现了文学的变异，在之后的流传过程中又被后世吸纳，形成中国诗词在欧洲的他国化。

---

① 蒋向艳. 唐诗在法国的译介和研究 [M]. 北京：学苑出版社，2016：54
② 蒋向艳. 唐诗在法国的译介和研究 [M]. 北京：学苑出版社，2016：85.

总之，《玉书》中的汉字拆字现象为后世作品提供了一个了解和借鉴中国文化元素的窗口，激发了他们在创作中探索不同文化融合的可能性，但具体的影响因诗人而异，且受到多种因素的综合影响。同时，在跨文化交流中，对于汉字拆字等文化现象的传播和解读需要保持谨慎和准确，以促进更深入、真实的文化理解与交流。

二、艾米·洛威尔与《松花笺》

（一）艾米·洛威尔其人

艾米·洛威尔（Amy Lowell，1874—1925）是美国诗人，她出生于马萨诸塞州的布鲁克林一个显赫的家族。她的祖父是诗人詹姆士·拉塞尔·洛威尔（Robert Lowell）的堂兄，大哥帕西瓦尔·罗威尔（Percival Lawrence Lowell）是著名的天文学家，曾参与冥王星的发现和命名；二哥艾伯特·劳伦斯·洛威尔（Abbott Lawrence Lowell）则担任过哈佛大学校长。艾米·洛威尔早年接受私立教育，在成长过程中，她随家人多次前往欧洲旅行。17 岁时，她开始在家族拥有的七千册藏书的图书馆——塞维奈尔（Sevenels）中勤奋自学。1910 年 8 月，36 岁的洛威尔发表了她的第一首诗《固定的观念》（"*Fixed Idea*"），随后其诗作开始经常出现在各种期刊上。1912 年，她的第一部诗集《多彩玻璃顶》（*A Dome of Many-Coloured Glass*）出版，这部诗集在很多方面都采用了传统的写作技巧。然而，1913 年她接触到了意象派诗歌，当读到署名"h. d.，imagiste"的一些诗后，她意识到自己的诗歌风格与之相似。意象派诗歌的主要倡导者是埃兹拉·庞德（Ezra Pound），这种新的诗歌风格被称为"意象主义"。受到启发的洛威尔诗艺大进，从 1914 年的诗作《剑刃与罂粟籽》（*Sword Blades and Poppy Seed*）开始，她运用"自由韵律散文"和自由诗的形式进行创作，并将其称为"无韵之韵"。她后期的诗歌作品受到了中国和日本诗歌的影响[1]。

---

[1]　葛文峰，李延林. 艾米·洛威尔汉诗译集《松花笺》及仿中国诗研究 [J]. 西安石油大学学报（社会科学版），2012，21（1）：107-112.

洛威尔是一位积极的诗歌推广者，她自费出版诗歌年选，将自己喜欢的诗人作品选入其中，并将他们归入意象派。庞德虽称她"劫持（hi-jack）"了意象派运动，但也无法阻挡她的热情，她逐渐成为意象派的有力推动者。洛威尔在庞德的圈子里有个绰号叫"河马女诗人"（hippo-poetess），原因是她身材矮小，仅有约一米五二，却出奇地胖。她曾前往埃及尝试减肥治疗，但效果不佳，甚至差点危及生命。她的行为举止独特，喜欢抽烟、讲粗话，装扮也有意模仿男性，常穿男装、抽雪茄。她的生活习惯也很特别，比如白天睡觉直到下午三点（睡觉时要用 16 个枕头），然后和两个专职秘书开始工作直到天明，家里的钟表都不许走，镜子也全都蒙上布。

洛威尔的主要作品包括诗集《男人、女人和鬼魂》（*Men, Women and Ghosts*，1916 年）、《浮世绘》（*Pictures of the Floating World*，1919 年）、《东风》（*East Wind*，1926 年）、《艾米·洛威尔诗选》（*Selected Poems of Amy Lowell*，1928 年）等；评论集有《法国六诗人》（*Six French Poets*，1915 年）、《美国现代诗歌趋势》（*Tendencies in Modern American Poetry*，1917 年）以及《一个批评性寓言》（*A Critical Fable*，1922 年）。1925 年，她撰写的《约翰·济慈》（*John Keats*）是一部著名的传记作品。1926 年，在她去世后，其诗作《几点钟?》（*What's O'Clock?*）被授予普利策奖。

艾米·洛威尔的诗歌风格独特，她致力于现代诗歌事业，其充满活力和热情的创作与推广活动对美国诗坛产生了重要影响。尽管在她所处的时代，女性诗人面临诸多挑战，但她以坚定的决心和独特的才华在诗歌领域留下了深刻的印记。她的作品展现了对生活、情感和自然的敏锐观察与独特表达，为美国现代诗歌的发展做出了重要贡献。

（二）艾米·洛威尔的《松花笺》

《松花笺》诞生于艾米·洛威尔与汉学家弗洛伦斯·埃斯库弗（Florence Ayscough）女士的一次合作。1917 年秋，弗洛伦斯·埃斯库弗返美准备进行一次大型中国书画展览，她翻译了一些书法作品题诗及中国画的题跋，并请求身为诗人的艾米·洛威尔进行修改、润色，使之成为诗体，之后两人相约以这种合作方式翻译汉诗。埃斯库弗回到上海后，在储农（音译，Nung Chu）

的帮助下初译汉诗，然后寄往美国让艾米·洛威尔进一步翻译成诗歌，继而寄回中国让埃斯库弗对照汉语原文审定后再寄返美国。某些诗歌"跋山涉水"往返数次方得定稿。最后，诗歌结集成册，取名《松花笺》。

《松花笺》没有现成的中国诗集底本，其中包含的诗词创作年代跨度很大，上达先秦，下至清代。译者不以诗人年代早晚为序，而是以诗人诗名的盛弱为先，以李白、杜甫、白居易等为先，其他诗人居后，全书收录诗歌共计 140 首。此外，出于对中国书画的热爱，书中另辟一章《书画》，译介了明清文徵明、梁同书等名家书法诗词、国画题跋诗文共 18 则。为便于国外读者精确理解，译本中附加了大量解释性文字。埃斯库弗撰写了长达数十页的引言，全方位地介绍了中国的地理、历史、神话、教育与科举取士、封建制度、建筑、著名诗人与诗风、诗歌分类与创作手法、常用诗词意象、字画等。书后还附相关诗词注释 166 条，以及标注古今地名的中国地图、上层社会家庭住房构建图例解析和中国朝代年表各一份。

该译诗集得名于古代中国的一种笺纸名——松花笺，又名薛涛笺或浣花笺。唐代女诗人薛涛设计的松花笺纸，是一种便于写诗、长宽适度的笺，原用作写诗的诗笺，后来逐渐用作信笺。女性意识颇强的两位女译者选取与中国女诗人薛涛相关的"松花笺"命名译诗集，既表明了她们对中国文化的热爱，也体现了对女性文学创作的认同。而她们译诗的过程依靠信笺往返中美大陆，取名"松花笺"也暗含了这一别样的译诗历程。

1921 年，艾米·洛威尔与弗洛伦斯·埃斯库弗合译出版的中国古诗集《松花笺》（*Fir-Flower Tablets*：*Poems From the Chinese*），是当时美国汉诗译介高潮中的一部分。该译本在体例和命名上别具一格，其译文兼具翻译的"忠信"与"创新"，堪称当时诸多汉诗英译的杰出之作。它在美国"新诗运动"中继庞德所译的《华夏集》之后受到广泛欢迎，译本刊行后的数年间多次再版，直到 1971 年仍有重印本面世①。

---

① 　周彦.《松花笺》忠实与创新的结合 [J]. 中国翻译，1996（4）：39，47-48，50.

（三）《松花笺》中的汉字拆字翻译

艾米·洛威尔在翻译中国诗歌的过程中采用了一些特殊的方法，像"拆字法"就是其中一种，就是将汉字进行拆分和重组来诠释诗意。这种方法在当时引起了一定的讨论和关注。《松花笺》的翻译可能存在一定的主观性和再创作成分，但是它为中国诗歌在美国的传播和理解做出了重要贡献，也给跨文化交流提供了有价值的例子。同时，它让更多西方读者接触到了中国古典诗歌的魅力，促进了不同文化之间的相互了解和欣赏。具体拆字翻译的例子如下：

例1：　　　　　　　　　　　　塞下曲

李白

骏马似凤飙，鸣鞭出渭桥。

弯弓辞汉月，插羽破天骄。

阵解星芒尽，营空海雾消。

功成画麟阁，独有霍嫖姚。

洛威尔译（截译第一句）：

Horses! Horses! Swift as the three dog's wind! [1]

笔者回译：

马群！马群！急似三犬之风！

在例1中，译者将"飙"字拆析为三个"犬"字与一个"风"字，并将"骏"加以拆解，将其中作为偏旁的"马"字与后一"马"字等量齐观。通过两个汉字的拆解，译者将马群疾驰的群像描绘了出来。

---

[1]　LOWELL A, AYSCOUGH F. Songs of the Marches [J]. The North American Review, 1921, 214 (788): 62.

例 2：　　　　　　　　　　归园田居

陶渊明

……

户庭无尘杂，虚室有余闲。

……

洛威尔译：

My private rooms are quiet, and calm with the leisure of moonlight through an open door.

笔者回译：

我的房间安宁静谧，悠闲的月光透过敞开的门平静的洒落。

例 2 中的"闲"（"閒"）本应是闲暇之意。译者将"閒"字进行了拆解，拆成"月"与"门"（"門"）两个字，并用此两字构成一个新的画面，增强了"闲"的意象性，使诗句更具有悠闲意境。

例 3：　　　　　　　白云歌送刘十六归山

李白

楚山秦山皆白云，白云处处长随君。

长随君，君入楚山里，云亦随君度湘水。

湘水上，女衣罗，白云堪卧君早归。

洛威尔译：

My Lord will go back to where he can sleep among the white clouds,

When the sun is as high as the head of a helmeted man.

笔者回译：

当太阳升至与戴头盔人头顶同高之时，

我的朋友将要回去，回到他那卧于白云中的地方。

在例3中，译者将"早"字拆解成"日"和"十"，并且还形象地将其翻译为太阳升至一个戴着头盔的人的头顶。但原诗中的"早"，其实是"早日，尽早"的意思，而不是时间早上。这里显然是对"早"字的过度解读。

例4：　　　　　　　　　春泛若耶溪
　　　　　　　　　　　綦毋潜
　　　　　　幽意无断绝，此去随所偶。
　　　　　　晚风吹行舟，花路入溪口。
　　　　　　际夜转西壑，隔山望南斗。
　　　　　　潭烟飞溶溶，林月低向后。
　　　　　　生事且弥漫，愿为持竿叟。

洛威尔译：

The serrated hills face the southern constellation.

笔者回译：

锯齿般的群山面朝着南斗。

在例4中，译者将"隔"字的部首"阝"单独析出，并翻译成"锯齿般"的，显然也是望文生义。虽然此表达形象地表现出了山的意象，但却违背了原诗中"隔"所想要表达的"远离"之意。

像这种"拆字法"即将单个汉字加以拆解，分析各组字偏旁的意象特质，进而赋予其诗性的表达方式，在《松花笺》中很常见。不过，此种"拆字法"的运用却引起了学界的广泛讨论，学者们对其评价不一。一些学者对这种译法提出了批评，认为可能会导致翻译不准确或失去原诗的韵味；而另一些人认为"拆字法"体现了译者对汉字的独特理解和翻译尝试，它试图通过拆解汉字的结构来传达汉字所蕴含的意象和诗意，并在一定程度上彰显了汉诗的审美空间，赢得了公众的欢迎。然而，这种方法也存在一定的局限性，因为汉字的意义和文化内涵往往是整体性的，过度拆解可能会偏离原诗的本意。在翻译中，如何在保留原诗韵味和传达诗意之间取得平衡，是一个需要不断探讨和思考的问题。

（四）《松花笺》的后世影响

《松花笺》在出版后的20年间再版了3次，到20世纪70年代又进行了第4次出版，这显示出它具有持久的价值和吸引力。随着时间的推移，不同时代的学者和读者对中国文化和诗歌的兴趣不断增长，对《松花笺》的研究和关注也随之增加。特别是它的"拆字法"，对后世作品产生了诸多影响，主要表现在下面三个方面。

其一，它引发了对"拆字"翻译方法的深入探讨与借鉴。在《松花笺》中，翻译者所用的翻译方法，特别是自由诗体和"拆字法"，引起了广泛的讨论。在庞德翻译《华夏集》时，就已经开始采用自由诗体，但是洛威尔在翻译《松花笺》时，对其进行了更深层次的运用。这种翻译方法在一定程度上打破了传统的翻译规范，更为灵活的传达了诗歌的意境和情感，提供了新的可能性。虽然"拆字法"存在不同的争议，不过，它体现了翻译者大胆创新的思维。将汉字根据其组成部分进行拆分翻译，这种方式不局限于传统的翻译观念，使得后来的译者更加在意如何在不破坏传达原意的基础上，采用丰富化的翻译方法来展现诗歌的独特韵味和意境。其中，赵元任曾对洛威尔的拆字译法与她进行了面谈，并且通过书信继续辩驳，闻一多也在留学期间与洛威尔相识且有交往，他们可能在自己的翻译实践或研究中受到相关影响。其他译者在处理中国古典诗歌时，也会试着从《松花笺》的翻译方法中获得思路，积极思考如何在保留原诗特色的同时，使译文更符合语言的表达习惯和文化背景，以更好地传递诗歌的内涵和美感。这种对翻译方法值得探讨和借鉴，也推动了中国古典诗歌不断地发展和创新，使翻译作品更加丰富多彩。

其二，艾米·洛威尔本身是意象派后期的核心人物，为意象派诗歌的创作提供了重要参考。《松花笺》以及她本人深受中国古典诗歌影响而创作，在意象派运动中存在几个独特的例子具有考察价值。中国古典诗歌以简洁而富有画面表现力的运用而著名，洛威尔通过翻译中国诗歌，深入研究了汉字构形内在的意象搭建和表达手法。她在自己的诗歌创作中，运用汉字象形文字特点进行文字拆分，并借鉴了中国古典诗歌中意象感的运用方式，将其与西方诗歌的特点相结合，形成了独树一帜的风格。比如，她可能更加注重运用鲜明而生动的意象来传达情感和诗歌的中心思想，而非依赖于直接的描述或抒情。这种融合了中国元素的创作风格，在意象派诗人中产生了一定的影响。其他意象派诗人可能从她的作品中得到启发，进一步探索如何从中国古典诗歌中汲取灵感，丰富自己的诗歌表现手法和意象运用，以创造出更具感染力和艺术价值的作品。国外对洛威尔的研究也反映了这一点。在《松花笺》出版初期，多以期刊论文的形式讨论其译诗的形式、准确性等问题；从70年代开始，则出现了梳理她与意象派关系的论文，考察她在意象派中的领袖作用、与其他诗人的交往以及与相关刊物编辑的交流等，从宏观背景和个案角度探讨她的创作和翻译，以及其对那个时代文学风貌的折射。此外，还有一些研究从性别政治、权力、身体等角度分析洛威尔的诗歌，进一步拓展了对她作品的理解。

其三，它推动了中国古典诗歌在西方的广泛传播。20世纪初期，中西文学和文化交流十分活跃。当时美国发生了"新诗运动"，意象派是其中重要派别，他们从中国文化中汲取精神养分和美感体验。庞德率先进行汉诗英译实践，其《华夏集》大获成功，使中国古典诗歌英译在美国蔚然成风。艾米·

洛威尔作为意象派后期的领军人物，推出了汉诗英译集《松花笺》。这部作品在当时颇具影响力，尽管人们对其采用的自由诗体和"拆字法"有过激烈讨论，但这并未影响它的畅销，甚至有法国人在阅读后联系法译本事宜。《松花笺》的出版进一步使中国古典诗歌在美国的发展，让更多西方读者被中国诗歌的独特魅力所吸引，使他们对中国文化产生浓厚兴趣。中国古典诗歌蕴含着创作者丰富的情感、独特的意境和珍贵的审美价值，《松花笺》这样的译本，能够让西方读者领略到中国诗歌的韵味和艺术特色，让人感受到中国文化的博大精深。这样有助于增进西方对中国文化的了解和认知，也为中西文化交流搭建了一座文化的大桥，促进了不同文化之间的相互融合和理解。

《松花笺》持久影响了后人对中国古典诗歌翻译的热情和兴趣，使更多的译者投身于这一领域，为中国文化的海外传播做出巨大贡献。但是，我们需要注意的是《松花笺》这种影响并不是肯定的，具体的影响跨度和范围会因为不同的作者、作品、文化和创作背景而有不同的区别。而且，对于拆字现象的运用也需要在一定的文化基础和语言框架中进行，确保其表达的准确性和真实性。还有"拆字法"的使用还可能导致一些翻译上的错译或误解。所以在运用拆字法时，我们需要谨慎处理，必须要充分考虑汉字的多义性和不同情景下不同的意思，以避免过度解读或歪曲汉字的原意。不过处在不同的文化和语言中，对于拆字方式的接受和理解程度可能有所不同，其影响也会受到多种因素的制约和调整。在借鉴和运用的同时，还是需要充分考虑具体的语境和表达意图。

第二节　儒家经典译本中汉字拆字翻译

儒家经典一直是中国传统文化的重要瑰宝之一，所蕴含的思想和智慧对中国乃至世界都产生了深远的影响。儒家经典在西传过程中，翻译起到了极为重要的作用。但是，由于中西方语言和文化上的巨大差异，导致翻译过程中常常会出现对原文的过度解读或误解。造成这种现象的原因之一就是一些译者采用了汉字拆字翻译的方法。在进行儒家经典的翻译过程中，一些译者会尝试运用拆字翻译的方法，想更为直观地传达原文的意义。甚至有些译者在拆字过程中，还以西方文化视角进行另类解读。这种翻译方式可能会导致大量不遵循于原文意思的译本出现，但是，它也为读者提供了全新的视角来看待儒家经典，也映射了中西方文化之间的交流与碰撞。下面，我们将深入探索儒家经典译本中汉字拆字翻译的现象，分析拆字翻译背后的原因和影响，能够更好地理解中西方文化的差异与融合。

一、索隐派及其《易经》译本中拆字翻译现象

（一）《易经》翻译不同流派及索隐派主要观点

西方对于《易经》的译本媒介，至少可以分为五个主要的流派，除了著名的索隐派之外，还有语境批评派、哲学派、自然科学派和艺术派。其中，语境批评派以严谨的学术态度，将《易经》放置于特定的历史时期和地理位置的大背景之中加以描述。他们致力于还原《易经》作为筮书的原本面貌，深入研究及产生的时代背景、社会文化环境以及最开始时应用的目的和方式。通过这种方式，奋力于呈现出《易经》最真实、最原始的形态和意义。而哲学派是从哲学的高度和深度出发，对《易经》所涵盖的哲理进行深入的阐述和探讨。他们探索易经中关于宇宙、人生、道德、伦理等方面从而进行更为深刻的思考，并将《易经》视为一座智慧的宝库，从中汲取哲学的灵感和启示。自然科学派则尝试将《易经》中的哲学思想和现代科学建立起紧密的联系。他们认为《易经》中的某些观念和理论与现代科学的理论有着奇妙的连结和契合之处，试图跨学科研究，为科学的发展提供新的思路和新视角。艺术派则是独具创意地将《易经》融入现代文艺的评论和创作实践当中。他们从《易经》中获取灵感，为文学、艺术作品赋予新的内涵和表现形式，开拓了艺术创作和评论的新领域。

索隐派作为西方翻译和研究《易经》的最重要流派之一，其理论观点和研究方法具有非常鲜明的特点。其代表人物包括白晋、傅圣泽和马若瑟。这一学派的学者依旧秉持着一种独特和引人深思的观点，他们坚信包括《易经》

在内的中国古老经典中蕴藏着超自然的神秘信息。这种信念驱使着他们深入探索《易经》的内在含义，试图揭示其中隐藏的深邃的神秘消息。在翻译和解读《易经》的过程中，索隐派运用了许多与众不同且别具一格的方法。而拆字解析就是其中之一，他们通过对汉字字形的细致拆解和重新排列，从而探寻其中隐藏的寓意和象征。还有的索隐派学者将中国的宗教人物与基督教人物进行类比，想在不同宗教之间找到某种共同之处或隐藏的联系。他们怀着极大的热情和决心，试图从《易经》中寻觅与基督教或其他西方宗教、哲学观念相契合的内容。从卦象中获取启示更是索隐派研究的核心环节之一，他们坚信卦象中蕴含着超越表象的神秘指引。诠释性翻译也是他们所倚重的方法，通过对经文的个性化诠释，赋予其新的意义和解读。他们坚信，在不同的文化和宗教体系之间，存在着一种潜在的相通性和一致性。这种努力反映了他们对于跨文化交流和宗教融合的渴望，以及对于探索人类精神世界统一性的不懈追求。然而，索隐派的观点并非毫无争议。一些学者和评论家认为，他们的解读存在牵强附会之嫌。毕竟，将不同文化和宗教背景下的元素强行类比和关联，可能会忽视了各自独特的历史、文化和宗教语境。这种解读方式可能导致对《易经》原本内涵的曲解和误读，使其失去了在中国传统文化中的原汁原味。

索隐派的代表人物之一是法国耶稣会士白晋。白晋于清初来到中国，获康熙皇帝邀请居于北京紫禁城，他展开了对《易经》的研究，并积极从中寻索弥赛亚的预言。白晋宣称中国古代圣贤早获上帝之启示，被其同侪冠以"索隐派"的称号。他完成了十数篇《易经》的注疏，包括以汉语写成的《易稿》《易考》《易经总说》及《大易原义》等手稿，借助基督宗教的神学思想解读卦象及推演义理。白晋的索隐派思想体系主要包括：首先，他认为中国人有强烈的文化自豪感，而当时欧洲人对中国的看法在世界历史和救恩史的地位中有一定的独特视角。其次，他觉得神的启示在中国古代典籍中有所体现，中国的"象形文字"具有特殊的象征意义。此外，他提出中国人对独一神和三位一体神有自己的认识，世界发展存在三个阶段和自然的二重状态，而中国古代典籍中出现的救世主与儒家的圣人、黄帝、后稷、伏羲等有关。例如，在白晋的《易稿》研究中，他通过拆字解析、将中国古代圣贤与基督教宗教人物类比、把卦象与圣经启示相关联以及进行诠释性翻译等方法，为《易经》注入了全新的意义。

索隐派在研究和翻译《易经》时，让当时的欧洲产生了深刻的影响，为欧洲汉学的发展奠定了一定的基础，同时也反映了明清时期中，欧洲思想的交织与互动。但是，这种翻译和解读方式也引发了许多学者的争议和讨论①。

（二）索隐派《易经》译本中汉字拆字翻译

索隐派在翻译《易经》时，展示出了一种特别且引人注目的拆字翻译现象。这种翻译方法在很大程度上违背了传统的翻译理念和常规的文字解读方式，给《易经》的翻译和理解带来了全新但颇具争议的视角。

首先是索隐派先驱白晋，他在研读《易经》时，认为伏羲不但创造了卦，还创造了文字，因此二者具有共通性，所以他在解读《易经》内容时，还附加了许多汉字的拆分解析。而他的解析，大都会和基督教义相联系②。如：

例1："船"字，取自于《旧约·创世纪》中"诺亚方舟"的故事。他认为诺亚一家八口人乘一舟，乃天下第一之船（"船"字可拆解成"八口舟"原本于此）。因此，"船"字实际上是天主所造大洪水灾难中唯一的避难所，是为保留人类之根。

例2："人"字，分为大小二者。大者为天主。小者又分为二，一为倨傲小人，因此获罪被废；二为谦顺之人，代表救世耶稣，受命于天主而降生成人。

例3："斗"字，分为"二"和"十"。象征着天主第二位圣子，乘十字而救天下的情景。

例4："苦"字，这个字由"艹"和"古"组成，这二者都是植物，

---

① ［美］王宏超. 宗教、政治与文化：索隐派与来华传教士的易学研究 ［J］. 华文文学，2015（3）：37-38.

② ［德］柯兰霓. 耶稣会士白晋的生平与著作 ［M］. 李岩，译. 郑州：大象出版社，2009：5.

由此表示人类劳作的苦难和受到的惩罚来自偷吃了禁果的原因。

例5："木"字，这个字清楚地表明一个人被缚在十字架上的形象。

之后，白晋的继位者马若瑟继续进行了文字的拆解，他同样也在解析中加入了基督教的教义①。如：

例6："乘"字，意思是在适当的时候登上一辆双轮战车。由"丿""人""十"和"北"组成。耶稣基督，在天父的命令下，从他的右手边下来，就在恰当的时候登到了十字上面，好像乘上了一辆双轮战车。先知以西结说过，他听到这辆神秘的战车来自北方（《旧约·以西结书》第一章和第十章）。

例7：来（"來"）字，两个小的人（从）解释为普通的犯罪者。当他们在十字架上发现了神之后，他们认出了他。这时，神同样也看到了这两个犯罪者，而耶稣基督被钉死在了他们两个人之间的十字架上。

索隐派译者的这些解读往往带有较强的主观性和文化重构的意图。这种主观性和文化重构不仅使得对《易经》的理解变得混乱和模糊，而且也容易导致对中国传统文化的误解和歪曲。

（三）索隐派《易经》汉字拆字翻译的后世影响

索隐派《易经》译本中的拆字翻译对后世译本产生了不可忽视的影响，主要体现在以下两个关键方面。

1. 启发了新的翻译思路，索隐派独特的拆字翻译方法为后来的译者开辟了一条崭新的道路。之前的翻译可能更多地侧重于字词的表面意思和常规解释，但索隐派却是从汉字的结构和意义入手，深入到每个字符背后可能隐藏的细微之处。这种创新的方法使得后来的译者更加注重汉字的构造和演变，尝试从其根源去探寻《易经》中所蕴含的更深层次的意义。就像通过分析汉

---

① ［美］龙伯格．清代来华传教士马若瑟研究［M］．李真，骆洁，译．郑州：大象出版社，2009：160-161.

字的部首、笔画组合这样的方式去理解最初的象形或表意特征，这样一来，译者能够更敏锐地捕捉到《易经》中那些抽象而又富有哲理的概念。这种探索有助于译者全面、准确地理解《易经》所承载的哲学思想和文化内涵，进而显著提高翻译的质量和深度，使译文能够更贴近原著的精髓。

2. 索隐派的拆字翻译方法在一定程度上反映了中西方文化的显著差异以及两者之间的交流与碰撞，促进了文化交流。索隐派译者努力将《易经》中蕴藏的东方哲学思想以一种独特的方式呈现给西方读者。这种尝试不仅仅是语言的转换，更是文化的传递和交融。它让西方读者能够从一个全新的角度去认识和理解中国的文化，感受到东方文化的神秘与魅力。同时，也以这种独特的形式让中西方文化之间进行相互理解和交流，激发了双方对彼此文化的兴趣和探索欲望，促进了不同文化之间的跨时间对话与融合。但是，索隐派的拆字翻译方法也不可避免地引发了一系列学术争议。一些学者坚决认为，这种方法存在着过于主观和随意的问题。因为拆字翻译在很大程度上依靠译者个人的解读和联想，缺乏统一、客观的标准和依据，极有可能导致对《易经》的误解和误读。《易经》作为中国文化的经典之作，其内涵极其丰富，任何不当的解读都可能偏离其原本的旨意。所以，在翻译《易经》时，译者应当保持高度的谨慎和敬畏之心，不能掺入过多的主观思想并且单纯的依赖拆字翻译方法，而是应该结合多种翻译策略和研究方法进行综合考虑。例如，参考历史背景、文化传统、前人的注释以及现代学术研究成果等，以确保翻译的准确性和可靠性。

看得出索隐派《易经》译本中的拆字翻译对后来的译本产生了深远且复杂的影响。它既为翻译领域带来了新的启示和创新，有力地促进了文化之间的交流与互动，同时也引发了学术界的热烈讨论和反思。对于这种影响，我们应当以客观、全面的视角去审视和评价，要充分肯定其积极的贡献，也要警惕其中存在的问题和局限性。只有在不断地探索和实践中，去寻求更加科学、准确、有效的《易经》翻译方法，推动这部古老经典在世界范围内的传播。

二、庞德及其儒家经典译本中的拆字翻译现象

（一）庞德所译儒家经典的概况

庞德最早接触孔子学说可追溯到 1913 年 8 月，他在好友的推荐下开始阅读由法国汉学家波蒂埃（Guillaume Pauthier）翻译的法语版《四书》，并很快被孔孟的魅力所吸引。1915 年，庞德出版了根据厄内斯特·费诺罗萨（Emest F. Fenollosa）遗稿转译的《华夏集》。此后，他热衷于儒家哲学伦理。庞德的部分翻译作品时间线如下：1928 年，庞德翻译出版了《大学》（*Tahio*）；1937 年，翻译完成了《孔子论语文摘》（*Confucius Digest of the Analects*）；1938 年，发表了《孟子》一文（*Mang Tsze*），其中包括了《孟子》的部分英译；1947 年，他的译本《中庸》（*The Unwobbling Pivot*）问世，同年重译了《大学》（*The Great Digest*）；1947 年 3 月 18 日，出版《孔子：大学、中庸与论语》（*Confucius：the Great Digest, the Unwobbling Pivot, the Analects*）；1949 年 5 月，《孔子：大学、中庸与论语》在印度被印度出版社重版印行；1951 年秋季，纽约广场系列出版社再次出版了《孔子论语》（*Confucius Analects*）；1954 年 9 月 10 日，美国哈佛大学出版社出版了庞德翻译的《孔子定义的经典选》（*The Classic Anthology Defined by Confucius*），即庞德翻译的《诗经》；1956 年 2 月 15 日，伦敦彼得·欧文公司再版的《论语》译本，印数是 1500 册。

庞德的这些译本具有一定的特色，但也存在一些争议。他在翻译时并未完全遵循传统的翻译方法，对中文的理解可能存在偏差。例如，他把《大学》译为"thegreat digest"，让人不禁费解，是"伟大的文摘"还是"了不起的解读"。另外，在翻译过程中，庞德还积极运用新柏拉图主义中的"光的哲学"。例如，对于《中庸》中"今夫天，斯昭昭之多，及其无穷也，日月星辰系焉，万物覆焉"一句，原意为今朝人们所说的天，原本只是由点点光明聚集而成，当其发展至无边无际时，天将会照耀日月星辰，成为其重要维系，并且成为覆盖世间万物的存在。庞德在翻译中运用了"the beyond"，依托新柏拉图之光中的超越思想，代指天在无限发展过程中对自我、对世间万物的超越。新柏拉图之光中对于"太一"的论述，与《中庸》中对核心思想"诚"的论述

存在较高的相似性，即二者均具有神秘色彩、超越性及层级性特征。但二者也存在差异，《中庸》因长期受到传统儒家思想文化的侵染，其提出的修身养性、经世致用等论点具有一定的实用性，与社会生活及国家政治的关系更近，更具实践性和务实性。相比之下，新柏拉图之光的相关思想体系则更加形而上学、抽象，更接近纯粹的哲学①。

庞德在儒家思想的整体上，对翻译内容进行适当删改、调整，最后完成了《中庸》的翻译，为中国儒家经典文化在世界的传播做出了不可磨灭的贡献。但是，他的译本也并不是完美无缺，其翻译的准确性和对儒家思想的理解仍存在一定的局限性，不同文化背景的读者对译本的评价也可能存在差异。相比之下，其他一些汉学家的译本可能在准确性和传达原文意思方面更受认可。归根结底，庞德的译本也从一定程度上向西方读者展示了中国古代经典的魅力，为西方了解中国文化提供了不同的角度。

（二）庞德译本中的汉字拆字翻译

庞德在翻译儒家经典时，几乎不懂中文，主要依据马修的《汉英字典》，以及前人的各种法译、英译本。因此，在他翻译的过程中，当对自己的译文不确定时，他经常会提供 Guillaume Pauthier 的法译文、理雅各的英译文或者干脆给出自己的另一种译文。庞德的译文充满了诗意的想象，其中比较突出的特点就是在翻译中使用了拆字法。

例 1：庞德在翻译《论语》中的"学而时习之，不亦说乎"一句话时，对汉字"習"（习）进行了拆解翻译。庞德在译文中增添了"白色"（the white wings of time）② 这一含义，直译成了"学习着，看见时光的白色羽毛飘过"。他将"習"字拆分为"羽"和"白"两个字，认为"羽"象征着翅膀，从而给译文增添了光的意象。

① 高博．埃兹拉·庞德：为西方世界打造一座"儒家乐园"［N］．社会科学报，2022-10-27（8）．

② 翟梦宇．《埃兹拉·庞德与儒学：现代性中重塑人文主义》（第 3 章）英汉翻译实践报告［D］．济南：齐鲁工业大学，2023：18.

例2：在他所翻译的《论语》里，对"信"字的翻译别具一格。他将其译成"man standing by his word"①（人站在他的话语旁边，守住承诺）。这种翻译方式实际上是将"信"字进行了拆解和重新诠释。通过这样的翻译，庞德试图从字的构成中挖掘出更深层次的含义，并以一种直观且形象的方式传达给读者，让他们能够更清晰地感受到"信"所蕴含的坚守承诺的意味。

例3：对于《论语》中"如有博施于民而能济众"中的"济"字，庞德的翻译是"aid them all（pictorially：sees that they all get an even or constant water supply）"②，括号中用拆字法进一步翻译"济"字为"源源不断的水供给"，这似乎是对好官府的一个比喻，也是好官府的一个方面。

例4：《论语》里的"君子"一词也被他译成了"one in whom the an-cestral voices speak"（祖先在其中说话）。他的这种翻译思路是将"口"放置在"君"字之中进行观察和理解，从而得出这样一种独特的"图画"式表述。这种翻译方式无疑为读者构建了一幅富有想象力的画面，仿佛在君子的内心深处，有着祖先的声音在低语和指引。③

例5：在翻译《中庸》时，他对"中"字的理解独具一格，将其解读为"一个动作过程，一个某物围绕旋转的轴"。基于这样的理解，他大胆地将《中庸》翻译为《不动摇的枢纽》（*unwobbling pivot*），而"君子时而中"则被翻译为"君子的轴不动摇"（the master's man's axis does not wobble）④。这种翻译方式无疑展现了庞德独特的思维和创新的勇气。

---

① 姜润.《埃兹拉·庞德儒家典籍翻译》（第5章）英汉翻译实践报告［D］.济南：齐鲁工业大学，2024：10.

② 姜润.《埃兹拉·庞德儒家典籍翻译》（第5章）英汉翻译实践报告［D］.济南：齐鲁工业大学，2024：10.

③ 姜润.《埃兹拉·庞德儒家典籍翻译》（第5章）英汉翻译实践报告［D］.济南：齐鲁工业大学，2024：10.

④ 翟梦宇.《埃兹拉·庞德与儒学：现代性中重塑人文主义》（第3章）英汉翻译实践报告［D］.济南：齐鲁工业大学，2023：18.

总的来说，庞德的一系列儒家经典译本尽管在某些方面可能不够准确真实，但具有独特的风格和创造性，他的翻译展现了他对汉字的痴迷以及对孔子思想的理解和诠释。

（三）庞德儒家经典译本中汉字拆字翻译的后世影响

庞德译本及其采用的汉字拆字法给后世文学和翻译界带来了很多积极影响。

1. 在文学领域，激发了后世诗人的创作灵感，推动意象主义的发展。庞德从汉字和孔孟文化中汲取知识，从而运用到他的诗歌创作中，使他的作品具有简洁、意象等特点。他的这些作品以及意象主义的创作原则，也给后世作家带来深远的影响。其中，美国诗人加里·斯奈德（Gary Snyder）深受庞德译本的影响，他的诗歌中融入了中国文化元素和简洁的意象表达。例如他的《松树的树冠》（*Pine Tree Tops*）这一作品，就有着类似庞德所倡导的简洁而富有力量的意象。从当代诗人罗伯特·布莱（Robert Bly）的作品中也能看到对庞德翻译风格的借鉴，主要强调直观的感受和简洁的语言。

2. 在翻译领域，一方面，拆字翻译法挑战了传统的翻译观念，促使译者思考更多样化的翻译途径。一些译者在处理文化特色词汇时，会受到庞德创新精神的启发，尝试采用更灵活的翻译方法，而非完全遵循传统的直译或意译。另一方面，关于庞德译本的准确性和忠实性的争论，推动了翻译理论和实践的深入研究。后来的译者在翻译中国古典文学时，会更加注重保留原文的意象和文化内涵。例如，许渊冲在翻译唐诗宋词时，就受庞德翻译观的影响，非常注重传递诗词中的意象美。

3. 在文化交流领域，增进文化理解，促进了西方对中国儒家思想和传统文化的认识和理解，为中西文化交流搭建了桥梁。如耿幼壮、索金梅等学者就对庞德翻译的儒家经典译本中的"君子""仁"等概念的翻译进行深入分析，探讨其中的文化传递和误解。

不过，庞德的儒家经典译本也存在一些问题，例如部分翻译与原意有较大偏差，是建立在他自己的主观理解和政治需求之上的。但尽管如此，庞德的译本仍然在西方产生了广泛的影响，激发了人们对儒家思想以及中西方文化交流的兴趣和研究。

第三节　小说译本中的汉字拆字翻译

不同于诗歌可以根据单字进行拆字创作发挥，也不同于典籍译本可以进行逐字解读，小说译本需要有合理连贯的情节和表达，因此译者自己一般不会采用拆字翻译。但中国古典小说中本身就存在许多拆字修辞法，译本如何很好地处理这些拆字隐喻，则是本节需要深入探讨的问题。

一、《红楼梦》译本中拆字修辞翻译

（一）《红楼梦》里的拆字修辞

在文学巨著《红楼梦》里，存在着许多耐人寻味的拆字隐喻现象。拆字隐喻通过对汉字的拆分让文字变得更为巧妙，然后以隐晦而精妙的方式传达信息，给作品增添了多种层次的解读角度。这种手法听起来像是文字游戏，但却是作者对情节、人物和主题的深度描绘和巧妙构思的体现。所以在《红楼梦》中，这种拆字修辞主要起到以下三点作用。

其一，通过拆字隐喻暗示人物的命运走向和性格特点，作者能够在不直接点明的情况下，向读者透露一些关键却隐晦的线索，让读者的思考自由发散并对人物进行猜测，增加阅读的趣味性和体验感。其二，拆字隐喻可以作为一种伏笔，让读者从情节发展的角度来看，在前期看似不经意的描写中埋下伏笔，随着故事的推进，读者会突然领悟其中的深意，感受到作者布局的精妙和严谨。其三，文中的拆字隐喻也有助于强化作品的批判性和讽刺意味。通过对某些字的拆解和隐喻，作者可以隐晦地批判社会现象、家族弊病或人性的弱点，以一种含蓄而有力的方式表达自己的观点和态度。

《红楼梦》中，它的拆字修辞主要体现谶诗中。特别是人物判词，例如，迎春判词："子系中山狼，得志便猖狂。金闺花柳质，一载赴黄粱。"其中"子系"二字合成"孙"的繁体字，指的是迎春的丈夫孙绍祖；王熙凤判词：

"凡鸟偏从末世来，都知爱慕此生才。一从二令三人木，哭向金陵事更哀。"其中，"凡鸟"是繁体里的"凤"字，也就暗指王熙凤；香菱判词："根并荷花一茎香，平生遭际实堪伤。自从两地生孤木，致使香魂返故乡。"其中"两地生孤木"寓一"桂"字等。除人物判词外，在一些诗词中也存在拆字隐喻。如林黛玉在《咏菊》中所写的"片言谁解诉秋心"这句诗中，"秋心"就是"愁"字的拆解等。

所以《红楼梦》中的拆字隐喻是一种高度复杂和极为精致的文学写作技巧，使得作品更加含蓄深沉，内容有趣生动，令人回味，需要读者仔细回忆和深入思考才能领会其中的奥妙。这也就意味着这些拆字隐喻也是很难翻译的部分。

（二）《红楼梦》主要译本

作为中国古典文学巅峰之作的《红楼梦》，外文译本在国际上也有着不小的地位和影响。杨宪益和戴乃迭夫妇的译本、大卫·霍克斯的译本是公认翻译得比较好且传播比较广的三个全译本。

1. 杨宪益和戴乃迭夫妇的译本

杨宪益（1915—2009）出生于天津名门，有着深厚的中国传统文化修养，他和同样是牛津大学高材生的夫人戴乃迭英语水平都极高。在新中国成立后，杨戴夫妇任职于外文局。当时他们疯狂投入工作，翻译了众多汉语文学名著。然而，他们的工作受到诸多审查，且存在很多限制。杨宪益和戴乃迭（英国籍）的《红楼梦》译本《A Dream of Red Mansions》于 1978 年至 1980 年间出版。杨宪益主张"临摹式翻译"，强调忠实于原文，尽量保留汉语的文化特色和语言风格。他的翻译策略更注重贴近汉语文化观念，因此透露出一种将中国传统文化直输给西方读者的倾向。然而，这种忠实于原文的策略也导致了该译本在西方读者中的传播效果不佳①。

2. 大卫·霍克斯的译本

大卫·霍克斯（David Hawkes）是英国著名的汉学家，牛津大学中文教

---

① 包姗姗.《红楼梦》中的隐喻英译研究 [D]. 上海：华东师范大学，2016：1.

授。他所翻译的《红楼梦》英译本名为《*The Story of the Stone*》（石头的故事）。霍克斯用十年心血翻译《红楼梦》，他翻译译本的前八十回，而后四十回是由女婿闵福德（John Minford）翻译完成。译本于 1973 年至 1986 年间出版，这是英语世界出版的第一部完整的《红楼梦》译本，权威性得到了全面承认，在英语世界产生了极大轰动和影响，被视为一部真正意义上的经典之作。霍克斯在翻译过程中采用了归化的方法，努力让译文符合英语的文学特点与艺术风格，提高作品的可读性和连贯性。他明白西方读者对中国语言文化的了解程度有限，所以在翻译中加入了大量的解释性语言，帮助读者更好地理解内容。霍克斯的译本实现了中西文化的转换，是两种异质文化观念之间的桥梁①。

大卫·霍克斯的英译本是英语世界首部完整译本，影响力大；杨宪益夫妇的英译本忠实于原文，受到国内外的推崇。这两个译本在《红楼梦》的对外传播中都具有重要意义。它们各具特色，为不同国家的读者了解中国这部古典文学巨著提供了重要途径，促进了中国文化在世界范围内的传播和交流。

（三）《红楼梦》谶诗拆字修辞的不同译本翻译

下面我们将以杨宪益、戴乃迭译本②和霍克斯译本③为例，讨论《红楼梦》译本中拆字修辞的翻译问题。

例1：王熙凤判词："凡鸟偏从末世来，都知爱慕此生才。一从二令三人木，哭向金陵事更哀"，其中"凡鸟"是"鳳"（"凤"）字，暗指王熙凤；"三人木"是"休"字，暗指王熙凤之后命运是被贾琏休妻。

杨译：This bird appears when the world falls on evil times; None but admires her talents and her skill; First she complies, then commands, then is dismissed, Departing in tears to Jinling more wretched still.

① 包姗姗.《红楼梦》中的隐喻英译研究［D］. 上海：华东师范大学，2016：1-2.
② TSAO H-C, KAO N. A Dream of Red Mansions［M］. Beijing：Foreign Language Press，1978：49.
③ CAO X Q. The Story of The Stone［M］. London：Penguin Books，1973：42.

霍译：This phoenix in a bad time came；All praised her great ability．'Two' makes my riddle with a man and tree：Returning south in tears she met calamity．

两个译本对"凡鸟"的翻译略有不同。霍译本直接使用了"凤凰"一词，对应文中王熙凤姓名的翻译——"凤凰"这一单词，由此可以让读者马上联想到王熙凤。只是此种直译方式少了汉语的拆字趣味，稍显寡淡。杨译本将"凡鸟"简化为普通词汇"bird"，表面上看似乎很难和王熙凤对应。但文中开始还有一句关于谶画的描述，已经提醒说画中有一只凤凰了。译本此时简单地描述成"鸟"可以说更符合原文的隐喻手法。只不过两个译本都没有很好地将汉字拆字的趣味翻译出来。

另外，两个译本对"三人木"的翻译也有所差异。杨译本隐去了谜面，直接将拆字隐喻的内涵直接解读，并作为信息呈现给了读者，将"一从二令三人木"直接翻译为：她先是听从，然后施令，然后被驱逐。虽容易被目的语读者所理解，但谶语信息过于明显，没能保留原诗谶语信息的隐性特征和拆字法的妙趣。而霍译本采用直译法，"三人木"被翻译为"我的谜语里有一个人和一棵树"，相当于是对"人木"的直接翻译，还点明了这是一个谜语。但这样翻译，如果读者不懂中文，即使他们意识到这是一个谜语，也无法准确猜出谜底是"休"字。

例2：香菱判词："根并荷花一茎香，平生遭际实堪伤。自从两地生孤木，致使香魂返故乡。"其中"两地生孤木"寓一"桂"字，暗指香菱被夏金桂迫害而死。

杨译：After the growth of a lonely tree in two soils，Her sweet soul will be dispatched to its final rest．

霍译：The day two earths shall bear a single tree，You soul must fly home to its own country．

此两个译本对"两地生孤木"的"桂"字翻译基本类似，都采用直译法，译成"从两地之上生出一棵孤木"。仅通过这样的译文，读者很难将此谶语与香菱和夏金桂联系起来。因此，霍译本还在此句翻译后给出了详细的注释，在注释中不但解释了汉字一木加二土构成了桂字，还解释了谶语暗指香菱受夏金桂折磨的命运。此种释义法很好地补偿了拆字修辞所隐含的深层内涵。

综上所述，对于《红楼梦》中的拆字隐喻，各个译本都很难兼顾到各个层面的意义翻译。一方面，是由于小说中的隐喻与整个情节前后相联系，同时还与人物性格、命运相关，甚至有些还含有作者的深层暗讽，本来对于这种多层含义的表述就很难诠释。另一方面，由于不同语言的固有结构差异，翻译过程中造成部分含义缺失也是不可避免的。因此，拆字隐喻的翻译一般倾向于采用直译加注释的方式。

（四）《红楼梦》中拆字隐喻翻译的启示

《红楼梦》中拆字隐喻的翻译具有重要的启示意义，这不仅体现在对原文的忠实传达上，还在于如何将这种独特的文化内涵和艺术效果传递给目标语言的读者。

从翻译的角度来看，拆字隐喻的翻译需要考虑多方面的因素。因为汉语为表意文字，而英语等西方语言不同于汉语，多为表音文字，所以两者在书写形式上的差异使得翻译变得复杂。译者需要在保留原文意境的同时，尽可能地找到所替换语言中能够传达相同或相似意义的表达方式。就像杨宪益在译本中采用了省略、词汇转换、加注释等方法来处理。研究指出，《红楼梦》中的拆字隐喻翻译应该注重文化模式的传递。虽然有大量研究和关注拆字隐喻的准确翻译，但较少有研究涉及如何将原著的文化内涵传递给读者。因此，译者在翻译拆字隐喻时，不仅要准确理解原文的含义，还需要结合文化背景和上下文环境进行适当的调整和解释，以确保目标语言读者能够充分理解和欣赏这些隐喻所蕴含的艺术魅力和文化价值。

综上所述，《红楼梦》中拆字隐喻的翻译不仅是语言文字层面的转换，更是文化和艺术层面的传递。译者需在忠实原文的基础上，灵活运用各种翻译策略和技巧,以实现跨文化的沟通和理解。

二、《三国演义》译本的拆字修辞翻译

(一)《三国演义》中的拆字修辞

在文学经典《三国演义》这部历史长卷中,有几处颇为典型且引人入胜的拆字隐喻现象,为整个故事增添了神秘的色彩和独特的韵味。

其中,董卓之死的相关预言令人印象深刻。书中一则童谣唱道:"千里草,何青青!十日卜,不得生!"这里的"千里草",乃是将"董"字巧妙地拆开,而"十日卜"合起来组成了"卓"字。这短短几字,暗示着董卓即将走向死亡的命运。在董卓即将入宫的前夜,更是出现了一位神秘的道人,他手持一根长竿,竿上缚着一块布匹,布匹的两头各自书写着一个"口"字。"双口"即为"吕",再加上这块布的出现,仿佛在冥冥之中暗示着董卓将会命丧吕布之手。不仅如此,仔细端详"卓"字,其形态恰似一根竹竿的上下两端各挑着一个"口",仿佛预示着董卓最终将身首异处,不得善终。这些精心设计的拆字隐喻,无一不在预示着董卓悲惨的结局,让读者在阅读的过程中,仿佛能提前感受到那股命运的洪流即将汹涌而至。

此外,杨修与曹操之间的故事也充满了拆字隐喻的智慧。曹操在花园的大门上写下了一个"活"字,聪慧过人的杨修瞬间领悟,他明白在"门"字上加上"活"字,便是"阔"字,由此推测出丞相是嫌弃园门太过宽阔。一次,曹操在盒子上写下了"一合酥"三个字,杨修却可以将其解读为"一人一口酥",然后便与众人一同分了酥酪。巧的是,"合"字拆开正好是"人一口"。杨修凭借着自己敏锐的智慧,多次准确地猜出了曹操的心思。但不幸的是,他的这种聪明引来曹操的忌惮,最后给自己招来杀身之祸。

这些精彩的拆字隐喻,极大增加了故事的趣味性。它们如同隐身在文字背后的密码,等着让读者去破解,使阅读过程充满了探索的乐趣。同时,这些拆字隐喻也在一定程度上反映了人物最终的命运和走向,尤其是人物形象。董卓的专横跋扈、不得人心,注定了他悲惨的结局;而杨修的聪明才智,因过于显露而遭致杀身之祸。这些拆字隐喻不仅仅是一种线索,更多的是中国

古代文化中独具特色的表达方式，展现了古人在文学创作中的巧思与智慧。

（二）《三国演义》主要译本

元末明初的小说家罗贯中创作的长篇章回体历史演义小说《三国演义》，描绘了从东汉末年到西晋初年之间将近百年的历史。这部著作不仅在中国广受欢迎，在海外也有着一定的影响力，也被翻译成多种语言的版本。英译本中较为著名的有以下两个。

1. 邓罗（C. H. Brewitt-Taylor）译本

该译本于 1925 年由别发洋行发行了标准本，分上下两卷。后塔托（Tuttle）出版社于 1959 年又发行其译本，并于 2002 年重印。1888—1892 年期间，邓罗的《三国演义》译文在《中国评论》杂志上连载。1920 年邓罗退休后，对《三国演义》进行了重新翻译。1925 年，由上海别发洋行（Kelly & Walsh Ltd）出版了他翻译的《三国演义》全译本（*Romance of the Three Kingdoms*），该译本分为上下两卷，这在中国古典小说英译史上具有里程碑的意义，使《三国演义》成为中国古典"四大名著"中第一个拥有英文全译本的作品。译本面世后的近 70 年间，邓罗译本是《三国演义》唯一的英文全译本。之后，该译本受到了多家出版社的重印，如 1959 年由塔特尔出版公司（Charles E. Tuttle Co. Inc）发行的重印本深受读者欢迎，该出版社后来分别于 1975、1990、2002 年再次重印此版本。新加坡 Graham Brash 出版社于 1985、1988 年发行了邓罗的重印本，而美国 Silk Pagoda 出版社于 2005、2008 年发行了邓罗的重印本。

邓罗译本在翻译《三国演义》时，采用了一些独特的技巧，对于中国传统的官职名称、文化意象等，他较多地运用了音译的处理方法，并在必要时添加注释帮助读者进行理解。这种翻译方式既让西方读者有机会接触到原汁原味的中国文化，同时也考虑到当时读者的接受程度。

邓罗的译本在推动《三国演义》在英语世界的广泛传播方面发挥了至关重要的作用。在诸如《美国大百科全书》和《大英百科全书》等权威工具书中，关于《三国演义》的条目均采用了"Romance of the Three Kingdoms"这一译文，这充分证明了邓罗译本被广泛认可与其深远影响。著名汉学家翟理思（Herbert Allen Giles）曾高度评价邓罗的译本，认为它不仅为邓罗在当代汉学界赢得了显著地位，更将作为经典之作被后世铭记。此译文语言流畅，表达精准，进一步增强了《三国演义》在英文读者中的接受度和影响力①。

2. 罗慕士（Moss Roberts）所翻译的版本

罗慕士乃美国杰出的汉学专家，他翻译的《三国演义》英文版在1991年由美国加利福尼亚大学出版社与北京外文出版社共同在美国发行，1995年北京外文出版社首次在中国推出该译本。

罗慕士先生应中国外文出版社之邀，负责《三国演义》的翻译工作。在翻译过程中，他运用了多种策略与方法，致力于传达原文的深层含义，以彰显中国传统文化之魅力。

例如，对于文化负载词，他会根据具体情况采用直译、转译或译释结合等方式。同时，他注重副文本的运用，通过注释、前言、后记等方式为读者提供更多背景信息和解释，帮助西方读者更好地理解中国文化和历史背景。罗慕士在翻译中体现了其学术自觉，他所翻译的《三国演义》不仅仅是让西方读者看到毛本中的三国世界，更是展现了一个从真实历史到小说故事的宏大三国图景。他通过援引史料、对比其他三国话本等方式，在副文本中还原了一个更为真实的历史人物形象，比如刘备。

罗慕士的译作《三国演义》被公认为是继邓罗译本之后，在英文世界中最为成功的译本之一。它为西方读者提供了了解中国古典小说和文化的宝贵参考，并展现了译者在处理文化差异和翻译难题方面的深刻思考与不懈探索。译本的出现促进了中国文学与文化的国际传播，并为西方汉学界深入了解真实的历史背景及三国文化的形成提供了积极的助力②。

（三）《三国演义》中拆字修辞的不同译本翻译

下面我们将以邓罗译本和罗慕士译本③为例，讨论《三国演义》译本中

---

① 李鹏辉，高明乐. 翻译的时代镜像：清末民初汉学家邓罗的译者行为研究 [J]. 外语研究，2022，39（2）：90-95，111.

② 李鹏辉，高明乐. 美国汉学家罗慕士的译内行为与译外行为考辨 [J]. 中国翻译，2023，44（3）：90-97.

③ 陈甜.《三国演义》邓罗译本差译之伪 [J]. 海外英语，2014（21）：141-143.

拆字修辞的翻译问题。

例1：操尝造花园一所；造成，操往观之，不置褒贬，只取笔于门上书一"活"字而去。人皆不晓其意。修曰："门内添活字，乃阔字也。丞相嫌园门阔耳。"（第七十二回）

邓译：Once Tsao Tsao was having a pleasance laid out and when it was completed. he went to inspect the work. He uttered no word of praise or blame. he just wrote the word "A－live" on the gate and left. Nobody could guess what he meant till Yang Xiu heard of it. "Gate" with "A live" inside it makes the word for "wide", said he. "The Prime Minister thinks the gates are too wide"

罗译：One time Cao Cao had a garden built When it was ready, he went to inspect it Without uttering a word of praise or blame. Cao Cao took a brush and wrote a single word "A live " on the gate to the garden, then departed. No one could interpret what this meant. But Yang Xiu said："The graph alive inside the graph gate makes the graph broad. His Excellency was simply saying that the gate is too wide "

在例1中，两位译者都采用了直译的方式，通过杨修之口说出"门"中加"活"为"阔"。但这句话用英语转述后却完全表达不出汉字的拆字隐喻魅力，若读者没有很好的汉字基础，也理解不了为何"门"中加"活"为"阔"。

例2：又一日，塞北送酥一盒至。操自写"一合酥"三字于盒上，置之案头。修入见之，竟取匙与众分食讫。操问其故，修答曰："盒上明书一人一口酥，岂敢违丞相之命乎？"操虽喜笑，而心恶之。（第七十二回）

邓译：Another time Ts'ao Ts'ao received a box of cream cheese from Mongolia. Ts'ao Ts'ao just scribbled three words on the top and left it on the table. The words seemed to have no meaning, but Yang Xiu happened to come in, saw the box and at once handed a spoonful of the contents to each guest in the room. When Ts'ao Ts'ao asked why he did this he explained that that was the interpretation of the words on the box which resolved into primary symbols read "Each man a mouthful." "Could I possibly disobey your orders?" said he. Ts'ao Ts'ao laughed with the others but hatred was in his heart.

罗译：Another time a box of cream was sent to Cao Cao from north of the border. Cao Cao wrote three words on the box "One box cream," and placed it in his cabinet. When Yang Xiu entered and happened to see it, he opened the cabinet and distributed the treat. Cao Cao later asked him why he had done it and Yang Xiu replied "You wrote quite plainly on the box per man one mouthful cream. How could I deviate from your Excellency's command." Cao Cao smiled with pleasure at the play on words but in his heart he felt hatred. ＊ (＊ Separated the components of the characters yield this meaning.)

在例 2 中，邓罗采用直译的方式，并且忽略了此处的拆字隐喻，这很可能造成读者对情节理解的障碍，不理解杨修分食酥糖的含义，隐喻的精妙之处也得不到体现。而罗慕士虽然在文后加有注释，解释说明了汉字拆解的缘由，但却没有详细解释"一合"为"一人一口"的含义。对不理解汉字构成的外国读者来说，这种简略的注释也不能很好地帮助他们理解到拆字隐喻的内涵。

例 3：是夜有十数小儿于郊外作歌，风吹歌声入帐。歌曰："千里草，何青青！十日上，不得生！"（第九回）

邓译：The grass in the meadow looks fresh now and green, Yet wait but ten days, not a blade will be seen. ＊ (＊ The grass in the meadow is ingenious quip on Tung Cho's surname; as is the "ten days" on his distinguish name.)

罗译：A thousand li of green, green grass：Beyond the tenth day, one can't last. ＊（ ＊These are visual puns：the Chinese graphs for "thousand". "li", and "grass" make up the graph for Dong, and the graphs for "divining", "ten", and "day" make up the graph for Zhuo.)

在例3中，"千里草"组成为一个"董"字，"十日上"则是一个"卓"字，"不得生"是指死的意思。原文作者运用了拆字法含沙射影地诅咒并预告董卓即将灭亡。对于这里的拆字修辞，邓罗和罗慕士采用了相同的翻译方法，即在正文中直译"千里草"和"十日上"，然后再加注释解释汉字中"千里草"构成一个"董"字，而"十日上"构成一个"卓"字。此例中，两位译者都使用了详细的注释，使读者可以清晰明了拆字的缘由和内涵。邓罗译本中的注释很少，但在此处也不得不加注解释"董卓"二字的缘由。

从以上3个例子可以看出，由于英汉两种语言的差异性较大，特别是文字构形完全不同，译者往往很难较好地阐释出汉字中的拆字隐喻。因此，当不影响故事情节的大走向时，有时译者会舍弃翻译拆字隐喻，如上文的例1和例2。但当拆字隐喻与情节发展有很大关系时，译者也不得不采用多种方式将拆字的内涵向读者解释清楚，如上文的例3。而使用注释是比较有效的方式，但是这种翻译方式有时也难免会丢失掉部分隐喻的趣味性和精妙处。

（四）《三国演义》拆字隐喻翻译的启示

1. 维护文化内涵与故事韵味：拆字隐喻通常蕴含深厚的文化底蕴和特定含义。在翻译过程中，译者需深入探究中国古代文化、历史及文字特性，保留隐喻所承载的文化内涵，以便读者能够领悟故事的深层意义。同时，《三国演义》所特有的文学韵味需在翻译中得到适当保留。在处理拆字隐喻时，译者应确保信息的准确传达，兼顾语言表达的艺术性，使所需翻译语言中的译文仍保有文学价值和趣味性，从而使读者感受到原著的魅力。

2. 灵活运用翻译策略，传递隐喻效果：根据具体情况，灵活采用直译、意译或加注等翻译策略。在目标语言中寻找能够传达相似意义或意象的表达方式，尽可能地保留拆字隐喻的效果。但是完全对等可能难以实现，但通过巧妙的翻译手法，译者可以让读者感受到原文中的隐喻和暗示。

3. 顾及读者理解：翻译的核心目的在于使读者能够理解原文意图。鉴于不同语言和文化之间的差异，拆字隐喻可能难以找到完全匹配的表达。这时候，译者需在准确性和可读性之间做出恰当的权衡，采用易于读者理解的翻译方式，避免过于生硬或晦涩的表达，确保读者能够把握故事的情节以及隐喻所指。

总之，《三国演义》中拆字隐喻的翻译要求译者深入理解原著文化，具备灵活的翻译技巧和创新能力，以便在不同语言和文化之间架起桥梁，使目标语言读者能够领略拆字隐喻的精妙之处，同时更深入地理解和欣赏这部经典作品的丰富内涵。

总　结

在全球化时代，东学西渐成为跨文化传播的重要现象，其中汉字拆字翻译在文化交流中扮演着独特的角色。汉字作为中国文化的瑰宝，以其独特构形和丰富内涵承载着千年智慧。在将中国典籍翻译为西方语言时，汉字拆字翻译逐渐引起关注。

通过本章的梳理，我们可以发现，西方译者在翻译中国典籍时，进行的汉字拆字翻译主要可以归纳为四大种类：其一，译者本身中文造诣不高，在进行汉字拆字解读时，造成了大量的误读现象，比如在朱迪特、洛威尔和庞德的诗歌中，都有此种现象。其二，译者能够理解汉字原意，但为了自己诗歌意境等，牺牲了汉字的原意。译者用拆解出汉字新意的方式，为其创作服务。洛威尔、庞德的不少汉字表达是属于此类。其三，因为某种政治或身份的原因，译者带有目的性的将汉字与西方文化融合，使汉字带有西方文化，特别是西方宗教色彩。这一类的主要代表为索隐派的翻译。其四，对于中国典籍中本身存在的汉字拆字修辞的翻译，西方译者因为语言和文化差异，难以完全体现，一般会有加注的方式进行翻译补偿。如《红楼梦》《三国演义》等小说的多种英译本。

汉字的拆解翻译在中华典籍向西方传播的过程中，具有其独特的价值与意义。它可以帮助西方读者深入理解汉字所蕴含的深层含义，并揭示汉字的结构逻辑及其文化内涵。但是这种翻译方式还是存在其局限性，有可能导致汉字意义的误解或过度解释。还有，汉字拆解翻译的现象体现了中西文化交流过程中的冲突与融合，译者在传播中国古典文化时，面临着如何在保留汉字的独有特色与确保西方读者理解之间找到平衡点的挑战。因此，对于汉字拆解翻译的处理，我们必须采取谨慎态度，以便更准确、有效地促进中西文化的交流与相互理解。

第三章

汉字拆字翻译现象的多学科理论支撑

汉字拆字翻译是一种独特的语言现象，它不仅涉及语言的转换，还与多个学科的理论和概念密切相关。从语言学的结构分析到哲学的思辨探讨，从文学的意象构建到心理学的深层解读，再到社会人类学的文化洞察，汉字拆字翻译现象犹如一面多棱镜，折射出丰富多样的学术视角和文化内涵。而西方在翻译中国典籍时，出现的拆字翻译现象，也与他们多学科教育背景的影响有很大关系。

在接下来的章节中，我们将深入探讨汉字拆字翻译现象与多学科理论的关联性，揭示其在不同学科领域中的意义和影响。通过对这些关联的剖析，我们希望能够更全面地理解汉字拆字翻译这一现象，展现其在跨文化交流和语言研究中的重要价值。

第一节　汉字拆字翻译现象与语言学

一、汉字拆字翻译现象与结构语言学

（一）结构语言学的代表人物及主要理论概念

结构语言学的代表人物是费迪南·德·索绪尔（Ferdinand de Saussure）。

索绪尔的主要理论概念①包括以下五方面以下五方面。

1. 语言和言语的区分

他把言语活动分成"语言"（langue）和"言语"（parole）两部分。语言是言语活动中的社会部分，不受个人意志支配，是社会成员共有的，是一种社会心理现象；言语则是言语活动中受个人意志支配的部分，带有个人发音、用词、造句的特点。

2. 能指和所指

语言是一种符号系统，符号由"能指"（Signifier）和"所指"（Signified）两部分组成。能指是声音的心理印迹或音响形象，所指就是概念。同时，语言符号具有任意性和线性序列的特性。语言始终是社会成员使用的系统，具有持续性；且语言符号所代表的事物和符号形式可随时间改变。

3. 语言的系统性

语言单位由其在系统中的地位决定价值，即由与其他要素的关系来决定。

4. 句段关系和联想关系

句段关系指语言的横向组合；联想关系由心理的联想产生，指语词的纵合聚合。这两类关系代表纵横两条轴线，成为每个语言单位在系统中的坐标。

5. 共时和历时

索绪尔创造了"共时"和"历时"这两个术语。共时研究关注语言在某个特定时期的状态，即语言系统本身的结构；历时研究则侧重于语言的演变发展。他强调研究语言学应首先排除历时因素的干扰，把语言的系统描写清楚，因为语言单位的价值取决于它在系统中的地位而非历史。

索绪尔的语言理论为结构主义语言学奠定了基础，对现代语言学及其他相关学科产生了深远影响。其理论强调从系统和结构的角度研究语言，注重分析语言内部各要素之间的关系。

除索绪尔外，还有一些学者和学派也对结构语言学的发展做出了重要贡献。例如布拉格学派的代表人物有特鲁别茨柯依（Ni Kolay Trubetskoy）、罗

---

① ［瑞士］费尔迪南·德·索绪尔.普通语言学教程［M］.高名凯，译.北京：商务印书馆，1980：26-37.

曼·雅科布逊（Roman Jakobson）等，他们强调语言内部各成分的功能和对比；哥本哈根学派的代表人物是叶尔姆斯列夫（Louis Hjelmslev）等，该学派注重从符号的角度分析语言；美国结构主义语言学派的代表人物是莱昂幼德·布龙菲尔德（Leonard Bloomfield），这一学派重视口语、记录实际语言及共时描写，注重形式分析等①。

但我们需要注意的是，结构语言学于不同学派及学者之间，或许在具体观点和方法上存在一些冲突与差异，不过总体而言，均着重于对语言结构展开系统研究。此类理论和观点为语言学的发展提供了关键的思路与方法，促使人们加深了对语言本质及语言现象的理解。

（二）汉字拆字翻译现象同结构语言学理论的关联性

虽说汉字拆字现象并非全然与结构语言学的研究范畴一致，但二者在针对语言或文字的结构分析、系统性认知等方面存有一定的共通点，具体涵盖以下五方面。

1. 系统结构分析

结构语言学强调语言是一个有组织的系统，其中各个要素相互关联、相互制约。汉字作为一种独特的文字体系，同样具有复杂而有序的结构。在汉字拆字翻译中，对汉字结构的深入分析是至关重要的。

例如"休"字，由"人"和"木"组成。从结构上看，一个人靠在树上，表示休息的意思。在翻译这个字时，如果要进行拆字翻译，就需要理解"人"和"木"这两个部件的意义以及它们组合在一起所形成的特定含义。再比如"好"字，由"女"和"子"组成，通常被解释为"儿女双全即为好"。这种对汉字结构的细致分析，类似于结构语言学中对语言要素的分解和研究。通过对汉字结构的系统分析，我们能够更准确地把握汉字的意义，从而为拆字翻译提供坚实的基础。在翻译过程中，将这种结构分析与目标语言的词汇和语法规则相结合，可以创造出更贴切、更准确的翻译。

---

① ［比］布洛克曼. 结构主义：莫斯科—布拉格—巴黎［M］. 北京：人民大学出版社，2005：46-52.

2. 符号关系

结构语言学关注语言符号之间的关系，认为语言符号的意义并非孤立存在，而是通过与其他符号的对比和关联来确定。在汉字拆字翻译中，被拆分的部件与整体汉字之间也存在着特定的符号关系。

用"信"这个字来说，其左边为"人"，右边是"言"，意味着人说话得算数，方能具备信用。于翻译之时，倘若把它拆分成"人"和"言"，那就得领会这两个部件在"信"这一整体概念里的符号意义。这种对符号关系的理解对精准翻译极为关键。再如"明"字，由"日"与"月"构成，象征着光明。在拆字翻译当中，需要明晰"日"和"月"这两个符号在表达"明"这个概念时的彼此作用与关联。借由对这种符号关系的探究，我们能够更好地揭示出汉字背后的深层含义，在翻译时能更确切地传递汉字所承载的信息。

3. 共时性探索

结构语言学尤为注重对语言在特定时期的状态与结构加以探究，这叫作共时性研究。汉字拆字翻译现象在不同的历史时期和文化背景当中，均有着独特的准则和具体的运用方式。

举例来说，在古代文学作品里，拆字常常被当作一种修辞手法或者智力游戏。像《红楼梦》里，通过拆字来暗示人物的命运或者情节的发展。在特定的时代文化环境下，人们对于某些汉字的拆字理解和运用有着一致的认识以及约定俗成的规范。在现代，汉字拆字翻译在广告、创意设计等领域也有所应用。某些品牌名称通过别出心裁的拆字办法来传递其独特的品牌理念。比如"可口可乐"这个品牌，有人把"可"字拆分成"丁口"，意味着人口众多，产品备受欢迎。这种共时性的研究能够帮助我们清楚地知晓不同时期汉字拆字翻译的显著特性和变化走向，还有它与当时社会文化环境之间的相互作用。

4. 规则和模式

结构语言学试图找出语言内部的规则和模式，汉字拆字翻译同样存在一定的规则和常见模式。

比如，一些常见的部首在不同汉字中的意义具有一定的规律性。"氵"通常与水有关，"木"往往与树木、木材相关。在进行拆字翻译的时候，可以依据这些部首通常具有的意义来推测汉字的大概意思。比方说"河"字，左边的"氵"表明跟水有关，右边的"可"表明读音。在翻译的时候，可以按照"氵"的意思，把它和水的概念关联起来。另外，有些汉字的结构形式具有相似性，尤其是在"形声字"里，形旁和声旁的组合方式遵循特定的规律。就像"晴"字，左边的"日"是形旁，表示和太阳有关，右边的"青"是声旁，表示读音。在翻译时，我们能够借助这种规律和模式来协助理解和翻译。通过总结并遵循这些规则和模式，我们能够显著提高汉字拆字翻译的效率和准确性，更好地实现跨语言的交流和信息传递。

5. 语境影响

结构语言学认为语言的理解和解释无法脱离具体的语境，汉字拆字翻译也受到上下文和使用场景的影响。

比如，庞德在《比萨诗章》第一章（《诗章》第七十四章）中，将"莫"字释为"无人""日落西山的人"。他之所以这样来拆字翻译，与他当时的境况是息息相关的。当时他正被控叛国罪，关在比萨劳改中心的死囚室。所以，"日落西山的人"也是庞德本人的自况。因此，在翻译实践中，充分考虑语境因素能够使拆字翻译更加贴合原文想要表达的意图，有效地避免产生歧义或者不准确的翻译①。

综上所述，汉字拆字翻译现象与结构语言学在系统结构分析、符号关系、共时性研究、规则和模式以及语境影响等方面存在着密切的关联。通过运用结构语言学的理论和方法，我们能够更深入地理解汉字拆字翻译的本质和规律，提高翻译的质量和效果。

（三）结构语言学理论启示下的汉字拆字翻译局限性

在结构语言学理论的启示下，汉字拆字翻译是存在一定的局限性的。

首先，汉字的结构和意义并非总是能够简单地通过拆分部件来准确理解和翻译。许多汉字经过长期的演变和发展，其部件的原始意义可能已经发生

---

① 翟梦宇.《埃兹拉·庞德与儒学：现代性中重塑人文主义》（第3章）英汉翻译实践报告［D］.济南：齐鲁工业大学，2023：10.

了变化或模糊。例如"武"字，从拆字角度看是"止戈"，但实际上其含义并非停止战争这么简单直接，这种复杂的演变使得简单的拆字翻译容易产生误解。

其次，结构语言学强调语言的系统性，但汉字拆字翻译可能会过于关注单个汉字的结构，而忽略了汉字在词语、句子和篇章中的整体语境和系统性。比如在"威武"这个词中，单独对"武"字进行拆字翻译无法准确传达其在该词中的特定意义。

汉字具有丰富的文化内涵，部分汉字的意义与中国传统文化、哲学观念紧密相连，单纯的拆字无法完全涵盖这些深层次的文化要素。例如"仁"字，拆成"人"和"二"，然而其中所蕴含的儒家仁爱思想难以通过这种简单的拆字方式充分呈现。不同的人对于汉字拆字可能有着不同的理解与解释，缺少统一的标准和规范，致使拆字翻译的主观性与随意性较强，降低了翻译的准确性与可靠性。

尽管结构语言学给汉字拆字翻译提供了一定的理论基础和分析手段，不过由于汉字自身的复杂性以及文化的特殊性，汉字拆字翻译在实际运用中存在众多局限性，需要审慎使用，并结合其他翻译方法以及文化背景知识来提升翻译的质量。

（四）小结

总之，汉字拆字翻译现象与结构语言学存在多方面的联系。从系统结构分析，能深入理解汉字意义；从符号关系研究，可挖掘汉字深层内涵；共时性研究能展现不同时期汉字拆字的特点与用法；规则和模式的探寻有助于提高翻译效率；而考虑语境影响能让翻译更贴合原意。不过，汉字拆字翻译也有局限性。它难以准确应对汉字结构和意义的复杂演变，容易忽视汉字在语境中的整体情况，无法全面体现文化内涵，且缺乏统一规范，具有较强主观性。所以，在实际运用时需谨慎，应结合其他手段和文化知识来优化翻译效果。

二、汉字拆字翻译现象和功能语言学

（一）功能语言学代表人物及主要理论概念

功能语言学属于现代语言学的重要分支之一，起到强调语言的功能及使用情况，关注语言在社会和交际当中所发挥的作用。在功能语言学中，语言并非一个孤立自足的系统，而是跟社会、文化、语境等紧密相连。功能语言学的研究范围颇为广泛，包含了语音、语法、词汇、语义等众多层面，并且在语篇分析、语言教学、翻译研究、跨文化交际等领域具有重要的应用价值。它重点探究语言怎样达成各类交际功能，像是表达思想、传递信息、构建和维持人际关系等等。从功能语言学的角度来看，语言的形式是由其需要达成的功能所决定的。举例而言，句子的结构以及词汇的选取常常取决于交际的目的和语境的要求。它为我们理解语言的本质、语言的使用规律以及语言和社会文化的关系提供了独特且深刻的视角。功能语言学的代表人物是韩礼德（M. A. K. Halliday）。他的主要理论包括：①语言的三大纯理功能：概念功能（ideational function）、人际功能（interpersonal function）和语篇功能（textual function）。概念功能指语言对人们在现实世界（包括内心世界）中的各种经历的表达。人际功能体现语言具有建立和维持社会关系、表达说话者的身份、地位、态度、动机和对事物的推断等功能。语篇功能指语言使本身前后连贯，并与语域发生联系的功能①。②系统功能语法：强调语言是一个系统，语言使用者在语言系统中进行选择来表达意义。韩礼德的功能语言学理论体系严密且包罗宏富，对语言学及相关领域的发展产生了深远影响。它不仅有助于我们更深入地理解语言的本质和功能，而且在语言教学、语言与社会文化关系研究等方面都具有重要的指导作用。同时，韩礼德的功能语言学也并非完美无缺。例如，该理论在如何发现和确定间接言语行为的会话含义方面缺乏解释，在处理一语双关、言外之意等方面的研究还不够全面。然而，这些不足

---

① 胡壮麟，朱永生，张德禄，等．系统功能语言学概论（第三版）［M］．北京：北京大学出版社，2005：71，110，164.

也促使了其他语言学流派的发展，如认知语言学的出现。在语言学的发展过程中，不同的理论和流派相互补充、相互促进，共同推动了语言学的进步①。

（二）汉字拆字翻译现象与功能语言学理论的关联性

功能语言学理论与汉字拆字现象之间的关联主要体现在以下三个方面。

1. 在人际功能方面：功能语言学强调语言具有建立和维持社会关系、表达说话者的身份、地位、态度、动机和对事物的推断等功能。汉字拆字翻译也能够以生动且富有感染力的方式传达情感、态度和意图，促进人与人之间更有效的交流和情感共鸣。

比如朱迪特在翻译李白的《宫阶怨》时，原文中的主人公透过水晶帘是在观月。但在朱译本的译文中，主人公不仅是在观月，也在望日。因为，朱迪特将水晶帘的"晶"字进行了拆解，由此得出三个日，推测作者是暗示主人公在透过水晶帘长时间观日。此种译法给读者描绘出一个孤独清冷的主人公形象。她只能长时间透过"水晶帘"望日观月，如此日复一日，孤独终老。此时的拆字翻译，更能给读者描绘出主人公的心境，以促进和读者之间的交流，达到双方的心灵共鸣②。

再比如，我们在安慰朋友时，可以将"忧"字拆为"忄"和"尤"："我知道你最近心情不佳，心中（'忄'）有着太多的忧虑（'忧'）。但请相信，那些让你尤为（'尤'）烦恼的事情都会过去，生活总会迎来阳光。"这种方式能够更贴心地表达出对朋友的关心和理解，增强彼此之间的情感交流。

2. 从概念功能来讲：功能语言学认为语言能表达出人们在现实世界（包括内心世界）中的各种经历。汉字拆字翻译有时能更清晰准确地阐释复杂抽象的概念，使人们对事物的理解更加深入和全面。

比如艾米·洛威尔在翻译李白诗句"骏马似风飙"时，将"飙"字翻译为"急似三犬之风"；然后，又将"骏"加以拆解，将其中作为偏旁的"马"

① 胡壮麟，朱永生，张德禄，等 . 系统功能语言学概论（第三版）［M］. 北京：北京大学出版社，2005：27-42.

② DETRIE M. 《Le Livre de Jade》de Judith Gautier, un livre pionnier ［J］. Revue de littérature comparée，1989（3）：301-324.

字与后一"马"字等量齐观。通过两个汉字的拆解，译者将马群疾驰的群像描绘了出来①。这种翻译方式，能更深刻地解释"飙"的概念，使读者对此字有更深入和全面的了解。

又如我们在理解"舒"字时，将其拆为"舍"和"予"。在阐述心情舒畅的原因时，可以表述为："当我们懂得舍弃（'舍'）一些不必要的负担，并且愿意给予（'予'）他人帮助和关爱时，内心就会感到无比的舒（'舒'）畅。这种舍得与给予的平衡，是实现心灵舒适的关键。"这样的解释使"舒"这一抽象的心理状态变得具体可感，让人更容易把握其内涵。

3. 从社会文化背景来讲，功能语言学强调语言与社会文化背景的紧密联系。汉字拆字现象往往也蕴含着丰富的文化内涵。

比如"福"字，拆为"礻"（示字旁，与祭祀、神明有关）和"畐"（表示满、多）。在传统的春节文化中，人们会贴上"福"字祈求福气降临。可以这样解释："在中国传统文化中，福（'福'）气被认为是来自神明的恩赐和庇佑，所以用'礻'来表示。而'畐'象征着满满的幸福、财富和好运。人们期望新的一年里，生活富足美满，充满福气。"这种拆字的文化解读反映了人们对美好生活的向往和祝福，体现了汉字与社会文化背景的深度融合。

（三）功能语言学理论启示下的汉字拆字翻译局限性

在功能语言学理论的指导下，汉字拆字翻译存在着一些局限性。

拆字翻译很有可能会破坏原文的整体性和连贯性。功能语言学强调的是语言在语篇中起到连贯和衔接的作用，而过度依赖拆字翻译可能使译文在整体上显得零零散散，缺乏流畅性。就像在一段抒情的文字中，我们如果频繁使用拆字翻译，并进行复杂的解释和翻译，可能会打乱情感表达的连贯性，破坏原文的优美意境和情感氛围。又或者在一篇逻辑严谨的论述文中，对关键汉字进行拆字翻译，可能会使读者的思维被频繁打断，难以跟上作者的论证思路，从而影响对整篇文章的理解和把握。

---

① LOWELL A, AYSCOUGH F. Songs of the Marches [J]. The North American Review, 1921, 214（788）：62.

　　然后就是拆字翻译在跨文化交流中可能面临障碍的困难，功能语言学认为，语言应该具备概念和人际功能，能够清晰的表达人们的感受，建立社会关系。但对不熟悉汉字文化和结构的读者来说，拆字翻译可能过于抽象和难以理解，无法有效传递信息。例如，将"忍"字拆为"心"和"刃"，然后解释为"心上面有一把刀还能坚持"，对于没有汉字基础和相关文化背景的读者，可能会感到十分困惑，难以理解这种独特的表达方式。因为在他们的语言和文化中，可能没有类似的概念和思维方式。

　　最后，从功能语言学的社会文化视角来看，拆字翻译可能无法充分反映源语文化的深层内涵和特定的社会语境。汉字拆字往往与中国传统文化、哲学观念紧密相连，但这种联系在翻译中可能难以完全呈现，导致文化信息的丢失。比如"道"字，蕴含着深刻的道家思想和哲学观念，单纯拆字并翻译很难传递其丰富的文化底蕴。又如"礼"字，体现了中国传统社会的礼仪规范和道德准则，简单的拆字翻译无法展现其在特定社会历史背景下的复杂含义和重要性。这种文化内涵的缺失可能会使目标读者无法真正领略到汉字所承载的深厚文化魅力，影响跨文化交流的深度和质量。

　　（四）小结

　　功能语言学理论与汉字拆字翻译现象存在多方面的关联。在人际功能上，汉字拆字翻译能生动传递情感与态度，增进交流与共鸣；概念功能方面，有助于清晰阐释复杂抽象概念，深化理解；社会文化背景方面，体现丰富内涵，反映文化融合。然而，在功能语言学理论启示下，汉字拆字翻译也存在局限性，如可能破坏原文的整体连贯，在跨文化交流中面临理解障碍，难以充分展现源语文化的深层内涵与特定社会语境，造成文化信息的丢失，影响跨文化交流效果。综合来看，对汉字拆字翻译需全面认识，扬长避短。

三、汉字拆字翻译现象与认知语言学

　　（一）认知语言学的代表人物及主要理论概念

　　认知语言学的代表人物包括乔治·莱考夫（George Lakoff）、罗纳德·兰盖克（Ronald Langacker）等。其主要理论包括：①原型范畴理论：认为范畴

成员之间的地位是不平等的，具有典型成员和非典型成员之分。②隐喻和转喻：隐喻是通过一种事物来理解和体验另一种事物，转喻则是基于临近性和相关性，用一个事物指代另一个事物。③意象图式：是人类在与客观外界进行互动性体验过程中反复出现的常规性样式，如容器图式、路径图式等。④构式语法：强调语言的基本单位是构式，构式具有独立于其组成成分的意义。其主要代表人物包括乔治·莱考夫、罗纳德·兰盖克等。

莱考夫提出的概念隐喻理论具有深远的影响力。他指出隐喻不仅仅是语言层面的修辞手段，更是人类认知和思维的重要方式。例如，"时间就是金钱"这一常见的隐喻，将抽象且难以直接感知的"时间"概念，通过具体、可衡量和具有明确价值的"金钱"来进行理解和表述。在平时的生活中，我们常常会讲"花费时间""节省时间""浪费时间"，这些表述都表明了时间有着类似于金钱那样能够被运用、节省或者肆意耗费的特性。这样的隐喻对我们管理和决定时间的方式产生了影响。莱考夫觉得隐喻在塑造我们的社会与政治观念的过程中发挥着极为关键的作用。就拿"国是家"来说，当国家被形容成"家长"的时候，民众会期望政府给予保护、进行指导以及做好资源分配，就像家长在家庭里所做的那样。这种隐喻会左右人们对于政府的角色和责任的见解，以及对政策的接纳程度。

兰盖克的认知语法理论着重强调的是语言的主观性与动态性，就从主观性来说，兰盖克主张语言表达体现了说话人的主观视角和认知抉择。比如，针对"那个房子在山脚下"和"山脚下有那个房子"这两个语句，尽管描述的是相同的场景，不过由于说话人的主观视角和关注重点有所不同，会导致语序出现差别。相反，在动态性方面，他认为语言的理解和生成是一个动态的流程。拿"他正在跑步"这个句子为例，"正在"这个词展现了动作的进行时态，反映出语言能够实时抓取和描绘动态的事件与过程。另外，兰盖克还提出了"意象图式"这一概念，"意象图式"指的是人类在和周边世界相互作用的进程中反复出现的、具有普遍性的认知结构和模式，就以"容器图式"举例，它是其中一种常见的意象图式。当我们理解"杯子里装满了水"这个句子的时候，我们是依据对"容器"和"容纳物"关系的一般性认知来进行的。在我们的认知当中，容器具备内部空间，可以容纳其他物体，而容纳物存在于容器的内部空间。这种图式不但适用于杯子和水的关系，还能够拓展到类似箱子装东西、房间里有人等各种情形。这些意象图式是我们理解和描述世界的基本认知模式，它们在语言的表达和理解里发挥着重要作用，使得我们能够迅速、有效地理解和处理各类与空间、运动相关的信息①。

（二）汉字拆字翻译现象与认知语言学理论的关联性

1. 从认知隐喻角度

汉字的拆字有时类似于一种隐喻的思维过程。隐喻是通过一种熟悉、具体的概念来理解和阐释另一种相对抽象、陌生的概念。汉字拆字在一定程度上也有相似的作用。例如，中国典籍中存在的许多拆字修辞，本身就含有隐喻的作用。此种作用特别明显的体现在《红楼梦》的人物谶诗上，拆字只是表面，其背后隐喻的人物性格及情节发展才是背后更为抽象的所指。如何理解并很好的翻译出这种隐喻，则是译者需要深入考虑的问题。

2. 从意象图式角度

在认知的意象图式方面，汉字的结构和组成部分可以被视为一种意象图式。比如"困"字，外面的"口"像一个封闭的空间，里面的"木"仿佛被困在其中。这种结构类似于"容器图式"，让人直观地感受到被限制、被困住的意象。我们可以想象一个木框围成的空间，里面有一根木头无法自由移动，从而深刻地理解"困"所表达的受困、艰难的含义。又比如"回"字，外面的"口"和里面的"口"形成了一种循环往复的意象，就像一个人在一个封闭的空间里不断打转，找不到出口，生动地表现了"回"的反复、循环的意义。

3. 从范畴化角度

从范畴化的认知角度分析，汉字的拆字可以帮助我们更清晰地理解汉字所属的范畴。例如，"氵"（三点水）常与水相关的意义范畴联系在一起。像"江""河""湖""海"等字，当一个汉字包含"氵"时，我们会倾向于将

---

① 王寅. 认知语言学 [M] 上海：上海外语教育出版社，2007：172-190.

其与水的概念相关联。通过拆字，我们能更明确地认识到这些汉字所归属的语义范畴。再比如"木"字旁，"林""森""枝""梢"等字，看到"木"字旁，我们就能大致判断这些字与树木、木材等相关。这种范畴化的认知帮助我们快速理解和区分大量汉字的意义和用法。

4. 从经验和感知的角度

认知语言学强调基于经验和感知来理解语言。汉字的拆字现象也反映了人们在长期使用和观察汉字的过程中，对其形态和意义的经验性认知和总结。比如"尖"字，上面是"小"，下面是"大"，在日常生活中，我们观察到尖锐的物体往往是上部细小、下部宽大，这种经验被反映在汉字的结构中。又比如"众"字，由三个"人"组成，直观地表达了人多的意思，这也是基于人们在社会生活中对人群数量的感知和总结。

综上所述，认知语言学的理论为我们深入理解汉字拆字现象提供了有力的工具和视角，使我们能够更好地挖掘汉字所蕴含的丰富认知和文化内涵。

（三）认知语言学理论启示下汉字拆字翻译局限性

在认知语言学理论的基础上，汉字拆字翻译存在以下几点局限性：

第一就是"认知的不确定性"，认知语言学强调认知的主观性和个体差异，对于汉字拆字的理解和解释可能因为每个人而有所不同。像"好"字拆为"女"和"子"，有人可能认为是女子组合代表了美好，代表了阴阳和谐；而另一些人可能从不同的角度看待，认为是女性和儿童共同构成了和谐的画面。这种主观性会导致在翻译时，可能会出现偏差，如果仅仅依据某一个人的认知理解进行翻译，就无法准确传达"好"字在特定语境中的准确含义。而且不同文化背景、不同教育程度、不同生活经历的人对拆字的认知都可能不同，这就使得翻译的准确性难以保证。

其次，"文化适应性难题"。汉字拆字往往蕴含着深厚的中国文化内涵，这些文化元素在翻译时可能难以被目标语言读者完全理解和接受。比如上文提到的福字的解析：福（'福'）气被认为是来自神明的恩赐和庇佑，所以用'礻'来表示。而'畐'则象征着满满的幸福、财富和好运。人们期望新的一年里，生活富足美满，充满福气。这种深层的中国文化内涵，很难被一般的目标语读者理解。

然后就是"动态认知的挑战"，我们可以把认知当成一个动态变化的过程，随着时间和社会环境的变化，人们对汉字拆字的认知和理解也可能发生改变。这就使得基于特定时期的拆字翻译在其他时期出现不再适用或显得不准确的情况。而且，语言也在不断地发展演变，新的词汇和用法不断出现，这也会影响对拆字的理解和翻译。

除开动态方面，"语言结构差异限制"也是一种局限性。不同语言有着不同的语法和词汇结构，汉字拆字的结构和逻辑在翻译时可能无法完美适配。一些拆字所体现的意象在其他语言中可能缺少对应的表达方式，只能用相似的表达去代替，不过汉字的表意性使得拆字能够通过部位的组合去传达丰富的意义，但很多其他语言是以表音为主，无法直接通过字形的拆解来对应意义。

最后，"过度依赖认知可能导致误解"。如果过度依赖认知语言学中的概念和模式来进行拆字翻译，忽略了语言的实际使用和语境，可能会造成对原文的误解或曲解。例如，在一些特定的文学作品或正式的文件中，汉字的使用具有严格的规范和特定的含义，如果只是从认知的角度进行拆字翻译，却不考虑其在具体语境中的专业用法和固定搭配，可能会导致翻译的错误。而且，认知语言学的理论和方法提供了有益的视角，但并不能涵盖语言使用的所有方面，还需要结合其他的翻译理论和技巧，综合考虑多种因素，才能做出准确、恰当的翻译。

（四）小结

总之，汉字拆字翻译现象与认知语言学理论存在着紧密关联，上文从认知隐喻、意象图式、范畴化、经验和感知等角度为我们理解汉字拆字提供了深入研究的视角。然而，受认知的不确定性、文化适应性、动态认知变化、语言结构差异以及过度依赖认知等因素影响，汉字拆字翻译存在一定局限性。这提示我们在进行汉字拆字翻译时，要充分考虑多种因素，综合运用不同的理论和技巧，以更准确地传递汉字所蕴含的丰富内涵和文化价值。

四、汉字拆字翻译现象和社会语言学

（一）社会语言学代表人物与主要理论概念

社会语言学是一门研究语言与社会之间相互联系的学科，主要关注语言在社会中的使用方式、变化规律，尤其是语言和社会之间的相互作用。社会语言学认为语言并非单独出现，而是受社会环境的影响和塑造。社会中的各种因素，像年龄、性别、社会地位、种族、地域、职业等，都会导致语言产生差异。语言变化是社会语言学的核心研究内容之一，它表明同一种语言在不同社会群体或者情景中会有不同的表现形式和用法。这种变化不仅体现在语音、词汇和语法上，还体现在语言风格、交际等方面。社会语言学还研究语言与身份认同的联系，人们通过使用特定的语言来表达自己的社会身份和归属。同时，语言也在社会交往中发挥着重要的作用，影响着人际关系的建立和维护。除此之外，社会语言学研究语言的发展，包括语言的传播、融合、演变等现象，以及语言政策、语言教育、语言规划等与社会相关的语言话题。总而言之，社会语言学通过对语言和社会多方面的研究，帮助我们能够更全面地理解语言的本质和用途，以及语言在社会生活中的重要意义。其中，有几位社会语言学的主要代表人物包分别是威廉·拉波夫（William Labov）、彼得·特鲁吉尔（Peter Trudgill）。

威廉·拉波夫主要理论分为两点：①语言变异理论：他认为语言不是一成不变的，而是存在各种各样的变异形式，而且这些变异与社会因素密切相关。②言语社区理论：强调拥有共同语言特征和语言使用规范的群体构成了言语社区。

彼得·特鲁吉尔的主要理论包括两点：①社会方言理论：指出不同社会群体使用的语言存在差异，这些差异反映了社会及许多方面方面的区别。②语言接触理论：关注当不同语言或方言相互接触时产生的影响和变化①。

---

① 徐大明.社会语言学研究［M］.上海：上海人民出版社，2007：86.

（二）字拆字翻译现象与社会语言学理论的关联性

首先，从社会变异的角度来看，不同社会群体对汉字拆字的理解和运用可能存在差异。如索隐派在拆字翻译《易经》的"木""人"等字时，在其中加入了基督教教义①，其中一个主要原因是译者的传教士身份。这层身份让他们在对汉字的理解方面加上了宗教层面的认知，以达到他们传教的目的。由此看来，这些不同的拆字解释反映了地域文化的差异，体现了汉字变异在汉字拆字理解中的作用。

在社会阶层方面，受过不同教育程度和处于不同社会阶层的人，对于汉字拆字翻译的认知和接受程度也有所不同。一些高层次的文化群体，像学者、文化研究者，可能更加注重拆字中所蕴含的文化内涵和深层含义。在汉字拆字翻译的译者眼中，他们对汉字的理解更为深刻和准确，在拆字翻译时会考虑汉字原本的文化内涵和隐喻含义。当然，也有一些汉学家出于职业需要或目的，故意扭曲汉字的拆解含义，这是另一类拆字译者。而其他一些中文水平不太好的译者，在拆字翻译的过程中会出现误读和错译现象。

另一方面是社会语言学注重语言的传播与变化，汉字拆字翻译现象也随着社会的发展和文化交流而产生变化，比如新的拆字翻译会出现，旧的翻译方法可能会被遗忘或被替代，这与语言在社会中的演变规律很类似。就比如在古代，"安"字会被拆为"宀"和"女"，意思是家中有女子则安，折射出当时社会对女性在家庭中扮演的角色。但是在现代社会中，"安"字的拆字解读会更侧重于"宀"代表舒适环境，而"女"代表的是个体的和谐与舒适，体现出了社会观念的转变。

最后是社会语言学强调了语言政策和语言规划性的重要性，在汉字拆字翻译方面，相关的规矩和标准也可以作为一种语言政策，这种政策影响着拆字翻译的使用范围和接受程度。在教育体系中，对于汉字拆字有一定的规范和教学要求，确保学生能够正确理解和运用汉字。在民间的文化创作和交流中，拆字翻译的变化更加灵活多样，但也需要遵循文化传统和道德。所以，

---

① ［德］柯兰霓. 耶稣会士白晋的生平与著作［M］. 李岩，译. 郑州：大象出版社，2009：5.

相关的语言政策和规划在一定程度上起到引导和约束作用，让汉字拆字翻译的发展方向更好地服务于社会的文化传承和交流。

（三）学理论下的汉字拆字翻译局限性

在社会语言学理论中，汉字拆字翻译存在以下局限性。

首先是汉字拆字翻译在一定程度上导致社会文化交流中的障碍。在跨文化交流中，汉字拆字这种独特的文化现象不容易被其他文化背景的人理解和接受。由于不同文化对汉字的结构和意义认知不同，拆字翻译可能无法有效传达信息，甚至造成文化误解和交流障碍。例如，索隐派所译的"船""光"等字按基督教教义来拆分解释，其实使由于西方社会基督教教义的广泛传播①。社会背景的不同造成了译者对汉字拆字的主动或被动地误读和曲解。这种因社会背景差异而产生的理解分歧，容易导致拆字翻译的不准确和混乱。

其次，是社会多样性导致的汉字拆字翻译理解偏差。社会是多元且复杂的，不同群体对汉字的文化内涵和象征意义可能有截然不同的理解。如上例中提到的索隐派翻译，除了社会背景不同，索隐派传教士的身份也促使他们将汉字的理解加上宗教含义，以达到他们传教的目的。因此，社会阶层的不同很可能导致译者对汉字拆分的不同理解。

最后，是汉字拆字翻译缺乏社会语言规范和标准的约束。社会语言学强调语言的规范和标准，而汉字拆字翻译在很多情况下缺乏统一、权威的规范。这使得拆字翻译可能显得随意和主观，难以被广泛认可和接受，尤其是在正式的书面和学术场合。

（四）小结

汉字拆字翻译现象与社会语言学理论紧密相关。从社会变异、社会阶层、语言传播与变化、语言政策等方面，都能看到二者的联系。然而，社会的多样性、语言规范的约束以及跨文化交流的障碍等，也给汉字拆字翻译带来了局限性。总体而言，对汉字拆字翻译的研究需要综合考虑社会语言学的多方面因素，以更全面地认识其特点和问题。

---

① ［德］柯兰霓. 耶稣会士白晋的生平与著作［M］. 李岩，译. 郑州：大象出版社，2009：
5.

第二节　汉字拆字翻译现象与哲学

一、汉字拆字翻译现象与德国古典哲学

（一）德国古典哲学的代表人物及主要理论概念

德国古典哲学是西方哲学思想发展的重要历史阶段，也是西方哲学史上的一个重要流派，它承接了古希腊哲学和近代哲学，对后来的哲学发展产生了深远影响。德国古典哲学的代表人物包括康德、费希特、谢林、黑格尔和费尔巴哈。

康德是德国古典哲学的创始人，他建立了实质上是先验唯心主义的调和矛盾的哲学体系和不可知论。其主要理论包括：提出"人为自然立法"，认为人的认识能力具有先天的范畴和形式，这些范畴和形式使得我们能够对感性材料进行加工和理解，从而构成知识；在道德领域，强调道德行为的基础是善良意志，而不是功利或后果；他还区分了现象界和物自体，认为人类的认识只能局限于现象界，物自体是不可知的。其主要著作包括《纯粹理性批判》《实践理性批判》《判断力批判》等①。

费希特从唯心主义立场上继承和批判了康德，建立了彻底的主观唯心主义哲学。他摒弃了康德哲学中的经验论成分，发展了其中的唯理论因素。他的哲学以"自我"为核心，提出"自我建立自我""自我建立非我（事物）""自我与非我的统一"三个原理②。

谢林改造了费希特的主观唯心主义，建立了客观唯心主义的同一哲学。他认为自然与人、物质与心灵都是"绝对"的产物，"绝对"一分为二成为主体与客体，而主体与客体又同一于"绝对"，并以"绝对"为目的③。

---

① 杨祖陶. 德国古典哲学的逻辑进程［M］. 武汉：武汉大学出版社，2003：39.
② 杨祖陶. 德国古典哲学的逻辑进程［M］. 武汉：武汉大学出版社，2003：133.
③ 杨祖陶. 德国古典哲学的逻辑进程［M］. 武汉：武汉大学出版社，2003：156.

黑格尔是德国古典唯心主义的集大成者。他在批判继承前辈哲学家的基础上，创建了庞大的客观唯心主义体系。其哲学的核心是辩证法，他系统地阐述了辩证法的主要内容，并把它提升为客观真理和普遍规律。他认为世界是不断发展和变化的，概念之间存在着内在的矛盾和转化①。

费尔巴哈则是坚定的唯物主义者，他从人本主义出发，批判了宗教神学和黑格尔的唯心主义，唯物主义地解决了哲学的基本问题，建立了人本学唯物主义②。

（二）汉字拆字翻译现象与德国古典哲学理论的关联性

汉字拆字翻译现象与德国古典哲学理论的关联性主要表现在以下三个方面。

1. 注重人的主观能动性。康德提出"人为自然立法"，强调人的认识能力具有先天范畴和形式。费希特以"自我"为核心，提出"自我建立自我"等三个原理。这些理论都是在强调人的主观能动性。在汉字拆字翻译过程中，译者也是基于自身的理解和思考来构建对汉字的拆解和翻译的。首先，译者可能先从自身的经历和感悟出发，来理解汉字的具体含义。接着，将这种个人的理解与更广泛的人生哲理和智慧相联系。最后，再与汉字中关于思考和领悟的传统解释相融合，形成一个完整而富有深度的翻译。例如之前例举的庞德《诗章》中拆解汉字的诗句，很多都带有诗人的个人经历和感悟。

2. 强调汉字拆字意义的动态发展。黑格尔的辩证法核心，即世界不断发展变化，概念存在内在矛盾和转化，费尔巴哈的唯物主义强调从实际出发。这些都与汉字拆字翻译中对汉字意义的动态理解相契合。例如"福"字，在古代的甲骨文中，其形状像是一个人双手捧着酒坛祭祀的样子，表达了人们对幸福的祈求和向往。随着时间的推移，"福"字的形态发生了变化，但其蕴含的吉祥、美好的寓意始终不变。在进行拆字翻译时，我们需要了解"福"字的历史演变过程，尊重其传统的象征意义，才能准确地将其翻译成其他语言，并传达出其中所包含的文化内涵。

---

① 杨祖陶. 德国古典哲学的逻辑进程［M］. 武汉：武汉大学出版社，2003：183.
② 杨祖陶. 德国古典哲学的逻辑进程［M］. 武汉：武汉大学出版社，2003：310.

3. 关注对本质的探寻。德国古典哲学致力于深入探究事物的本质，挖掘隐藏在表象之下的内在核心。汉字拆字翻译也有着类似的追求。例如，庞德在他所翻译的《论语》里，对"信"字的翻译，将其译成"man standing by his word"（人站在他的话语旁边，守住承诺)①。这种翻译方式就是将"信"字进行了拆解和解释。通过这样翻译，庞德试着从字的构成中探究出更深层次的含义，并用一种形象直观的方式展现给读者，让他们能够清晰地感受到"信"这个字是坚守承诺的意思。这种拆字翻译的方式帮助我们越过了汉字的表面形态，深入到其背后所承载的文化、思想和价值观念。在汉字拆字翻译过程中，我们不断探寻汉字的本质意义，有利于我们更好地理解和传承中华文化。

（三）德国古典哲学理论启示下的汉字拆字翻译局限性

在德国古典哲学的启示下，我们也能发现汉字拆字翻译存在着以下局限性：康德和费希特提出的以"自我"为核心的原理，以及黑格尔强调概念的矛盾和转化的辩证法，都可能会导致过度关注主观性和变化性的问题。但在汉字拆字翻译中，如果过度关注自我及矛盾转化，可能会忽视汉字本身的稳定性和确定性。如大量西方译者根据自己的喜恶，对汉字进行任意揣测、拆解和翻译，造成很多曲解和误译，这些译文也许具有创新性，但却忽视了汉字原本的稳定构形和确定内涵，甚至由此对中华文化都产生了错误的理解。

（四）小结

通过探讨汉字拆字翻译现象与德国古典哲学理论之间的关联性，我们清楚了解，在主观能动性方面，译者应以自身理解为基础进行汉字拆解与翻译；在意义的动态发展上，需结合历史演变和传统内涵的准确传达；在本质探寻上，则要挖掘汉字背后的深层文化、思想和价值观念。然而，受德国古典哲学某些理论的影响，汉字拆字翻译也存在局限性，如过度注重主观性和变化性，可能忽略汉字的稳定性和确定性，导致曲解误译，影响对中华文化的正确理解。总之，要客观看待两者的关系，避免局限性，实现更精准、恰当的

---

① 姜润. 《埃兹拉·庞德儒家典籍翻译》（第5章）英汉翻译实践报告［D］. 济南：齐鲁工业大学，2024：10.

汉字拆字翻译，传承和弘扬中华文化。

二、汉字拆字翻译现象与直觉主义

（一）直觉主义的代表人物及主要理论概念

直觉主义认为经验和理性不能给予人们真实的知识，只有神秘的内心体验的直觉，才能使人理解事物的本质。直觉主义一方面把直觉与对事物的感性认识对立起来，另一方面又把直觉与逻辑思维特别是理论分析对立起来，把直觉理解为一种带有神秘主义色彩的特殊的认识能力，强调直觉是一种超理性或反理性的认识能力。需要注意的是，直觉主义是一种非理性主义的认识论，它把认识过程中的直线性绝对化，将直觉同理性思维对立起来，提倡前者的认识作用和反理性主义。然而，在实际的认知和实践中，理性思维和各种科学方法仍然具有重要的作用，它们帮助人们进行分析、推理、验证和积累知识，推动了人类对世界的理解和进步。同时，直觉在某些情况下也可能提供有价值的启示或灵感，但通常需要与理性思考相结合，以更全面、准确地认识事物。直觉主义的代表人物及其主要理论如下。

叔本华，德国哲学家，非理性主义奠基人、唯意志论的创始人。他的哲学思想对后世产生了广泛而深远的影响。叔本华的直觉主义观点主要体现在他的哲学体系中。他提出"世界是我的表象，世界是我的意志"这一核心命题，强调生存意志构成了世界的本质，万物的存在和运动根源就是生存意志，宇宙间的一切都是生存意志的外化和表现。叔本华批判了传统哲学中过于强调理性思维的观点。在认识论方面，他认为理性思维并不是人类知识的唯一来源，直觉在认知世界中具有重要作用。

尼采是德国哲学家、语言学家、散文诗人、文化评论家和作曲家，在著作中，尼采对传统的理性主义和道德观念进行了批判。他的哲学思想主要强调直觉和本能的重要性。他觉得直觉是一种超越理性思维的方式，能够帮助人们直接地把握事物的本质，他拒绝过度依赖理性和知识，认为理性在一些时候会限制人们对真实世界的理解。尼采的思想具有独特性和颠覆性，对后来的哲学、文学和文化思潮产生了深远的影响。需要注意的是，尼采的哲学思想非常繁杂，不能简单将其完全归为直觉主义，而且他的理论涉及多个方面和层次。

柏格森，法国哲学家，他把直觉和分析看作两种根本不同的认识方法。他指出，直觉是使人得以体验事物本身运动的精神状态和洞察终极实在的非概念性认识，是用自我的生命深入到对象的内在生命之中，以达到生命之流的交融。其直觉主义带有一种反理性的神秘主义色彩。他认为理智具有表面性，是分析的、静止的认识，且受功利支配，不能认识世界的本质，而只有直觉才是把握或认识宇宙本质（生命或绝对真理）的唯一工具。柏格森承认人很难摆脱感性和理性的思维方式，但人们可以运用直觉方法来认识实在，而直觉的产生同人自身的记忆有关。直觉的实现需要一定条件，首先要与实在的外部表现有长期、大量的接触，其次有赖于想象力的发挥。

克罗齐，意大利哲学家、美学家。他认为美学是研究直觉知识的科学，直觉就是创作活动，在其美学中占有至高无上的地位。"直觉即表现"是他有名的美学公式①。

（二）汉字拆字翻译现象与直觉主义理论之间的关联性

1. 直觉主义主张通过直觉来获取对事物的直接认知，强调直接体验和感悟，而非依赖逻辑推理和理性分析。在汉字拆字翻译中，这种直接体验和感悟也有所体现。在汉字拆字翻译中，译者通常需要具备敏锐的感知能力，只有对汉字形态和结构的观察，才能迅速捕捉到其中的意义和情感，从而进行准确的翻译。

2. 直觉主义强调个体的直觉和主观体验具有独特性，每个人都可以根据自己的直觉来理解世界。在汉字拆字翻译现象里，这一特点也同样存在。因为每个人的生活经历、文化背景和思维方式不同，所以对于同一个汉字的理解也会存在差异。译者在进行汉字拆字翻译时，会根据自己独特的直觉和主观认知来理解汉字的意义。这使得翻译具有一定的主观性和创造性，反映了个体直觉和主观体验在汉字拆字翻译中起到的重要作用。

---

① 马新国．西方文论史（第三版）［M］．北京：高等教育出版社，2008：322.

3. 直觉主义认为事物的本质和意义是多样且复杂的，同时也具有探索意义，不能通过单一、固定的方式来定义和理解。汉字拆字翻译现象也充分展示了汉字的丰富性和多变性。在汉字拆字翻译中，同一个汉字拆分出来的形式和意义存在多种可能性，这说明了汉字意义的多层次和高维度。译者需要借着直觉和创造力，在最有可能的意思中选择最合适、最能传达原文精髓的解释，以实现准确而富有创意的翻译。

（三）直觉主义理论下汉字拆字翻译存在的局限性

直觉具有较强的主观性和不确定性，这在汉字拆字翻译中，也有所体现。但是，这种主观性和不确定性中可能存在翻译结果的多样性和不稳定性。这种主观性使得汉字拆字翻译缺乏统一的标准和规范。在实际的翻译场景中，如果多个译者都基于直觉进行拆字翻译，可能会出现多种不同的版本，这就容易造成读者的困惑和误解。而且，直觉还容易受到个人情绪和偏见的影响。当译者处于不同的情绪状态或对原文有先入为主的看法时，其直觉理解可能会偏离汉字的原本意义。这种不确定性使得汉字拆字翻译在准确性和可靠性方面存在较大风险。

另一方面，直觉往往是瞬间的、非逻辑的，可能无法充分考虑上下文和具体语境。译者在进行汉字拆字翻译时，往往也有灵感的乍现，即瞬间直觉的顿悟。但这种直觉的瞬间性和非逻辑性特点可能导致对汉字意义的片面解读，从而无法准确传达原文的整体意图，导致翻译结果的多样性和不稳定性。这种对上下文和具体语境的忽视，使得汉字拆字翻译在很多情况下无法完整、准确地传达原文的意义，影响跨文化交流的效果和质量。

（四）小结

汉字拆字翻译现象与直觉主义理论存在显著关联。直觉主义强调通过直接体验和感悟获取认知，在汉字拆字翻译中，译者需敏锐感知汉字形态与结构以把握其意义和情感。直觉主义重视个体的独特直觉和主观体验，这在汉字拆字翻译里表现为个体差异使对同一汉字的拆字理解不同，让翻译兼具主观性与创造性。此外，直觉主义认为事物意义多样复杂，汉字拆字翻译也展现出汉字意义的丰富多变，译者要凭借直觉和创造力选取最佳解释。然而，这种方式存在局限，如直觉的主观性和不确定性易使翻译结果不稳定、缺乏标准，还可能因忽略语境导致片面解读，影响原文准确传达和跨文化交流效果。

三、汉字拆字翻译现象与解构主义

（一）解构主义的代表人物及主要理论概念

解构主义是一种哲学和文化理论，兴起于 20 世纪 60 年代后期。解构主义旨在对传统的哲学观念、语言结构、文化体系等进行批判性的拆解和重新审视。它是一种对传统思维方式和价值体系进行质疑和挑战的理论。它认为意义、结构和价值都是不固定、不稳定和不确定的。解构主义主张不存在绝对的中心、本质或基础，任何文本、概念或结构都包含内在的矛盾和不确定性。通过揭示这些矛盾和不确定性，解构主义打破了传统的二元对立思维模式，如主体与客体、形式与内容、真与假等，展示了它们之间的相互依存和相互转化。同时解构主义是一种具有批判性和颠覆性的理论，对哲学、文学、艺术、文化研究等领域产生了深远的影响，促使人们重新思考和审视传统的认知方式和价值体系。

解构主义的代表人物主要有以下三位。

雅克·德里达（Jacques Derrida）：他对"逻各斯中心主义"进行了批判，觉得语言符号的意义是不确定的，总是处于不断的延伸和变化之中。德里达提出了"解构"的概念，意在揭示文本中内在的矛盾和不稳定因素，打破传统的二元对立思维模式，比如语言与文字、存在与不存在等①。

保罗·德曼（Paul de Man）：他将解构主义带进文学领域进行批评，强调文学语言的修辞性和不确定性，认为文学作品的意义并非固定不变，而是在阅读过程中不断生成和变化的②。

米歇尔·福柯（Michel Foucault）：虽然福柯并非真正意义上的解构主义

① ［法］多斯. 解构主义史.［M］. 季广茂，译. 北京：金城出版社，2011：21.
② ［法］多斯. 解构主义史.［M］. 季广茂，译. 北京：金城出版社，2011：249.

者，但他的理论对解构主义却产生了重要影响。福柯的权力理论和知识考古学研究揭露了权力与知识的相互关系，以及历史和话语的构造性，挑战了传统的历史和知识观念①。

这些代表人物的理论共同推动了解构主义的发展，对哲学、文学、文化研究等领域产生了深远的影响。

（二）汉字拆字翻译现象与解构主义理论的关联性

1. 打破传统结构：解构主义强调对传统结构和固定意义体系的突破，大胆挑战权威和既定的语言规则。在汉字拆字翻译领域，这种理念的影响颇为显著。汉字的结构和意义都有着相对稳定的解读，但解构主义为译者打开了全新的思路。如索隐派将"船"字解读为诺亚的"八口之舟"，将"木"字解读为"将人钉在十字架上"等②，都是无视汉字的传统结构和原本象形含义，随意为其加入另类的解析。这种翻译可以用解构主义的打破传统结构来作为理论支持，但这种翻译模式并不能很好地达到有效传递文化的效果。

2. 关注差异与多样性：解构主义突出意义的多样性和不确定性，这在汉字拆字翻译中体现得淋漓尽致。由于译者的背景、文化视角以及个人经验的不同，同一汉字的拆字和翻译方式变得丰富多样。就像索隐派西方译者对汉字的重新解读一样，他们使汉字拥有了更多异文化的内涵，但这些内涵却不一定能够被广泛认可和保留。

3. 强调动态变化：解构主义认为意义是不断变化和流动的，这与汉字拆字翻译在不同时代和语境中的演变相契合。以"网"字为例，在过去，它可能主要代表着捕鱼或捉鸟的工具，与农业和狩猎活动相关。但随着社会的发展，特别是在现代科技和互联网时代，"网"字的拆字翻译融入了新的元素。比如，从其形状可以联想到网络的线路和节点，象征着信息的传递和连接；从含义上，"网"可能代表着虚拟的社交网络、电子商务平台等新兴概念。

然而，需要注意的是，尽管解构主义的观点为汉字拆字翻译带来了创新

---

① ［法］多斯. 解构主义史.［M］. 季广茂，译. 北京：金城出版社，2011：306.
② ［德］柯兰霓. 耶稣会士白晋的生平与著作［M］. 李岩，译. 郑州：大象出版社，2009：
5.

和多元的视角，但在应用时必须谨慎把握。过度偏离汉字的基本形态和文化内涵，可能导致翻译失去其原有的根基和可理解性，那么这样的翻译就可能变得荒诞不经，无法传达出汉字应有的意义。因此，在运用解构主义理念进行汉字拆字翻译时，应当在创新与传承之间寻求平衡，确保翻译既能展现独特的思考，又能尊重汉字所承载的深厚文化底蕴。

（三）解构主义理论启示下汉字拆字翻译的局限性。

解构主义理论带给汉字拆字翻译最大的启示在于我们需要注意到解构主义对传统结构和意义的突破，会导致汉字拆字翻译过于主观和散漫，虽然解构主义鼓励从多元、非线性的视角看待汉字，虽然促进了创新，但可能导致翻译过程变得刻板、单一。译者可能仅凭直觉或个人见解拆解汉字，忽视了在长期文化积淀中形成的固定含义和广泛共识，进一步削弱了翻译的准确性和稳定性。汉字作为一个复杂而精妙的系统，其各个部分之间相互依存、相互制约，共同构成了汉字的独特魅力。解构主义在强调拆解与重构的同时，若未能充分尊重汉字的系统性和整体性，可能会破坏这种内在平衡，导致翻译结果失去原有的和谐与深度。重要的是，解构主义在汉字拆字翻译中的应用，还可能加剧理解的障碍和误解的风险。因为这种翻译方式往往偏离了公众普遍接受的解释框架，使得普通读者或受众在解读时感到困惑和不解。这不仅影响了信息传递的效率和准确性，还可能对汉字文化的传播造成负面影响。最后，从文化传承的角度来看，汉字不仅是交流的工具，更是中华民族历史和文化的重要载体。在拆字翻译中过度追求个人化的解读和创新，可能会削弱汉字作为文化传承媒介的功能。这种趋势若持续下去，将不利于汉字文化的传承和发展，甚至可能威胁到中华民族文化根基的稳固。

虽然解构主义为汉字拆字翻译带来了全新的道路，但我们在应用时必须清醒地认识到它所带来的局限性，避免走入极端，只有确保汉字的翻译，才能体现创新，又能保持其应有的文化内涵和交流功能。

（四）小结

解构主义理论为汉字拆字翻译带来了创新视角，如打破传统结构、关注差异多样性、强调动态变化等。但同时也存在局限性，可能导致翻译过于主观随意，忽略约定俗成含义，破坏汉字系统性，增加理解难度与误解风险，削弱其文化传承功能。因此，在汉字拆字翻译中应用解构主义理念时，要谨慎平衡创新与传承，确保其文化内涵与交流功能得以保留。

四、汉字拆字翻译现象和阐释学

（一）阐释学代表人物及主要理论概念

阐释学是一门关于理解和解释的理论学科，探讨如何正确理解和解释各种文本、现象以及经验。在阐释学中，理解不是一种简单的认知行为，而是一个复杂的、动态的过程，会受到多种因素的影响。它注重对历史的理解，理解者自身的历史背景、文化传统和先入之见都会影响对事物的理解。阐释学也关注文本意义的生成和传播，认为文本的意义并非一成不变，而是在读者与文本的互动中不断的被创造和丰富。同时，它也重视语言在理解和解释中的关键作用，语言不仅是表达工具，更是理解的媒介和障碍。阐释学的发展经历了不同的阶段和流派，从早期专注于宗教经典的解释，到现代广泛应用于文学、历史、哲学、社会科学等多个领域，为人们理解各种文化现象和人类行为提供了重要的理论视角和方法。其主要代表人物如下。

马丁·海德格尔：他认为理解是人类存在的基本方式。"此在"在世界中通过理解来展开和揭示自身。理解并非主客分离的认识，而是存在的显现。其理论深刻探讨了人类存在与理解的内在关联，强调理解是存在本质的一部分[1]。

伽达默尔：他提出"视域融合"概念，认为理解是理解者视域与文本视域相互交融的过程。而且重视理解的历史性，认为传统会影响理解。这使我

---

① 潘德荣. 诠释学导论［M］. 桂林：广西师范大学出版社，2015：102.

们认识到理解并非孤立的行为，而是在历史和传统的背景下进行的动态过程①。

保罗·利科：他关注文本的多义性与象征意义，主张通过解释文本揭示人类存在的深层意义。他认为文本不仅仅是表面的符号组合，更是蕴含丰富内涵的载体，通过深入解释能挖掘出其中关于人类存在、思想和情感等方面的深刻信息②。

贝蒂：他强调解释的客观性和有效性。认为解释应遵循特定规则和方法，不能随意主观臆断。这有助于确保解释的准确性和可靠性，使解释具有一定的标准和规范，避免过度的主观偏差，为有效的理解和解释提供了重要的方法论指导③。

（二）汉字拆字翻译现象与阐释学理论的关联性

阐释学理论与汉字拆字翻译现象存在多方面的关联性。

首先，阐释学强调理解和解释的过程，而汉字拆字翻译本身就是对汉字进行独特的理解和解释。在这一过程中，译者需要深入分析汉字的笔画、结构以及蕴含的意义，运用自己的知识和文化背景进行阐释。例如，"安"字，上面是一个宝盖头，代表房屋，下面是一个"女"字。译者在进行拆字翻译时，需要深入思考这种结构所传达的意义。可能会理解为房屋中有女子，意味着家庭稳定、平安。这种理解并非仅仅基于字形的表面，还需要结合译者自身对中国传统文化中关于家庭、女性角色的认知。通过这样的拆解和阐释，译者能够更深入地理解汉字的内涵，从而在翻译中更准确地传达其意义。

其次，阐释学注重"前理解"，即译者在进行翻译之前所具有的先入为主的观念、知识和经验。对于汉字拆字翻译，译者的"前理解"会影响他们对汉字结构和意义的解读方式，从而影响翻译的策略和结果。比如之前提到的

---

① 潘德荣. 诠释学导论［M］. 桂林：广西师范大学出版社，2015：122.

② 潘德荣. 诠释学导论［M］. 桂林：广西师范大学出版社，2015：150.

③ 潘德荣. 诠释学导论［M］. 桂林：广西师范大学出版社，2015：136.

当索隐派进行汉字拆字翻译时，加入了基督教教义①，这与他们神父的身份有着很大的关系。在索隐派众人的"前理解"中，基督教义已经深入脑海。他们会不自觉的将这些"前理解"知识融入汉字拆解的过程中，进而将这些教义广泛传播。由此可见，不同文化背景和个人经历的译者，可能会因为"前理解"的差异，对其有不同的解读和翻译方式。

再次，阐释学中的"视域融合"概念也能体现其中。汉字拆字翻译需要将源语汉字的意义和结构与目标语的语言和文化背景相融合。译者需要在自己的视域与源语汉字的视域之间找到平衡和融合点，以实现有效的翻译。当索隐派将汉字和基督教进行融合时，也不全是基督教义的宣传，他们也对中国道家文化有一定的了解，知道伏羲，知道每个卦象的含义。因此，他们在翻译《易经》时，是将其背后深奥的八卦文化和基督文化进行了融合②。而在西方世界里，索隐派这种加入基督文化的视域融合，能够使翻译更贴近目标语言读者的理解和接受。

此外，阐释学还关注解释的多样性和开放性。在汉字拆字翻译中，由于汉字的复杂性和多义性，不同的译者可能会有不同的拆字理解和翻译方式，这正体现了阐释的多样性。众多西方译者，在进行汉字拆字翻译的过程中，赋予了许多汉字全新的解释和含义。尽管很多理解都较为牵强，但不可否认的是，他们也给汉字的拆解提供了更多全新视角的阐释。

总之，阐释学理论为研究和汉汉字拆字翻译现象提供了重要的理论视角和分析框架，有助于深入理解这一独特的翻译现象背后的思维和文化机制。

（三）阐释学理论启示下的汉字拆字翻译局限性

首先，拆字翻译可能导致对汉字原意的过度解读。汉字的构造具有一定的规律性，但有时这种规律并非绝对和单一的。在拆字过程中，译者可能会凭借主观的想象和推测，赋予汉字原本不具备的意义。例如，"梦"字，若过

---

① ［德］柯兰霓. 耶稣会士白晋的生平与著作［M］. 李岩，译. 郑州：大象出版社，2009：5.

② ［德］柯兰霓. 耶稣会士白晋的生平与著作［M］. 李岩，译. 郑州：大象出版社，2009：5.

度拆分为"林"和"夕",并强行解释为夜晚的树林容易产生梦幻,这种解读可能偏离了汉字本身的常见释义和文化内涵。

其次,阐释学强调解释的多样性,但在汉字拆字翻译中,这种多样性可能引发翻译的不确定性和混乱。不同的译者基于个人的理解和文化背景进行拆字翻译,可能会出现多种差异较大的版本。这对于翻译的准确性和规范性构成挑战,容易让读者感到困惑。

再者,汉字拆字翻译容易受到时代和文化变迁的影响。某些拆字的解释在特定的历史时期或文化背景下成立,但随着时间的推移,可能不再适用或被误解。例如,古代对于"福"字的拆字解释,在现代社会的价值观和文化语境中可能不再完全相符。

(四)小结

阐释学理论与汉字拆字翻译现象紧密相关。在理解和解释过程中,译者通过深入分析汉字的笔画、结构与意义进行拆字翻译,其"前理解"影响解读与翻译方式,"视域融合"促使源语与目标语文化背景相结合,解释的多样性带来不同的拆字理解。然而,在此理论启示下,汉字拆字翻译也存在一定的局限性,如过度解读汉字原意,导致意义偏离;拆字理解多样性引发翻译的不确定性和混乱;而且拆字翻译还容易受时代和文化变迁影响,使某些解释不再适用或被误解。总之,阐释学理论为研究汉字拆字翻译提供了有价值的视角,同时也让我们清晰认识到其局限性,有助于更全面、客观地看待这一独特的翻译现象。

五、汉字拆字翻译现象与马克思主义哲学

(一)马克思主义哲学的主要理论概念

马克思主义哲学的代表人物主要是马克思和恩格斯。它的主要理论包括辩证唯物论和唯物辩证法。

用辩证唯物论中的观点去研究世界的本质,以物质和意识的关系为主线,论述了物质观、实践观和意识观。其中就包括物质存在形式原理、实践本质原理、意识的本质和能动性原理、世界的物质统一性原理等。而唯物辩证法是通过阐述联系和发展的观点，讲解唯物辩证法的基本规律（对立统一规律、质量互变规律、否定的否定规律）和范围（原因和结果、可能性和现实性、内容和形式、本质和现象等），揭示了唯物辩证法与形而上学的对立。

认识论：强调认识是在实践的基础上主体对客体的能动反映，实现了在实践基础上唯物论和辩证法的高度统一，以及辩证唯物主义认识论和历史唯物论的有机结合。重要原理包括可知论和不可知论的区别原理、认识的主体及其形成和发展、实践和认识的辩证关系原理、认识发展辩证过程的原理、认识运动的不断反复和无限发展的原理、理性因素和非理性因素在认识过程中的作用原理、真理的具体性原理、真理和谬误的辩证关系原理、检验真理标准的唯物论和辩证法原理、真理和价值的辩证关系原理等。

唯物史观：围绕社会和人两个主题，阐述历史唯物论的主要内容。认为社会发展的动力是人们集体性的组织生活方式的变化，经济活动是分析社会各种关系与机制的基石。重要原理有人类社会与自然界的和谐发展原理、物质资料生产方式是人类社会发展的决定力量原理、社会的实践本质原理、社会是不断自我更新的有机体原理、社会意识形态相对独立性原理、社会基本矛盾运动规律、"生产力标准"的依据及意义、社会发展规律和人的自觉活动辩证关系原理、改革是社会主义社会发展的动力原理、交往理论、科学技术双重效应、历史观和党的群众观的统一等。

马克思主义哲学具有科学性、实践性、革命性等特征，它的创立是哲学史上的伟大变革。马克思和恩格斯批判地继承了德国古典哲学的积极成果，主要吸取了黑格尔哲学的辩证法思想和费尔巴哈哲学的唯物论思想。马克思主义哲学为人们认识世界和改造世界提供了科学的世界观和方法论①。

（二）汉字拆字翻译现象与马克思主义哲学理论的关联性

从辩证唯物主义的观点分析，汉字拆字翻译现象中存在着矛盾的对立统一关系。一方面，汉字的结构和意义具有相对稳定性，这是汉字能够传承数千年并被广泛理解和运用的重要基础。汉字的一笔一画、部首和组合形式都

---

① 黄楠森. 马克思主义哲学史［M］. 北京：高等教育出版社，1998：1-7.

遵循一定的规律，形成了固定的结构体系，使汉字在不同的时代背景和地域背景下都能保持基本的形态和含义。例如"日"字，从古至今都是类似的形状，基本都代表太阳的意义。另一方面，拆字翻译对汉字的原有结构和意义进行了一定的重新组合，体现了变化和革新。拆字翻译打破了汉字传统的整体认读方式，将其分为不同的部分，并赋予其新的意义和联想。这种拆解和重构既丰富了汉字的意义，也为翻译提供了更多的可能性。但同时，过度的拆字创新也可能导致汉字意义的混乱和误解，破坏了汉字的稳定性和规范性。所以，在汉字拆字翻译中，需要把握好平衡，既要尊重汉字的传统结构和意义，又要根据实际需求进行合理的创新和解释，以实现汉字翻译的准确和有效。

同时，马克思主义哲学强调实践是认识的基础，而汉字拆字翻译也是一种实践活动，通过这种实践，译者对汉字的认识不断深化，同时也推动了汉字翻译方法和理论的发展。在实践过程中，译者不断尝试不同的拆字方式和翻译策略，根据实际效果进行调整和改进。最初的译者可能只是简单地根据汉字的外形进行拆分和翻译，但在实践中发现这种方式容易造成误解，于是逐渐开始深入研究汉字的音韵、语义和文化内涵，用更加科学的方式，合理地进行拆字翻译。通过大量的实践积累，译者对汉字的结构、意义和用法都有了更深刻的认识，能够更加准确地把握汉字的特点和规律。

这种认识的深化又反过来指导实践，促使译者不断提高自身翻译的质量和水平。同时，汉字拆字翻译的实践也给汉字学、翻译学等相关学科的理论研究提供了丰富的素材和案例，推动了学科的发展和创新。只有通过对实践经验的总结和提炼，才能形成一系列关于汉字拆字翻译的原则、方法和技巧，为后来的译者提供了有益的参考和借鉴。

关联性也能在其中体现，汉字拆字翻译现象与语言的发展、文化的交流、社会的变迁等方面相互联系、相互影响。语言是一个动态的系统，汉字作为汉语的书写符号，它的发展与汉语的语音、语法、词汇等方面密切相关。汉字拆字翻译不仅要考虑汉字本身的结构和意义，还要结合汉语的语言特点和表达习惯。某些汉字的拆字翻译可能需要根据汉语的语序和修辞方式进行调整，确保翻译的通顺和自然。

同时，文化的交流也是汉字拆字翻译的重要背景，不同文化之间的碰撞和融合都会影响到汉字的理解和翻译。就像在与西方文化的交流中，一些汉字的意义可能会因为文化差异而需要进行特殊的解释和翻译。社会的变迁更是对汉字拆字翻译产生了深远的影响。社会的政治、经济、科技等方面的变化都会带来新的词汇、概念和表达方式，这些都需要通过拆字翻译等方式在不同语言之间进行传递和交流。反过来，汉字拆字翻译也为文化交流和社会变迁提供了有力的支持。通过准确的翻译，不同文化之间能够更好地相互理解和借鉴，促进文化的繁荣和社会的进步。

（三）马克思主义哲学理论启示下汉字拆字翻译局限性

从唯物史观的角度来看，汉字拆字翻译可能受到特定历史时期和社会背景的局限，不同的时代和社会环境对汉字的理解和运用存在差异，如果仅依据当下的社会观念进行拆字翻译，可能无法准确反映汉字在其产生和发展过程中的原初意义和演变逻辑。

如果从辩证唯物主义的观点出发，那马克思主义哲学重视事物的普遍联系。在文化体系中，汉字还承载着丰富的历史、哲学、宗教、审美等内涵。但汉字拆字翻译往往只关注汉字的字形结构，而忽视了汉字形成的历史条件、语言环境以及社会文化因素等方面的综合影响。汉字拆字翻译有时可能会切断汉字与整个语言系统、文化体系之间的紧密联系，容易陷入片面和孤僻的解读。但汉字并非孤立存在，而是在语言的整体框架中发挥作用，与词汇、语法、修辞等要素相互关联。这种片面的解读可能导致对汉字意义的曲解或误解。

根据马克思主义矛盾的观点，汉字拆字翻译可能无法完美处理汉字意义的稳定性与变化性之间的矛盾，过于强调拆字带来的解释，可能会忽视汉字在长期使用中形成的稳定意义，导致意义的混乱。

最后，从马克思主义的发展观来看，汉字是不断发展变化的，如果拆字翻译过于拘泥于当前的理解和方法，就难以适应汉字未来的发展变化，无法为新出现的汉字现象和意义提供有效的翻译策略。

（四）小结

汉字拆字翻译现象与马克思主义哲学理论存在紧密的关联。辩证唯物主义揭示了汉字拆字翻译过程中的矛盾对立统一，实践也推动了其认识深化与方法创新，联系的观点展现了其与多方面的相互作用。然而，从马克思主义哲学理论来看，汉字拆字翻译也存在着一定的局限性，如它会受特定历史和社会背景限制；它也可能切断与语言、文化的联系，难以平衡意义的稳定与变化，甚至难以适应汉字的未来发展。总之，深入理解这些关联与局限，有助于更科学地看待和运用汉字拆字翻译。

第三节　汉字拆字翻译现象与文学

一、汉字拆字翻译现象与新古典主义理论

（一）新古典主义的代表人物及其主要理论概念

新古典主义文学理论强调秩序、逻辑、确切及情感控制等。它倡导在文学作品中寻求表达与措辞上的协调、统一、和谐与典雅，使作品既具有审美价值，又能发挥一定的教义作用。这一理论认为理想的艺术应基于秩序、逻辑等基础之上，文学作品的价值在于是否为人文主义服务。在各种文学形式中，新古典主义者设定了相应的创作规矩与条框，如散文要简洁、直白、通顺且有灵活性；诗歌需抒情、壮美、有教义、讽喻并富于戏剧性，且每种诗体都有特定的创作原则；戏剧要用英雄体偶句写就，并遵循时间、地点、事件三要素等。具体代表人物如下。

尼古拉·布瓦洛（Nicolas Boileau-Despréaux，1636—1711）生于巴黎，是法国诗人、文学批评家，被称为古典主义的立法者和发言人。1666 年他发表一组讽刺诗，针砭教士、妇女及巴黎的生活，由此成为莫里哀、拉辛等文豪的朋友。1674 年发表的《诗的艺术》，阐明了文学的古典主义原则，对当时法国和英国的文坛影响很大。他还撰有打油性质的叙事诗《读经台》，并且

翻译了朗吉努斯的《论崇高》。布瓦洛在笛卡尔唯理主义的哲学基础上，继承古希腊罗马尤其是贺拉斯的理论传统，总结法国古典主义文学的创作经验，提出了自己的美学思想。其重要理论著作《诗的艺术》把古典主义文学的主要观点编写成简练通畅、便于记诵的诗句，对古典主义理论的普及起了很大的促进作用。他强调理性是一切的准绳，也是文艺创作的根本原则，还提出"摹仿自然"的原则等，对欧洲文坛有深远影响，促进了法国古典主义文艺特别是戏剧的发展。

亚历山大·蒲柏（Alexander Pope，1688—1744），英国新古典主义诗歌的代表人物，他模仿罗马诗人，诗风精巧隽俏，内容以说教与讽刺为主，形式多用英雄双韵体，但缺乏深厚感情。蒲柏重新解释了"自然"的概念，把新古典主义原则和英国文学对自由的追求相结合，形成了一种温和的英国新古典主义。他依然把自然视为艺术的最高范本，认为文学创作和批评要依照自然那永恒的准则进行，而古典的就是自然的，作家要通过揣摩学习古典作品来达到自然。在此基础上，当他提出巧智是自然的馈赠和礼物，自然把那些有表达潜力之物加以整理而鲜明时，才有真正的巧智。他把巧智也纳入自然的标准中，从而完成了对新古典主义的改造和辩护①。

（二）汉字拆字翻译现象与新古典主义理论的关联性

欧洲新古典主义文学理论和汉字拆字翻译现象之间存在着一些关联，主要表现在以下三个方面。

1. 对传统的尊重：欧洲新古典主义文学理论高度尊崇古希腊罗马文学传统，将其视为典范和不可逾越的高峰。新古典主义者认为古希腊罗马文学蕴含着永恒的真理、完美的形式和高尚的道德准则，因此主张文学创作应严格遵循古代的文学规范和形式，如悲剧的三一律等。例如，法国剧作家高乃依的《熙德》，虽然在一定程度上突破了三一律的限制，但仍努力在结构和主题上向古希腊罗马悲剧靠拢，体现了对传统的尊重和借鉴。

在汉字拆字翻译现象中，对汉字传统结构和意的尊重同样显著。汉字

---

① 马新国. 西方文论史（第三版）[M]. 北京：高等教育出版社，2008：102.

是一种古老而独特的文字，字形结构蕴含着丰富的文化内涵和历史信息。在拆字翻译时，不能随意破坏汉字的基本结构和原有的意义联系。"信"这个字，由"人"和"言"组成，拆字翻译时应该尊重其原有的结构，强调人言可信的这一意思。这种对传统的尊重，使得汉字在翻译过程中能够保持其独特的魅力和文化价值。

2. 形式与意义结合：新古典主义文学理论主要强调形式与意义应该紧密结合。就像在诗歌创作中，不仅要求韵律、节奏的和谐优美，内容也要具有深刻的思想和情感。蒲柏的《论批评》就是一个很好的例子，它采用英雄双韵体，形式严谨，同时又传达了对文学批评的深刻见解。

汉字拆字翻译现象在这方面也有体现。通过对汉字的拆分和重新组合，既要考虑形式上的巧妙和独特，也要确保传达出准确的意义。比如"好"字，拆分为"女"和"子"，在某些拆字翻译中，可以理解为女子结合便是好，形式上的拆分与美好的意义相结合。再如"休"字，拆为人靠在树上，表示休息，形式和意义相互呼应，这种结合使得汉字的表达更加生动形象，富有内涵。

3. 审美追求：新古典主义文学理论追求一种庄重、典雅、和谐的审美标准。它强调文学作品的语言应简洁明了、准确优美，结构应平衡对称、严谨有序。莫里哀的喜剧作品《伪君子》，在语言和结构上都体现了这种审美追求，以精炼的对白和紧凑的情节展现了深刻的讽刺。

汉字拆字翻译现象中同样存在审美追求。在拆字和翻译的过程中，注重文字的美感和艺术性，力求给人以美的享受。比如，庞德在翻译《论语》中的"学而时习之，不亦说乎"一句话时，对汉字"習"（习）进行了拆解翻译。庞德在译文中增添了"白色"（the white wings of time）这一含义，直译成了"学习着，看见时光的白色羽毛飘过"。他将"習"字拆分为"羽"和"白"两个字，认为"羽"象征着翅膀，从而给译文增添了光的意象[①]。这种译文无疑给诗文增添了更多美的感受。

---

① 翟梦宇.《埃兹拉·庞德与儒学：现代性中重塑人文主义》（第3章）英汉翻译实践报告［D］. 济南：齐鲁工业大学，2023：18.

需要指出的是，欧洲新古典主义文学理论与汉字拆字翻译现象分属于不同的文化体系和语言环境，它们之间的关联是在一定程度上的相似性和相通性，而非直接的对应关系。但通过这样的比较和分析，可以更好地理解和欣赏不同文化现象中的智慧和魅力。

二、汉字拆字翻译现象与启蒙主义理论

（一）启蒙主义的代表人物及其主要理论概念

启蒙运动是发生在 17、18 世纪欧洲的一场反封建、反教会的伟大的思想文化解放运动。它倡导自由、平等、民主、科学等理念，为资产阶级革命提供了思想基础和舆论准备，对欧洲乃至全球的政治、经济、文化等方面产生了深远影响。这些启蒙思想家的理论和观点，推动了社会的进步和发展，对现代社会的形成和发展也具有重要的启示意义。其代表人物有

孟德斯鸠（1689—1755），法国伟大的启蒙思想家、法学家。主要主张包括：反对君主专制，主张君主立宪制；提出"三权分立"学说，认为国家的权力应分为立法权、行政权和司法权，彼此制衡；法律应当体现理性，其代表著作有《论法的精神》《波斯人的信札》等。他的三权分立学说是古代希腊、罗马政治理论的发展，体现了人民主权原则，奠定了近代西方政治与法律理论发展的基础，也影响了欧洲人对东方政治与法律文化的看法，所提出的三权分立学说成为当今民主国家的基本政治制度的建制原则。

伏尔泰（1694—1778），法国启蒙思想家、文学家、哲学家，被誉为"思想之王""法兰西最优秀的诗人""欧洲的良心"。主要主张有：反对封建专制，主张由开明的君主执政，强调资产阶级的自由和平等；主张天赋人权，认为人生来就是自由和平等的；认为法律应以人性为出发点，在法律面前人人平等；猛烈抨击天主教会的黑暗和腐朽，主张信仰自由和信仰上帝，但不反对财产上的不平等，同时赞成实行"开明专制"。其主要著作有《哲学通信》《路易十四时代》等。

德尼·狄德罗（Denis Diderot，1713—1784），18 世纪法国唯物主义哲学家、美学家、文学家、教育理论家，百科全书派代表人物，第一部法国《百

科全书》主编。他坚持唯物主义哲学观点，同时具有辩证法思想，站在法国第三等级的立场上，坚持国家起源于社会契约，君主的权力来自人民协议的观点，认为专制政体终会消逝，将由适合人性的政体取而代之。

卢梭（1712—1778），法国著名启蒙思想家、哲学家、教育家、文学家，是 18 世纪法国大革命的思想先驱，被称为人民主权的捍卫者。主要思想包括：天赋人权、人民主权；社会契约说（著作有《社会契约论》《论人类不平等的起源和基础》等）；认为革命具有合法性；指出私有制是人类不平等的根源；认为理性是不可靠的。他继承了洛克的"人民主权说"，进而提出"主权在民"的主张，强调"公共意志"，认为公民应接受它的统治，其思想主张在法国大革命中成为马克西米连·罗伯斯庇尔（Maximilien Robespierre）领导的雅各宾派的理论旗帜，对欧美各国的革命产生了深刻影响。

康德（1724—1804），德意志著名哲学家。主要思想为：指出启蒙运动的核心就是人应该自己独立思考，理性判断；强调人的重要性，提出人就是人，不是达到任何目的的工具，即"人非工具"；相信主权属于人民，自由和平等是人生来就有的权力，但同时坚持人要自律，自由和平等只能在法律的范围之内。他对"启蒙运动"的定义是：人类脱离自己所加之于自己的不成熟状态。

托马斯·霍布斯（1588—1679），英国早期著名的启蒙思想家。他既提出了一些最基本的启蒙思想，又带有明显的落后意识。他认为国家不是根据神的意志而是人们通过社会契约创造的，君权也不是神授的，而是人民授予的。但他坚持统治者一旦获得授权，人民就要绝对服从，不可反悔，并不反对君主专制，甚至认为专制政权有权干涉臣民财产的权力。同时他认为宗教是人类无知和恐惧的产物，但又提出宗教有助于维持社会秩序，其代表作是《利维坦》。

洛克（1632—1704），英国思想家。其思想形成于英国革命期间。他对霍布斯的思想进行了修正，指出人们按契约成立国家的目的是保护私有财产，因此国家不应干涉公民的私有财产，其名言"我的茅屋子，风能进、雨能进，国王不能进"体现了他的这一观点。洛克甚至进一步认为私有财产是人权的基础，没有私有财产则无人权可谈①。

（二）汉字拆字翻译现象和启蒙主义理论的关联性

启蒙主义文学理论和汉字拆字翻译现象之间存在着一些关联，主要表现在以下两方面。

1. 象征和隐喻手法：启蒙主义文学理论是通过形象、象征和隐喻来传达中心的思想和理念。在汉字拆字翻译现象中，汉字可分解为各个部分，每个部分都具有一定象征意义。这种分解和组合的过程可以被看成是一种象征和隐喻的表达方式，类似于启蒙主义文学中使用的象征手法。通过对汉字的拆字翻译，人们可以深入了解汉字所蕴含的文化内涵和象征意义，从而更好地理解和传达中国文化所带来的内容。

2. 对传统文化的传承与革新：启蒙主义文学理论推动了我们对传统文化的审视和革新。汉字作为中国传统文化的重要组成部分，其拆字翻译现象也反映了我们对传统文化的传承和革新。通过对汉字的拆解和翻译，人们可以发现汉字的演变和发展，以及汉字所承载的历史和文化信息。同时，拆字翻译也可以为汉字的创新和应用提供新的思路和方法，促进汉字文化的传承和发展。

三、汉字拆字翻译现象和浪漫主义理论

（一）浪漫主义的代表人物及其主要理论概念

浪漫主义文学在不同国家和地区可能有不同的特点和表现形式，但总体上都强调情感、想象和个性的表达，对现实社会进行批判或超越，追求理想世界。它是对古典主义文学的一种反拨，也是对当时社会现实和思想变革的一种回应。其主要理论概念包括：强调主观情感，崇尚自我，表现自我，追求唯情论，重视抒情性；追求自由，包括个人的自由和独立；热爱自然，常将自然作为寄托情感和理想的对象；从中世纪民间文学中获取灵感和素材，崇尚中古风。其代表人物如下：

---

① 马新国.西方文论史（第三版）［M］.北京：高等教育出版社，2008：132.

拜伦：19 世纪英国和欧洲浪漫主义文学代表作家。他的第一部诗集《懒散的时刻》抒发了对现实及上流社会的不满。长诗《英国诗人和苏格兰评论家》批判了"湖畔派"诗人的作品及保守的美学原则。以旅行经历为题材的长诗《恰尔德·哈洛尔德游记》使他一举成名。著名诗篇《〈制压破坏机器法案〉制订者颂》痛斥政府迫害工人的罪行。组诗《东方叙事诗》包括《异教徒》《阿比道斯的新娘》《海盗》《莱拉》《柯林斯的围攻》《巴里·西娜》等。长篇叙事诗《唐璜》是拜伦浪漫主义诗歌代表作，该作品是一部辛辣的社会讽刺杰作，基本格调是热爱自由、反抗压迫。其艺术成就包括辛辣的讽刺、浪漫传奇色彩、浓烈的抒情性、兼叙兼议的表现手法，以及在格律和诗歌语言等方面的创新，它是英国诗歌史上运用口语体取得最高成就的诗篇。

雨果：法国浪漫主义文学的旗手和领袖。他的创作可分为三个阶段，早期作品有《文学保守者》和《歌颂集》；中期是其浪漫主义创作的丰收期，代表作品有《克伦威尔》《欧那尼》《巴黎圣母院》，其中《〈克伦威尔〉序言》作为法国浪漫主义文学的宣言书，提出了艺术上丑恶滑稽和典雅高尚相结合的美学原则，《欧那尼》的上演成功标志着浪漫主义彻底战胜了古典主义；后期流亡期间，创作了政治讽刺小册子《小拿破仑》《一桩罪恶史》，讽刺诗集《惩罚集》，长篇社会小说《悲惨世界》《海上劳工》《笑面人》，晚年发表的《凶年集》，抒情叙事诗集《历代传说》，长篇历史小说《九三年》体现了雨果晚年的人道主义思想。

普希金：19 世纪俄国积极浪漫主义文学的主要代表，同时也是俄国批判现实主义文学的奠基人，被誉为"俄国文学之父"。他的作品《驿站长》塑造了俄国文学史上第一个"小人物"维林的形象；《上尉的女儿》是一部历史小说，取材于普加乔夫起义；《叶甫盖尼·奥涅金》是一部诗体长篇小说，是其代表作，被认为是俄国文学史上第一部经典性的现实主义杰作①。

（二）汉字拆字翻译现象与浪漫主义理论的关联性

浪漫主义文学理论与汉字拆字现象之间可能存在以下四方面的关联。

---

① 马新国. 西方文论史（第三版）［M］. 北京：高等教育出版社，2008：238.

1. 情感表达的共通性

浪漫主义文学强调个人情感的强烈抒发,追求情感的自由表达和内心世界的深刻描绘。作家们常常运用热情奔放的语言,将内心的激情、渴望、痛苦等情感生动地展现出来,以引起读者的共鸣。

汉字拆字翻译有时也能通过对字形的巧妙拆解,再与上下文的情境进行融合,传达出一种特定的情感或情绪。比如洛威尔在翻译陶渊明的《归园田居》时,将"虚室有余闲"中的"闲"("閒")字进行了拆解,拆成"月"与"门"("門")。诗句翻译成"悠闲的月光透过敞开的门平静的洒落"。此译文构成了一个新的画面,增强了"闲"的意象性,使诗句更具有悠闲意境①。在此例中,译者通过拆字来增添文章的意境,并传递出了一种较为抽象的情感,与浪漫主义文学中通过细腻的文字描写来抒发情感有相似之处,都能引发读者内心深处的情感共鸣。

2. 想象力的发挥

浪漫主义文学依赖于丰富的想象力,它常常创造出奇幻的世界、独特的形象和情节,突破现实的束缚,追求超越平凡的体验。作家们运用比喻、象征等手法,塑造出充满幻想和神秘色彩的艺术境界。

而汉字拆字翻译同样需要发挥想象力,突破字形的常规理解,赋予其新的意义和解释。几乎所有西方译者在进行拆字翻译时,都充分发挥了自己对汉字的理解和想象,赋予了汉字新的内涵。其中表现最为明显的无异于是庞德对汉字的另类解读。如他将"显"("顯")字拆分为"日""丝""頁"三部分,并将其与太阳、劳动与书写等意义联系起来。通过以诗释字的方式解释为"黎明在神圣的土地上耕耘,让春蚕吐丝"②。这种解读,直接将某一个汉字变成了一句美妙的诗歌,营造出另一种充满艺术氛围的美。

---

① AYSCOUGH F, LOWELL A. Songs of the Marches [J]. The North American Review, 1921, 214 (788): 62-63.

② 姜润.《埃兹拉·庞德儒家典籍翻译》(第5章)英汉翻译实践报告 [D]. 济南:齐鲁工业大学,2024:10.

3. 对个体独特性的关注

浪漫主义文学重视个体的独特体验、感受和价值，强调每个人内心世界的独特性和不可替代性。它反对传统的束缚，追求个性的解放和自由表达。

在汉字拆字现象中，每个人对同一个汉字的拆解和理解可能各不相同，这也反映了个体思维的独特性。如"悟"字，可拆为"心"和"吾"。这可以被理解为通过自己的内心去领悟、理解事物。每个人的内心世界都是独特的，因此对于"悟"的过程和体验也会各不相同。有的人可能会从生活的细节中感悟出深刻的道理，有的人可能会在特定的情境下突然领悟到某种真谛。这种个体之间的差异，与浪漫主义对个体独特性的尊重和强调是一致的。

4. 对传统文化的传承与创新

浪漫主义文学常常从民间传说、神话故事、历史事件等传统文化中汲取灵感，并加以创新和发展，为传统文化注入新的活力和意义。例如，但丁的《神曲》就融合了基督教的神学思想、古希腊罗马的神话传说以及中世纪的文化元素，通过独特的想象和创作，展现了一个奇幻而又深刻的精神世界。

汉字作为传统文化的重要载体，其拆字现象在一定程度上也是对汉字古老文化内涵的重新挖掘和创新诠释。如"礼"字，左边可视为"示"，代表着祭祀、神灵等含义，右边是"豊"，象征着丰富、丰盛。结合起来，"礼"最初可能与祭祀等宗教仪式有关，表示人们对神灵的敬意和祈求。而在现代社会，"礼"的含义得到了扩展和演变，不仅包括宗教礼仪，还涵盖了人际交往中的各种规范和礼貌。这种对"礼"字的拆解和理解，既体现了对传统文化中礼仪观念的传承，又反映了其在不同时代的创新和发展。

总之，浪漫主义文学理论与汉字拆字翻译现象之间存在着一些微妙而有趣的关系。浪漫主义文学强调情感的强烈抒发、想象力的自由驰骋、个体独特性的尊重、对传统文化的创新传承。而汉字拆字翻译现象在一定程度上与这些特点有所呼应。然而，需要明确的是，浪漫主义文学理论主要应用于文学创作和批评领域，而汉字拆字翻译现象更多是一种语言文字的游戏或文化现象。尽管它们之间存在一定的关联，但并非直接的、一一对应的关系，而是在某些理念和思维方式上有相通之处，为我们理解文学和语言的多样性与创造性提供了新的视角。

四、汉字拆字翻译现象与唯美主义理论

（一）唯美主义的代表人物及其主要理论概念

唯美主义强调艺术的纯粹性和独立性，追求形式美和艺术技巧的精湛，注重感官享受和艺术的审美价值。但这种思潮也因其过于强调形式而忽略内容和社会意义，在一定程度上受到了批评。其代表人物有：

奥斯卡·王尔德（Oscar Wilde，1854—1900）：英国作家、诗人、剧作家。他主张"为艺术而艺术"，认为艺术不应受到道德、功利等因素的束缚，艺术的目的就是追求美本身。强调艺术的独立性和自主性，艺术不应该成为道德说教或政治宣传的工具。其代表作品有小说《道林·格雷的画像》，戏剧《温德米尔夫人的扇子》《莎乐美》等。

泰奥菲尔·戈蒂耶（Théophile Gautier，1811—1872）：法国诗人、小说家、评论家。他提出"艺术至上"的观点，认为艺术除了自身之外，不表现任何东西。倡导形式美，注重艺术作品的外在形式和技巧。他的代表作有诗集《珐琅与雕玉》等①。

（二）汉字拆字翻译现象与唯美主义理论的关联性

唯美主义文学理论与汉字拆字翻译之间的关联性可以从以下三个角度来探讨。

1. 对形式美的关注：唯美主义文学理论将形式美置于至高无上的地位，强调艺术作品在语言、结构、韵律等方面的优美与和谐。唯美主义诗人和作家精心雕琢词句，运用丰富的修辞手法、优美的音韵和节奏，营造出令人陶醉的艺术效果。这种对形式美的极致追求在一定程度上与汉字拆字翻译现象中对汉字结构形式美的关注存在相似之处。以"晶"字为例，它由三个"日"字组成，给人一种明亮、闪耀的视觉感受。在拆字翻译时，可以将其理解为"众多的阳光汇聚，光芒璀璨"。再如"焱"字，由三个"火"字组成，

---

① 马新国. 西方文论史（第三版）[M]. 北京：高等教育出版社，2008：288.

形象地展现出火势旺盛的样子。通过对这些汉字结构的分析和解读，我们能够感受到形式美所带来的独特魅力。这种对形式美的追求不仅仅是外在的呈现，更是通过形式传达出一种内在的情感和意境。不管是唯美主义文学作品还是汉字拆字翻译作品，形式美都成为吸引读者或观者的重要原因之一，从而引发他们的审美愉悦和情感共鸣。

2. 别具一格的解读形式：唯美主义强调用的个人视角和审美体验，唯美主义文学常常突破传统的表达方式和思维模式，展现出作者独特的创造力和想象力。倡导以浪漫、独特的方式来表达和理解艺术。王尔德在《道林·格雷的画像》中，通过对主人公道林·格雷扭曲的命运进行描绘，挑战了传统的道德观念和审美标准，给读者带来了全新的阅读体验。这一理念与汉字拆字翻译现象中对汉字意义的独特解读方法有一定的联系。前面章节中所提到庞德对"显"字的解读就是一个很好的例子。这些独特的汉字拆字解读方式，就像唯美主义作品中的独特视角一样，为人们提供了新的思考角度和理解方式，激发了人们的好奇心和探索欲望。它们超越了常规的认知，展现了思维的多样性和灵活性，使人们能够从不同的层面去感受和领悟文字所蕴含的意义。

3. 对细节的重视：唯美主义追求细节的精致和完美，注重在作品中描绘细腻的情感和感觉，以营造出丰富而逼真的艺术世界。作者会精心刻画人物的表情、动作、心理活动，以及环境的细微变化，从而使读者能够身临其境地感受到作品所营造的氛围和情感。在波德莱尔的《恶之花》中，他对城市中阴暗角落的细致描绘，以及对人性丑恶面的细腻剖析，让读者深刻感受到了现实的复杂性和人性的多面性。这与汉字拆字翻译中对汉字部件细节的仔细观察和分析有一定的共通性。以"尖"字为例，上面是"小"，下面是"大"，通过对这两个部件的细致观察，可以理解为上小下大即为尖。再看"尘"字，由"小"和"土"组成，形象地表示了细小的尘土。这种对细节的关注使得汉字拆字翻译能够更加准确地揭示汉字的含义，就如同唯美主义文学通过细节展现作品的深度和魅力一样。在这两个领域中，细节不仅仅是构成整体的元素，更是传递意义和情感的关键所在，它们共同为人们带来了丰富而深入的审美体验。

但需要注意的是，尽管唯美主义文学理论与汉字拆字翻译现象在某些方面存在相似性，但它们毕竟属于不同的领域，有着各自独特的特点和发展脉络。这种关联性更多的是一种思维方式上的启发和类比，而非直接的对应和等同关系。

五、汉字拆字翻译现象与象征主义理论

（一）象征主义的代表人物及其主要理论概念

象征主义文学是 19 世纪末在法国兴起的一种文学流派，后来发展成为国际性的文学思潮。象征主义的主要理论概念包括：①强调表现内心世界，侧重描写个人幻影和内心感受，通过象征、隐喻等手法来表达深层的情感、思想和精神体验。②追求暗示与象征，不直接陈述，而是借助具有象征意义的形象、符号来暗示隐藏在现实背后的理念和意义，指明事物的名字会破坏诗的大半乐趣，理想的方法是暗示事物。③注重诗歌的音乐性和韵律感，认为诗歌应具有音乐般的美感和节奏，通过音韵、节奏的运用增强作品的艺术感染力。④神秘主义与唯美主义色彩，其哲学基础往往涉及神秘主义，追求超越现实的理想境界，同时也带有一定的唯美主义倾向，强调艺术的独立性和审美价值。⑤反对现实的直接描绘，极少涉及广阔的社会题材，不致力于忠实地表现外部世界，而是试图通过虚幻的梦想来启示读者。⑥强调主观感受，反映个人的主观感觉，使个人从现实中超脱出来，把他引向虚无缥缈的"理念"世界，作品中充满了强烈的主观色彩。⑦运用通感等手法，如将不同的感官体验相互沟通，以创造更加丰富和独特的艺术效果。⑧具有一定的抽象性：形象具有抽象性和不稳定性，含义朦胧晦涩，需要读者通过自己的感悟和理解去解读作品的内涵。其代表人物如下。

夏尔·皮埃尔·波德莱尔（Charles Pierre Baudelaire，1821—1867）：法国诗人，他被视为象征主义的先驱。其作品《恶之花》被认为是第一部具有象征主义特质的诗作，这部作品描绘了病态的性爱，同时表达了对光明和理想的追求，反映了现代人在社会丑恶中的焦虑和烦躁状态。波德莱尔强调通过象征、隐喻等手法揭示隐藏在现实背后的真实，挖掘内心世界和潜意识。

保罗·魏尔伦（Paul Verlaine，1844—1896）：法国诗人，他发扬了象征主义者强调诗歌音乐性的一面。魏尔伦在其《诗的艺术》中主张诗歌应首先具有音乐性，那是流动、朦胧、清灵的；选词上要求模糊和精确相结合；要色晕而不要色彩；不要格言警句、插科打诨类的东西。总之，诗歌要追求一种弥漫渗透的气氛。代表作品有《三年以后》《白色的月》《狱中》等。

斯特凡·马拉美（Stéphane Mallarmé，1842—1898）：法国诗人，被誉为"象征主义之象征"，是象征主义发展历程中的关键人物，第一个将象征主义理论系统化的诗人。马拉美提出"纯诗"理论，认为诗是从无到有、超越经验的独立存在；诗是一种魔术，运用咒语来创造不同于现实世界的绝对理念世界。他十分强调暗示性的重要，认为指明一个事物的名字就会破坏诗的大半乐趣，理想的方法是暗示事物。其理论具有神秘主义和唯美主义的色彩。代表诗作有《天鹅》《牧神的午后》等，其中《牧神的午后》后来经音乐家德彪西为之谱曲而广为传播。

威廉·巴特勒·叶芝（William Butler Yeats，1865—1939）：爱尔兰诗人，早期诗作中的象征主义和爱尔兰民族的古老神话密切结合。利用神话传说中的角色、故事和事物来作象征，如《奥辛之浪迹》以古代英雄奥辛骑着仙马游历世界的故事来比喻人生的各个时期。后期随着大量参加政治运动和社会活动，其风格逐渐明朗化，抛却了早期的神秘主义倾向，诗作主题与现实紧密结合，语言更加洗练，后期代表作品包括《驶向拜占庭》《丽达与天鹅》《在学童中间》等。叶芝是象征主义诗人中第一个建立了自己复杂象征体系的诗人，其理论著作《灵视》大量涉及诗人自己的历史观、宇宙观，并包含了广泛的意象。

托马斯·斯特尔那斯·艾略特（Thomas Steams Eliot，1888—1965）：英国象征主义诗歌的代表人物，无论在理论上还是创作上都做出了巨大贡献。代表作《荒原》被誉为有史以来最伟大的英语诗歌之一，取材自关于"圣杯"的古老传说，把丧失了信仰的现代世界比作一个荒原，诗中旁征博引，涉及大量神话传说和象征意象，并运用多种古语言和现代语言。《四个四重奏》以高度抽象的手法表达了诗人对暂时与永恒之间对立统一观点的思索。他的诗作显著特点是和宗教的关系十分密切，体现出解救人类最终极的途径就是皈依宗教的观点①。

（二）汉字拆字翻译现象与象征主义理论的关联性

象征主义理论与汉字拆字翻译现象之间的关联性主要体现在以下四方面。

1. 象征与隐喻的运用：象征主义文学理论强调运用象征和隐喻来传达深层的情感、思想和精神体验，这种表达方式往往隐晦而富有多义性。例如，波德莱尔的《恶之花》中常以黑暗、腐败的意象来象征社会的丑恶和人性的堕落。如他用"腐尸"这一意象，不仅象征着死亡和腐朽，更隐喻了社会道德的败坏和精神的空虚。这种象征和隐喻的运用与汉字拆字中通过部件的组合来构建隐喻意义有一定的相似性，都是以间接、含蓄的方式传达复杂的情感和观念。

在汉字拆字翻译现象中，也能发现类似的象征与隐喻思维。以汉字"梦"为例，将其拆分为"林"和"夕"。在象征主义的视角下，可以将"林"视为茂密、神秘且充满未知的世界，而"夕"代表着黄昏与夜晚的降临，通常与宁静、梦幻和神秘的氛围相关联。当"林"与"夕"组合在一起时，就隐喻了一个在夜晚的树林中发生的充满奇幻和未知的场景，如同人们在梦境中所经历的各种奇异和难以捉摸的体验。再比如汉字"爱"，拆分为"爪""冖""心""友"。"爪"可以象征着抓取、追求；"冖"如同遮盖，寓意着保护；"心"代表内心的情感；"友"则表示友好、亲近。这样的拆分组合隐喻了爱不仅仅是内心的情感，还包括积极的追求、用心的保护以及建立友好亲近的关系。

2. 注重意象的构建：象征主义文学非常注重创造独特的意象，通过这些意象来传达复杂而微妙的情感和观念。如马拉美的《牧神的午后》通过对牧神在午后梦幻般的情境的描绘，构建出了一个充满神秘、慵懒和欲望的意象世界。其中的牧神、森林、仙女等意象交织在一起，营造出一种如梦如幻的

---

①　马新国. 西方文论史（第三版）［M］. 北京：高等教育出版社，2008：328.

氛围，让读者沉浸在诗人所创造的独特情感空间中。

汉字拆字翻译在某些情况下也能够构建出独特的意象。例如上文中所提到的洛威尔对"闲"字的解读，给读者构建出了一个悠闲惬意的意象画面。而在汉语中，有许多汉字，通过拆解后，都能给人描绘出形象的画面感。比如"愁"，拆分为"心"和"秋"。秋天往往给人一种萧瑟、凄凉的感觉，草木凋零，万物开始走向沉寂。而"心"代表着内心的情感。当这两个部分组合在一起时，就构建出了一个在萧瑟的秋天里，内心充满忧愁和伤感的意象。这种意象能够让人们联想到孤独、失落和无奈的情绪。再看汉字"思"，拆分为"田"和"心"。可以想象为心田，如同一片广阔的土地，思绪在其中生长、蔓延。这些汉字拆分构建的意象都传达了思考的丰富性和深度，与象征主义文学中通过精心营造的意象来引发读者的联想和情感共鸣有着相似之处，如魏尔伦诗歌中的"月光""星辰"等，来表达诗人内心深处的迷茫、渴望和沉思。

3. 对隐晦表达的探索：象征主义文学常常避免直白、浅显的陈述，而是采用迂回、含蓄的方式来表达作者的意图和情感，让读者在解读的过程中去挖掘隐藏在文字背后的意义。比如，兰波的诗作常常运用奇特的词汇和跳跃的句式，让读者在阅读的过程中感受到一种模糊和不确定，需要不断地思考和探索才能理解诗人的真正意图。如他的《醉舟》，通过对无舵无锚的醉舟在大海上漂泊的描述，隐晦地表达了诗人对自由和解放的渴望，以及对现实世界的逃离和反抗。

汉字拆字翻译现象有时也呈现出类似的隐晦性。在上一章分析小说译本中的拆字翻译时，我们讨论过《红楼梦》和《三国演义》中的拆字修辞都展现出了拆字隐喻的独特魅力。这些汉字的拆字修辞，不仅能暗示人物性格、归宿和情节进展，还能暗讽时局，表达作者的情感和态度。但这些表达都非常的含蓄，需要读者自己去领悟其中所蕴含的真意。

4. 追求深层意义的挖掘：象征主义文学试图挖掘隐藏在表象之下的深层意义和真理，探索人类存在的本质、精神世界的奥秘以及宇宙的神秘力量。就像瓦雷里的《海滨墓园》，通过对海滨景色和时间流逝的描绘，深入探讨了生命与死亡、变化与永恒等哲学问题，挖掘出人类存在的深层意义和价值。这种对深层意义的不懈追求与汉字拆字翻译中试图挖掘汉字背后的文化和哲学底蕴有一定的相通之处，都体现了对超越表面现象的真理和智慧的探索。

汉字拆字翻译在一定程度上也鼓励对汉字进行深入的解读，挖掘其可能蕴含的更丰富、更深刻的文化和哲学内涵。比如汉字"道"，拆分为"首"和"走"。可以理解为头脑引领着行走的方向，暗示了"道"所代表的不仅是道路、途径，更是一种指引人生、社会发展的原则和规律，体现了对宇宙和人生哲理的思考。但西方译者因为文化背景的不同，往往难以深入理解汉字背后的中国文化底蕴，反而常常用自己的西方文化来进行另类解读。对于这一点，之前多有论述，这里就不再赘述。

正因为象征主义理论与汉字构形、拆解有着多方面的相似性和关联性，以至于神秘的东方文化和汉字引起了象征主义诗人们的强烈兴趣，并成为他们最有利的素材，给他们带来了无限灵感。这些汉字拆解翻译现象对象征主义诗人的具体影响我们将在本书的最后一章进行详细阐述。

第四节　汉字拆字翻译现象与心理学

一、汉字拆字翻译现象与弗洛伊德精神分析法

（一）弗洛伊德精神分析法的主要理论概念

弗洛伊德精神分析法的主要理论包括以下六个方面。

潜意识理论：弗洛伊德认为人的心理活动分为意识、前意识和潜意识三个层次。潜意识是人类心理活动中不能认知或没有认知到的部分，包含了大量被压抑的欲望、冲动和情感，对人的行为和思维有着深刻的影响。

人格结构理论：弗洛伊德将人格结构分为本我、自我和超我。本我遵循快乐原则，追求本能欲望的满足；自我遵循现实原则，协调本我与现实的关系；超我遵循道德原则，抑制本我的冲动，监控自我的活动。

性心理发展阶段理论：弗洛伊德认为人的性心理发展经历了五个阶段，即口唇期、肛门期、性器期、潜伏期和生殖期。每个阶段的发展状况会对人格形成产生重要影响。

心理防御机制：包括压抑、投射、否认、退行、升华等。这些机制帮助个体应对内心的冲突和焦虑，以保持心理平衡。

梦的解析：弗洛伊德认为梦是潜意识欲望和冲突的象征性表达，通过对梦的解析可以揭示潜意识的内容。

精神决定论：认为人的所有心理和行为都有其内在的原因和动机，不是偶然或随机发生的。

弗洛伊德的精神分析理论对心理学、文学、艺术等领域产生了深远的影响，但也存在一些争议和局限性①。

（二）汉字拆字翻译现象与弗洛伊德精神理论的关联性

汉字拆字翻译在一定程度上能够体现弗洛伊德理论的以下四方面内容。

1. 潜意识的表达

弗洛伊德强调潜意识对人类行为和思维的深刻影响，其中隐藏着被压抑的欲望、冲动和情感。在汉字拆字翻译这一现象中，潜意识的作用时常显现。当我们面对一个汉字进行拆字并尝试翻译其意义时，潜意识可能会在不经意间引导我们的思维方向。例如，索隐派在翻译《易经》时，他们正长时期从事传教的工作。也就是说，索隐派众人都是虔诚的天主教徒，在他们的潜意识中，基督教义就是理解世界万物的基础。他们用西方文化来理解东方文化，他们甚至认为东方文化中的"伏羲"就是西方文化中的"赫诺格"，认为伏羲通过创造卦象和象形文字是为了暗示基督宗教的真理；而"女娲"补天的五色石就像是耶稣基督的五个伤口②。这种潜意识的参与并非能够轻易察觉，但却实实在在地影响着他们对汉字拆字的理解和解释，使其带有个人内心深处未被意识到的情感色彩。

---

① 车文博. 西方心理学史［M］. 杭州：浙江教育出版社，1998：463-466.
② ［德］柯兰霓. 耶稣会士白晋的生平与著作［M］. 李岩，译. 郑州：大象出版社，2009：5.

2. 象征与隐喻

弗洛伊德认为，在梦境和日常行为中，象征和隐喻具有揭示深层心理内容的重要作用。汉字拆字翻译在某种程度上与这一观点相契合。汉字本身就是一种高度符号化的表达，其结构和部件蕴含着丰富的意义。这种象征式的拆字翻译，与弗洛伊德理论中通过对象征性表达的分析来揭示潜意识的方法有异曲同工之妙，都试图挖掘隐藏在表面之下的深层心理含义。这一点我们在前文中已用《红楼梦》和《三国演义》中的汉字拆字修辞来做过阐释，这里不再重复说明。

3. 童年经验的影响

弗洛伊德指出童年经验在个体的心理发展中起着至关重要的作用，并塑造了后续的行为模式和思维方式。在汉字拆字翻译中，童年时期对汉字的学习经历、所接触的文化环境以及与之相关的记忆都会潜意识地产生影响。如果一个人在幼年学习汉字时，老师经常引导他们通过想象和联想来理解汉字的结构和意义，那么在长大后进行拆字翻译时，可能更富有想象力和创造力。这一点，我们可以援引朱迪特的例子。朱迪特从小生长在艺术氛围极强的家庭，其父是唯美主义代表人物泰奥菲尔。在这种家庭氛围和教育下，她个人本身就具有浪漫气质和丰富的想象能力。再加上学习中文时，丁敦龄采用了拆字法，而她自己也热衷于各种汉字拆字游戏。这些经验的影响，都促使她在翻译中表现出来。

4. 防御机制

弗洛伊德提出的防御机制，如压抑、投射、转移等，在汉字拆字翻译中也能找到相应的体现。比如，"投射"是指将自己内心的特点或情感归因于他人或外部事物。在拆字时，可能会把自己内心的某种特质或未解决的冲突投射到对汉字的解读中。例如，庞德在翻译"莫"字时，将其解析成"日落西山的人"，其实正因为当时他被关押在比萨劳改中心的死囚室。他将当时自己的心境投射到了汉字拆解中，对此字析出了带有强烈个人情感的含义①。这种

---

① 翟梦宇.《埃兹拉·庞德与儒学：现代性中重塑人文主义》（第 3 章）英汉翻译实践报告 [D]. 济南：齐鲁工业大学，2023：18.

防御机制在汉字拆字翻译中的体现，反映了个体在处理内心冲突和情感时的潜意识策略。

（三）小结

弗洛伊德的理论在汉字拆字翻译中有着多方面的体现。首先，潜意识在拆字翻译中悄然引导思维方向，不同个体因其潜意识中的情感状态对同一汉字产生各异的解读。其次，象征和隐喻使汉字部件成为富有深意的元素，帮助挖掘深层心理含义。再次，童年经验深刻影响着后续的拆字翻译方式，包括学习经历、文化环境等。最后，防御机制如压抑、投射、转移也在其中有所反映，个体借此处理内心冲突与情感。总之，汉字拆字翻译与弗洛伊德的理论紧密相连，展现了人类心理活动的复杂性和多样性。

二、汉字拆字翻译现象与认知心理学

（一）认知心理学的代表人物及其主要理论概念

认知心理学是心理学的重要分支，主要研究人的认知过程，包括感知觉、注意、记忆、思维、语言、决策等方面。其核心观点认为，人的认知不是简单地对外部刺激做出反应，而是一个主动的信息加工过程。认知心理学运用实验、观察和计算机模拟等方法，试图揭示大脑如何获取、存储、加工和运用信息。在感知觉方面，研究人们如何从复杂的环境中选择和解释有意义的信息。记忆领域探讨信息的编码、存储和提取机制。思维研究则关注问题解决、推理和创造力等。认知心理学的发展推动了心理学与其他学科的融合，对教育、人工智能等领域产生了深远影响。其主要代表人物如下。

乌尔里克·奈瑟（Ulrich Neisser）：奈瑟的《认知心理学》具有里程碑意义。他指出认知涵盖感觉输入的一系列处理过程，包括转换、简化、加工、存储、提取和运用。这一观点强调了认知的整体性和复杂性，为深入研究认知机制奠定了基础。

艾伦·纽厄尔（Allen Newell）和赫伯特·西蒙（Herbert A Simon）：他们将人脑视为信息加工系统，由感受器、反应器、记忆和处理器构成。该系统中，知识和结构至关重要。图式能激活内部知觉期望，产生式系统说明解决问题程序。此观点影响深远，为认知研究提供了新视角。

让·皮亚杰（Jean Piaget）：皮亚杰主张认知结构通过图式、同化、顺应和平衡来展现。图式是基础，同化纳入新信息，顺应改变图式适应新刺激，平衡使认知达稳定。这解释了认知发展的动态过程，对理解儿童思维成长具有重要价值。

爱德华·托尔曼（Edward Chase Tolman）：托尔曼改进 S—R 联结说为 S—O—R。他认为学习需对条件进行认知，形成"认知地图"。学习并非仅靠强化，内在认知同样关键。其理论拓展了对学习机制的理解，关注到了学习者的内部心理过程。

杰罗姆·布鲁纳（Jerome Seymour Bruner）：布鲁纳强调学习是主动构建认知结构的过程。学生应重视学科基本结构，通过发现学习提高智慧潜力等。这种主动学习观突出了学生的主体地位，有助于培养独立思考和创新能力，对教育实践有重要指导意义。

戴维·保罗·奥苏伯尔（Darid Paul Ausubel）：奥苏伯尔提出学习是认知结构的重组。有意义学习是新意义的同化，可经接受学习实现。他重视原有认知结构和学习材料逻辑，强调两者协同。这为有效教学和促进有意义学习提供了理论依据①。

（二）认知心理学视域下的汉字拆字翻译活动

认知心理学理论与汉字拆字翻译现象之间存在多方面的关联。

1. 信息加工理论与汉字拆字翻译

在信息加工理论的框架下，汉字拆字翻译可被视为一个复杂的信息处理过程。当我们面对一个汉字准备进行拆字翻译时，首先是信息的接收阶段。我们的视觉系统捕捉到汉字的外形、笔画和结构等视觉特征，这些原始的感觉信息被传递到大脑。接下来是编码阶段，大脑会将接收到的汉字视觉信息转化为有意义的符号或概念。对于拆字翻译，这意味着要识别汉字的各个部件，并理解它们之间的组合关系。在存储阶段，我们过往积累的汉字知识、

---

① 车文博. 西方心理学史［M］. 杭州：浙江教育出版社，1998：580.

拆字经验以及相关的语言文化信息会被从长期记忆中提取出来，与当前正在处理的汉字信息进行整合。然后是信息提取阶段。当我们尝试对拆字后的部件进行翻译和解释时，大脑会在已有的知识和经验库中搜索相关的线索和模式。例如，对于"明"字，我们首先接收其左右结构的视觉信息，编码为"日"和"月"两个部件。从长期记忆中提取出"日"代表太阳、"月"代表月亮，且日月都能带来光明的知识。最终提出"明亮"这一含义。这个过程并非一蹴而就，而是受到个人的知识水平、认知风格和当时的心理状态等多种因素的影响。

2. 模式识别和汉字拆字翻译

模式识别是指个体将输入的信息与已有的记忆模式进行匹配和辨认的过程。在汉字拆字时，我们需要迅速识别出汉字的各个部分，并判断它们所属的模式类别。我们的大脑中存储了大量关于汉字的模式信息，包括它们的形状、常见组合方式以及所代表的意义。当遇到新的汉字需要拆字翻译时，大脑会自动将这些陌生的部分与已有的模式进行比对。但是模式识别也并不是完全准确无误。有时，汉字的复杂性或个体的认知出现偏差，就可能会出现错误的模式匹配。对于一些生僻字或结构特殊的汉字，就会产生误解或难以准确拆分。另外，文化背景和语言习惯也会影响模式识别。不同地区、不同文化背景的人，对于某些汉字部件的理解和模式认知可能会有所差异。但不管如何，模式识别在汉字拆字翻译中起着关键作用。

3. 汉字拆字翻译和认知结构理论

认知结构是个体在长期的学习和生活中形成的知识体系、观念和思维方式等构成，同时个体的认知结构在汉字拆字翻译中发挥着重要的引导作用。一个人对于汉字知识储备、语言规则的理解、文化传统的认知以及个人的思维习惯等，共同构成了汉字拆字翻译时的认知结构。例如，一个人在学习汉字的过程中，对象形字有深入的了解，那么在拆字翻译时，可能更倾向于从字形与事物形象的角度去思考。同时，认知结构也会影响对拆字后一些部分意义的整合和解读。如果个体的认知结构中更强调逻辑推理和系统性，那么在翻译时可能会更注重部分之间的内在逻辑关系。但是，认知结构并非一成不变，学习新的经验、文化交流或思维训练等都会导致认知结构的调整和优化。当个体接触到新的汉字拆字翻译方法或观念时，可能会对原有的认知结构进行补充和修正，从而提高拆字翻译的能力和准确性。

4. 注意力和知觉选择机制和汉字拆字翻译

当我们面对一个汉字准备进行拆字时，注意力会首先集中在整体字形上。但是，为了有效地进行拆字翻译，我们需要有选择性地将注意力分配到汉字的特定部件上。这可能取决于多种因素，比如部件的显著特征、我们的先验知识或当前的任务需求。例如，如果我们已知某个汉字的某个部件具有特殊的含义或文化内涵，那么注意力可能会优先聚焦在该部件上。知觉选择还涉及对部件之间关系的关注。是上下结构、左右结构还是包围结构等，这些关系会影响我们对汉字意义的理解和翻译。但注意力和知觉选择并非完全自主和有意识的，有时会受到潜意识因素的影响。比如，个人的兴趣爱好、情绪状态或者近期的经历，都可能导致注意力不自觉地偏向某些方面。注意力的持续时间和稳定性也会对拆字翻译产生影响。如果在翻译过程中注意力分散或难以保持集中，可能会导致错误的拆字或不准确的翻译。所以，注意力和知觉选择机制在汉字拆字翻译中起着关键的作用。

5. 概念形成和概念转变理论与汉字拆字翻译

概念形成和概念转变理论对于理解汉字拆字翻译现象在汉字拆字翻译中有着巨大作用，我们需要对拆字后所形成的新的概念或者对原有的概念进行调整和转变。当我们初次接触一个陌生汉字的拆字翻译时，可能会根据部件的形状、常见含义和组合方式尝试形成一个初步的概念。例如，看到"休"字，一般会拆分为"人"和"木"，可能会想象成"人靠在树上休息"的概念。随着更多汉字的接触和学习，我们的概念会不断丰富和完善。如果遇到与原有概念不一致的情况，就可能引发概念转变。概念转变并不容易，可能会受到多种因素的阻碍。比如说，原有的根深蒂固的概念、习惯的思维方式或者缺乏足够的新信息输入。一旦成功的转变概念，就可以帮助我们更准确、灵活地进行汉字拆字翻译。也可以使我们能够适应不同的汉字结构和意义，拓展对汉字的理解和运用能力。

总之，认知心理学的相关理论为理解汉字拆字翻译这一复杂的认知过程提供了重要的理论基础和分析视角。

（三）小结

认知心理学的多个理论与汉字拆字翻译紧密相关。首先，信息加工理论揭示了拆字翻译中信息的接收、编码、存储和提取过程。其次，模式识别影响着汉字拆字翻译过程中各部件的快速判定与匹配。再次，认知结构能引导翻译思路，且能不断调整优化。另外，注意力和知觉选择机制决定了汉字拆字翻译时人对各部件的关注重点，其稳定性也会影响翻译准确性。最后，概念形成和转变理论则体现于对拆字后部件概念的构建与更新。这些理论相互作用，共同解释了汉字拆字翻译这一复杂的认知活动。

三、汉字拆字翻译现象与荣格的集体无意识理论

（一）荣格集体无意识的主要理论概念

荣格认为，人的无意识有两个层面：个体无意识和集体无意识。个体无意识指的是那些曾经被个人意识到但又因遗忘或压抑而从意识中消失的内容，它包含了个人的冲动、愿望、模糊的知觉以及经验等，主要由各种情结组成。而集体无意识是更深层次的无意识。集体无意识是由遗传保留的无数同类型经验在心理最深层积淀的人类普遍性精神。它不依赖于个体经验而存在，是先天遗传而来的，具有全人类的普遍性与集体性。也就是说，集体无意识的内容对整个人类来说基本相同，且是人类所共有的。

集体无意识的内容是原始的，包括本能和原型。原型是集体无意识中重要的组成部分，它是人类远古社会生活的遗迹，是人们在社会生活中重复了亿万次的那些典型经验的积淀和浓缩，是人类祖先相同的把握世界和做出反应的先天倾向，这种先天倾向通过脑组织世代相传。虽然每个人都具有集体无意识和其中的原型，但这些原型处于无意识状态时，并不能成为真正的智慧。只有当个体将无意识原型意识化，才能够实现智慧的觉醒。

集体无意识理论强调了人类心理结构中具有超越个体和民族、种族的普遍性和集体性的部分，这一理论对于理解人类的文化、艺术、宗教等方面具

有重要的启示作用，它把人类对于自身心理结构的认识推进到了一个更深远、更广泛的文化历史领域，并在哲学、美学、人类学、神话学等诸多领域产生了影响，也推动了精神分析美学的发展。同时，这一理论也提醒人们要关注那些普遍存在于人类心灵深处的、潜在的心理模式和倾向①。

（二）集体无意识理论视域下的汉字拆字翻译活动

汉字拆字翻译现象在以下三方面体现了集体无意识理论。

1. 共同的象征联想：

在汉字拆字翻译现象中，共同的象征联想体现了集体无意识的存在。以"心"字底为例，当我们看到如"思""念""愁"等字时，几乎都会自然而然地将其与情感和内心感受联系起来。这是因为在集体无意识中，"心"作为情感的象征已经深深扎根。从人类的早期发展阶段开始，情感就被认为是源自内心的体验，这种观念在漫长的历史长河中不断传承和强化。同样，"木"字旁也具有明显的象征意义。当我们看到"林""森""柏"等字，会立刻联想到植物、森林和自然界。这是因为在人类的集体无意识中，对自然界的观察和依赖形成了一种根深蒂固的认知。

这种共同的象征联想并非偶然形成，而是在人类与环境的长期互动中逐渐积累并传承下来的。它不受个体差异和具体文化背景的完全限制，反映了人类在认知层面的某些共性。在拆字翻译时，这些共同的象征联想使得我们能够迅速理解汉字所表达的大致范畴，为更深入的解读奠定基础。

2. 情感共鸣

在汉字拆字翻译现象中，一些汉字在拆解和翻译后所传达的情感能够引起广泛的情感共鸣，这体现了集体无意识的作用。例如，"悲"字，当我们对其进行拆字，"非"和"心"的组合似乎暗示着内心的不顺畅和痛苦。这种对悲伤情感的表达，能够触动人们内心深处对于痛苦和失落的共同体验。在人类的集体无意识中，悲伤是一种普遍存在的情感，无论是因为失去亲人、遭遇挫折还是面对无常的命运，人们都曾经历过悲伤的时刻。因此，当看到

---

① 车文博．西方心理学史 [M]．杭州：浙江教育出版社，1998：478-480.

"悲"字并理解其部件的含义时，会不自觉地唤起那些曾经的悲伤记忆和情感，产生强烈的情感共鸣。

这种情感共鸣并非仅仅基于个人的经历，而是超越个体差异，反映了人类在情感层面的共性。它使得汉字在传递情感信息时具有强大的感染力和凝聚力，能够让不同的人在相同的汉字面前产生相似的内心感受和情感反应。

3. 对自然和宇宙的认知

汉字拆字翻译现象也反映了人类在集体无意识中对自然和宇宙的认知。以"明"字为例，可以拆解成"日"和"月"，其意即为日月交辉，光明耀眼。其字形和部件组合直观的传达了一种自然的意象。当我们对"明"字进行拆字翻译时，部件所蕴含的意义往往与这种对"日""月"的原始认知相契合。这种契合是跨越种族和文化的，几乎所有西方译者都能准确拆析出"明"的含义，马若瑟、庞德等人都在其著作中进行了明确标注。

这种对自然和宇宙的认知在汉字的形成和演变过程中逐渐沉淀下来，成为集体无意识的一部分。即使在现代社会，当我们对这些汉字进行拆字翻译时，依然能够感受到人类早期对自然和宇宙的敬畏、探索以及试图理解和把握的努力。

（三）小结

总之，汉字拆字翻译现象体现出集体无意识理论多个显著特点。如共同的象征联想能让我们在看到汉字特定部件时迅速关联到相应的范畴，情感共鸣使某些汉字能唤起人类共通的情感体验，对自然和宇宙的认知则在拆字翻译中展现出跨越时空和文化的一致性。这些现象表明，汉字拆字翻译不仅是语言的转换，更是集体无意识在人类认知和情感交流中的体现，反映了人类在漫长发展历程中形成的共性认知和情感模式，以及对自然与宇宙的永恒探索。

第五节　汉字拆字翻译现象与社会人类学

一、汉字拆字翻译现象与政治人类学

（一）政治人类学的代表人物及其主要理论概念

政治人类学是文化人类学的一个分支，主要研究不同社会中的政治制度、政治行为和政治过程。其核心观点包括：强调从文化和社会的整体视角去理解政治现象，不孤立地看待政治制度和权力结构；关注政治在社会文化中的嵌入性，认为政治与经济、宗教、亲属关系等密切相关；重视对小型、原始或非西方社会的研究，以获取对政治本质和多样性的更深入理解。政治人类学研究的内容很丰富，在研究方法上，常采用田野调查、参与观察、深度访谈等民族志方法，以获取第一手资料，并进行深入的比较分析。这些研究包含了政治制度的起源与演变、权力的分配与运作、政治决策的过程、政治领袖的产生与角色、政治冲突与解决方式等内容。政治人类学的理论发展经历了多个阶段，从早期对原始社会政治特点的研究，到后来对现代社会政治现象的关注，不断拓展研究领域，为如何理解人类政治行为和政治现象提供了独特而丰富的视角。

政治人类学领域有多位重要的代表人物及相关理论，包括：埃文斯·普里查（Evans-Pritchard）：他强调对非洲无国家社会的政治制度和权力结构的研究，认为这些社会中的政治组织和权力运作方式具有独特的特点和价值。迈耶·福蒂斯（Meyer Fortes）和埃文思·普里查德：他们共同提出了"非洲政治制度"的理论，将非洲的政治制度分为"集权型"和"无集权型"两种类型。埃德蒙·利奇（Edmund Leach）：他的理论关注政治过程中的动态变化和权力的博弈，强调社会结构和政治行为之间的相互作用①。

---

① 朱炳祥. 社会人类学（第二版）[M]. 武汉：武汉大学出版社，2009：138-146.

这些代表人物的理论为政治人类学的发展和研究提供了重要的基础和方向。

（二）汉字拆字翻译现象与政治人类学理论的关联性

政治人类学理论在汉字拆字翻译现象之中的体现主要表现在以下三个不同方面。

1. 权力象征方面

在汉字中，众多与权力相关的字通过拆字能够清晰地揭示其丰富的象征意义。以"王"字为例，"王"字三横一竖，三横代表天地人，一竖贯通，表示皇帝能够统御天地人三界，拥有绝对的权威和统治力量。这种拆字组合生动地展现了皇帝作为最高权力象征的神圣和威严，让人感受到古代社会对皇帝权力的尊崇和敬畏。又如"君"字，从字形结构上看，"君"字上部的"尹"，在古代有治理、掌管之意。下部的"口"，象征着发号施令。这表示"君"拥有管理和指挥的权力。在古代，"君"通常指的是封建时期的统治者、君主，他们拥有绝对的权威，主宰着国家的命运和臣民的生死。

而在中国典籍外译时，西方译者们也充分理解到了汉字中这种象征着政治权利的含义。如白晋在翻译"天"时，是这样拆字理解的："天"由"二"与"人"构成，"二"乃代表"圣三一"思想中的第二位，即为圣子。圣子降生为人，则是天之表现。这其中虽然加入了基督教教义中的"三位一体"神学概念，但也诠释了天子的权威性①。而庞德拆解"君"字时，认为"君"字中的口是祖先在说话，神圣不可侵犯。这其实也间接肯定了"君"的权威性②。

2. 政治理念方面

某些汉字在拆字时，可以反映出中国社会所追求的一种政治治理状态。

---

① ［德］柯兰霓. 耶稣会士白晋的生平与著作［M］. 李岩，译. 郑州：大象出版社，2009：5.

② 姜润.《埃兹拉·庞德儒家典籍翻译》（第5章）英汉翻译实践报告［D］. 济南：齐鲁工业大学，2024：10.

如"治"字的构成就富有深意。左边是"氵"（水），水具有流动、柔顺的特性。水的流动象征着事物的变化和发展，暗示着政治治理不应是僵化不变的，而应根据时代的变迁和社会的需求进行调整和改进。右边是"台"，有高台、稳定之意。这表示政治治理应当追求稳定和有序，如同高台一样坚固可靠。将两者结合起来，有水流畅通、平稳之意，暗示着良好的政治应当像水流一样有序、和谐。水流既不会过于湍急而泛滥成灾，也不会过于缓慢以致停滞不前，而是保持着适度的节奏和速度。这种平衡与和谐的状态是实现社会安定与繁荣的关键。它反映了古人对于理想政治状态的追求，即政治应当顺应自然规律和社会发展的趋势，创造一个稳定、有序且充满活力的社会环境。

而庞德在翻译《论语》中"如有博施于民而能济众"中的"济"字时，也有异曲同工之妙。庞德的翻译是"aid them all（pictorially：sees that they all get an even or constant water supply）"①，括号中用拆字法进一步翻译"济"字为"源源不断的水供给"。这其实就是在暗示，好官府需要帮助民众，如给他们源源不断地提供水源。这其实也表达了对好官府的一种期待，表达了一种政治理想。

3. 等级制度方面

有一些汉字在拆解翻译时，可以从中解读出等级制度的区分：以"臣"字为例，其字形像是一个人弯腰低头的样子。上面的"横目"可理解为被人注视、监督，下面的"竖折"像是弯曲的身体。这表示臣子在面对君主时的谦卑和服从，反映出臣子地位低于君主，必须恭顺听命。又如"尊"字，上部的"酋"原指酒官，掌握酒的分配，象征着权力和权威，下部的"寸"常表示法度、规则。整体表示拥有权威和遵循规则，体现出尊贵的地位。而"卑"字，上部的"丿"像向下的箭头，下部的"十"像一捆东西。表示向下、低的意思，暗示着卑微、低下。但西方译者在拆字翻译时则较少涉及尊

---

① 姜润.《埃兹拉·庞德儒家典籍翻译》（第5章）英汉翻译实践报告［D］. 济南：齐鲁工业大学，2024：10.

卑概念，也许是因为人文主义之后，西方人权意识的觉醒，等级制度并不适宜被大肆宣传。

（三）小结

综上所述，汉字拆字翻译现象与政治人类学理论存在紧密关联。在权力象征方面，如"王""君"等字的拆字组合展现了古代对皇帝和君主权力的尊崇，西方译者在翻译时也一定程度上理解并诠释了这种权力象征。在政治理念方面，"治"字的拆字体现了古人对理想政治状态的追求，庞德对"济"字的翻译也表达了类似的政治理想。等级制度方面，"臣""尊""卑"等字的拆解反映了古代的等级区分，但西方译者较少涉及这一概念，这可能与西方人权意识觉醒有关。

二、宗教人类学和汉字拆字翻译现象

（一）宗教人类学代表人物及其主要理论概念

宗教人类学是文化人类学的重要分支之一，致力于研究人类宗教现象，它研究宗教的起源、发展历程、本质特征以及在社会和文化中起到的作用，同时也通过对宗教仪式、信仰、神话等的研究，试图揭示宗教在人类生活中的作用和影响，以及宗教与人类社会、文化的相互关系。它旨在深入理解宗教现象，为人类文化和社会的研究提供独特的视角和理论框架。该理论认为宗教是人类文化的重要组成部分，与社会、心理、文化等密切相关。其主要代表人物如下：

被称为"文化人类学之父"的爱德华·伯内特·泰勒（Edward Burnett Tylor），他提出了"万物有灵论"，觉得原始人相信万物都有属于自己的灵魂或精灵，宗教的起源与这些灵魂或精灵有关联；詹姆斯·乔治·弗雷泽（James George Frazer），他的主要著作是《金枝》，提出了"巫术→宗教→科学"的进化理论，认为宗教是从巫术发展而来的；布罗尼斯拉夫·马林诺夫斯基（Bronislaw Malinowski），强调宗教在社会中的功能，认为宗教有助于维持社会秩序、增强社会凝聚力；克洛德·列维－斯特劳斯（Claude Lévi-

Strauss），他的结构主义理论对宗教人类学产生了重要影响，认为宗教是一种文化现象，其背后存在着深层的结构①。

这些代表人物的理论概念为宗教人类学的发展奠定了基础，推动了对宗教现象的深入研究和理解。

（二）汉字拆字翻译现象与宗教人类学理论的关联性

索隐派在汉字拆字过程中，加入了许多基督教教义，使汉字带上了宗教色彩。他们的拆字翻译过程体现了出了宗教人类学的诸多理论，主要包括以下三方面。

1. 在宗教象征与隐喻方面

宗教人类学探究宗教中的象征和隐喻，而汉字的拆字翻译有时能够生动地呈现出与宗教相关的象征意义。拿"福"字来说，这个字蕴含着丰富的宗教意味。左边的"礻"，在古代汉字中常与祭祀神灵相关，象征着请求神明的庇佑和恩赐。右边的"畐"，字形饱满，有充盈、满溢的意思。当我们将这两个部分结合起来理解，"福"字仿佛在诉说着人们内心深处对神灵能够赐予丰富、美满生活的殷切期望。这种期望在宗教信仰中是很常见的。在许多宗教中，信徒们都相信通过虔诚的祈祷、供奉和遵循规矩，能够获得神明的赐福，从而在生活中收获各种福祉，如健康、平安、财富与和睦的家庭关系。从宗教人类学的角度来看，"福"字的拆字不仅仅是对字形的简单分解，更是对人们宗教情感和信仰追求的一种具象化表达。它反映了人们对超自然力量的依赖和信任，以及对美好生活的向往，这种向往在宗教的语境中被赋予了神圣的色彩和意义。

在西方，索隐派白晋对"木""斗"等字的拆解翻译，同样皆有隐喻效果。他认为，"木"是"人"和"十"，即隐喻耶稣被钉在十字架的场景；而"斗"字，分为"二"和"十"。象征着天主第二位圣子，乘十字而救天下的情景。后来者马若瑟继承其衣钵，继续赋予汉字基督教的隐喻，认为"来"

---

① 朱炳祥．社会人类学（第二版）[M]．武汉：武汉大学出版社，2009：160-167.

（"來"）字，是两个小的人，即为普通的犯罪者。当他们在十字架上发现了神之后，他们认出了他。这时，神同样也看到了这两个犯罪者，而耶稣基督被钉死在了他们两个人之间的十字架上。所有索隐派的这些汉字拆字翻译，都体现了宗教象征在汉字中的渗透①。

2. 在宗教教义体现方面

宗教教义往往包含着深刻的哲理和价值观念，这些在汉字的拆字翻译中也能找到相应的体现。以"禅"字为例，其拆分为"示"和"单"。"示"有展示、启示之意，暗示着某种超越日常经验的智慧或真理的显现。"单"可理解为单纯、专注、心无杂念。在佛教教义中，禅修是达到觉悟和解脱的重要途径。通过专注于内心，排除杂念和干扰，修行者试图洞察生命的本质和宇宙的真相。"禅"字的拆字结构恰如其分地呼应了这一修行理念。它意味着通过内心的单纯和专注，接受来自更高层面的启示，从而实现心灵的升华和超越。

索隐派对"善"字的拆解翻译，也充分体现了基督教教义。马若瑟曾认为，根据《说文解字》，"善"这个象形字给我们展示的是'羊'在两个言字的中间。在基督教义中，羔羊象征着纯洁、无辜、顺从、救赎的耶稣。"言羊言"意味着羔羊说话，即耶稣基督对我们说话。因此，只有耶稣基督所说的一切才能称之为"至善"。马若瑟对"善"字的拆解，不仅仅只是简单拆解出象征耶稣的"羊"字，而是将耶稣所言为"至善"的教义融入其中②。

3. 在宗教文化比较方面

宗教人类学强调对不同宗教文化的比较研究，而汉字的拆字翻译在这一领域也能提供有趣的观察点。对于同一个汉字，在不同宗教背景下可能会有截然不同的解读。

以"道"字为例，在中国道教中，其拆字可以引发深刻的思考。"道"

---

① ［德］柯兰霓. 耶稣会士白晋的生平与著作［M］. 李岩，译. 郑州：大象出版社，2009：5.

② ［德］柯兰霓. 耶稣会士白晋的生平与著作［M］. 李岩，译. 郑州：大象出版社，2009：5.

字由"首"和"走之底"组成。"首"代表头脑、思想,"走之底"表示行动、实践。道教认为,"道"既是一种至高的宇宙法则和真理,也是修行者需要通过内心的领悟和实际的践行去追求的目标。通过思考和行动的结合,达到与"道"的合一,实现长生久视、超凡入圣的境界。在佛教中,对"道"字的理解可能会有所不同。佛教强调通过觉悟和慈悲来解脱众生的苦难,"道"可能被视为通往涅槃和解脱的路径,更侧重于内心的觉醒和对众生的关爱。在儒家文化中,"道"常常被理解为道德规范和社会秩序,是人们应当遵循的行为准则和价值标准。然而,在索隐派的解读下,"道"字有了另一层含义。如,傅圣泽将"道"比作最高存在之天主,认为古书中的"道"表明永恒的智慧,及天主教徒所称的"天主","太极"一词的真正意义就是"道",也就是"天主"和"天"①。

这种差异反映了不同宗教文化的独特视角和核心价值观。宗教人类学通过对这些差异的研究,可以深入了解不同宗教对于宇宙、人生、道德等问题的看法,以及它们在文化传承和社会发展中的作用。同时,这种比较也有助于促进不同宗教文化之间的交流与理解,减少误解和冲突,推动多元文化的和谐共处。

(三)小结

汉字拆字翻译现象与宗教人类学理论密切相关,体现在宗教象征与隐喻、宗教教义体现以及宗教文化比较等方面。在宗教象征与隐喻上,汉字拆字能生动呈现宗教象征意义,反映人们对超自然力量的期望。在宗教教义体现上,拆字结构可反映宗教教义的哲理和价值观念。在宗教文化比较方面,不同宗教对同一汉字的解读不同,展现了各宗教文化的独特视角和核心价值观。通过研究汉字拆字翻译,宗教人类学能深入了解宗教观念,促进宗教文化交流与理解,推动多元文化和谐共存。

---

① [德]柯兰霓. 耶稣会士白晋的生平与著作 [M]. 李岩, 译. 郑州:大象出版社, 2009: 5.

三、汉字拆字翻译现象与亲属制度研究

（一）亲属制度研究代表人物及其主要理论概念

亲属制度研究包括以下七点内容。

1. 亲属关系的分类与称谓：研究不同社会中亲属关系的分类，以及相应的称谓，包括血亲、姻亲、宗族等关系的界定和称呼。

2. 婚姻制：研究婚姻的形式、规则、禁忌，像一夫一妻制、一夫多妻制、一妻多夫制等形式，以及婚姻在亲属关系中起到的作用和影响。

3. 家庭类型与作用：分析家庭的类型（核心家庭、扩展家庭等）、结构组成、家庭成员的角色和责任，以及家庭在经济、生育、抚养、教育、情感支持等方面的功能。

4. 亲属关系的传承和变迁：研究亲属关系如何传承，以及在社会变迁过程中亲属关系所发生的变化，包括文化、经济、社会等因素是否对亲属关系产生影响。

5. 亲属关系的社会意义和文化：探索亲属关系在社会秩序、权力结构、财产继承、宗教信仰、道德观念等方面的重要意义，以及其所蕴含的文化价值观和象征意义。

6. 亲属关系与社会网络：考察亲属关系如何与其他社会关系相互交织，形成复杂的社会网络，以及这种网络对个人和社会的影响。

7. 跨文化比较：对不同文化和社会中的亲属制度进行比较研究，以发现亲属关系的共性和差异，从而深入理解人类社会的多样性和普遍性。

亲属制度研究主要代表人物包括：①托马斯·亨特·摩尔根（Thomas Hunt Morgan）对亲属制度进行了深入研究，提出了亲属制度的进化理论，包括血缘家庭、对偶家庭和一夫一妻制家庭等。②恩格斯在《家庭、私有制和国家的起源》中，他运用摩尔根的研究成果，进一步阐述了家庭和亲属制度的演变与社会经济发展的关系。③列维-斯特劳斯（Levi-Strauss）的结构主义理论对亲属制度研究产生了重要影响，强调亲属关系中的结构和符号系统。

④阿尔弗雷德·拉德克利夫-布朗（Alfred Raddiffe-Brown）关注亲属制度在社会结构中的作用，认为亲属关系是社会秩序的基础。⑤勃洛尼斯拉夫·马林诺夫斯基（Bronislaw Malinowski）从功能主义的角度看待亲属制度，强调其在满足个体和社会需求方面的功能。⑥克罗伯（Krober）对亲属制度的文化和社会层面进行了研究。⑦梅耶·福特斯（Meyer Fortes）他对亲属制度的类型和功能进行了分类和分析。⑧爱德华·埃文思-普里查德（Edward Evans-Pritchard）在对非洲社会的研究中，对亲属制度进行了深入探讨①。

（二）汉字拆字翻译现象与亲属制度研究的关联性

汉字拆字现象与亲属制度研究的关联性，主要通过林西莉的《汉字王国》得以体现。在此著作中，林西莉将汉字构形与中国社会相联系，赋予很多汉字以社会含义。我们也可从这些汉字的拆解中发现亲属制度研究的内容，其主要表现在以下四方面。

1. 亲属称谓与汉字构形

"父"字：林西莉引用甲骨文，"父"字是以手持朴的形状，"朴"是用来训妻教子的。这体现了父亲在家庭中的权威地位和教育子女的责任。

"母"字："母"字突出双乳的形状，强调母亲的职责是哺育子女。这反映了母亲在家庭中主要承担养育孩子的责任。

2. 家庭结构与汉字构形

"家"字：文档中明确指出"家"字从字形看，上面的"宀"表示屋顶，是房子，下面是"豕"，也就是猪，古代的人们因为生产力水平较低下，在屋子里养猪，因此房子里有猪就成了人家的标志。这表明了家庭与畜牧业的联系，同时也反映了家庭作为一个经济单位的重要性，猪在家庭经济中可能具有一定的价值。

"牢"字："牢"字最初表示房子里圈养着一头牛，通过考古可知，在商代人们已经大规模饲养了牛、羊和马。这反映了古代家庭中饲养家畜的情况，

---

① 朱炳祥. 社会人类学（第二版）[M]. 武汉：武汉大学出版社，2009：85-98.

以及家畜在家庭经济和生活中的地位。此外，人们会频繁地举行各种仪式，用大量的肉祭祀祖先或供统治阶级消费，这也体现了家庭在宗教和社会活动中的作用。

"宗"字："宗"字最早的雏形是一个排房山墙的清楚形象，由立柱和檩条支撑屋顶。虽然文档中对"宗"字与家庭结构的具体关系阐述较少，但可以推测，它可能与家族或宗族的居住结构和组织形式有关，暗示了家族的团结和传承。

3. 性别关系与汉字构形

"女"字："女"字在甲骨文中伸出双臂的形象表示顺从，林西莉幽默地解释其为"这些妇女的姿势是做日常在厨房的地板上干活儿、做饭和哄孩子"。这反映了古代社会中对女性角色的定位和期望，女性在家庭中主要从事家务劳动。

"奴"字：由"女"字与"手"字放在一起合成的"奴"字，体现了古代社会中女性可能处于地位低下、被奴役的情况，反映了当时男女不平等的关系。

"奻"字：两个"女"字放在一起构成的"奻"，从表面上看是女人之间所发生的事，这可能暗示了古代社会对女性之间关系的某种看法或刻板印象。

"姦"字：三个"女"放在一起是"姦"，意思是虚伪、狡诈，这进一步体现了对女性的负面评价，反映了古代社会中存在性别偏见。

4. 人与人之间的关系和互动

"从"字：表示一个人跟着另一个人，体现了跟随、顺从的关系。

"化"字：两个人，一个在上，一个在下，好像是两个人磨破了脚躺在那里，意思是变化，可能暗示了人与人之间的相互影响和变化。

"比"字：是两个人站在一排，便成了"比"，可能表示比较、对比的关系。

（三）小结

亲属制度研究涵盖诸多方面，包括亲属关系分类、称谓、婚姻制度、家庭结构、功能、传承变迁、社会意义、文化内涵以及与社会网络的关系等。林西莉的《汉字王国》通过对汉字的拆字分析，展现了与亲属制度研究的关联。例如，"父""母"字体现了亲属称谓与汉字构形的关系，"家""牢""宗"字反映了家庭结构，"女""奴""妈"等字揭示了性别关系，"从""化""比"等字展示了人与人之间的关系和互动。这些汉字的拆解分析为理解古代亲属制度提供了新视角，有助于深入探究其本质和演变规律。

总　结

汉字拆字翻译现象涉及多个学科领域，各学科从不同角度为其提供了理论支持和分析视角。

在语言学方面，结构语言学、功能语言学、认知语言学和社会语言学分别从系统结构、语言功能、认知过程和社会因素等角度与汉字拆字翻译现象相关联，为理解汉字结构、意义、文化内涵以及翻译的准确性和局限性提供了重要的理论基础。

在哲学领域，德国古典哲学、直觉主义、解构主义、阐释学和马克思主义哲学等理论与汉字拆字翻译现象在主观能动性、意义理解、结构突破、理解过程和矛盾对立统一等方面存在关联，有助于深入探讨汉字拆字翻译的本质、内涵和局限性。

在文学理论中，新古典主义、启蒙主义、浪漫主义、唯美主义和象征主义等与汉字拆字翻译现象在传统尊重、象征隐喻、情感表达、形式美和意象构建等方面有一定联系，为理解汉字的文化内涵和艺术价值提供了文学视角。

在心理学领域，弗洛伊德精神分析法、认知心理学和荣格的集体无意识理论与汉字拆字翻译现象在潜意识表达、信息加工、模式识别、共同象征联想等方面相关，为理解汉字拆字翻译的心理过程和认知机制提供了理论支持，展示了人类心理活动的复杂性。

　　社会人类学中的政治人类学、宗教人类学理论和亲属制度研究在人类社会政治、宗教、亲属关系等方面紧密关联也与汉字拆字翻译现象有着联系，这样有助于深入了解汉字拆字翻译所反映的社会和文化背景，以及不同文化之间的交流与理解。

第四章

西方汉语教学与西方译者的拆字行为

本章围绕西方汉语教学与西方译者的拆字行为这一研究主题，深入追溯了不同历史时期西方汉语教育中汉字教学的演变历程，以及其与西方译者拆字行为之间的交互影响。

从 16 至 18 世纪开始，汉字教学逐步展开，方法不断更新，为后续的发展奠定了基础。到了 19 至 20 世纪，教学不断改进和丰富，与西方译者的拆字行为相互作用愈发显著。在探讨汉语习得者特征时，我们发现不同阶层的习得者，如商人、外交使节、学者、传教士、旅华者和留学生，他们学习汉语的目的和作用各异，对拆字行为的态度也不尽相同。这种态度差异源于其阶层背景和需求的差别，同时拆字行为也反过来影响着他们的学习策略和习惯。而从惯习的角度来看，学习方法、记忆方式、文化融入和练习频率等方面的惯习，与汉字拆字翻译行为相互关联、相互作用。这些惯习影响着拆字行为的应用，而拆字行为也在一定程度上改变着习得者的惯习。

总之，通过对西方汉语教育和汉语习得者多维度的研究，我们能够更清晰地理解拆字行为在其中的地位和作用，以及它们之间复杂而紧密的关系。

第一节　西方汉字教学历程与西方译者的拆字行为

一、16—18 世纪西方汉字教学与西方译者的拆字行为

（一）16—18 世纪西方汉字教学的代表人物

在 16 至 18 世纪的国际汉语交流中，西方传教士扮演了至关重要的角色，他们在汉字教学方面的探索和努力为后来的汉语学习与研究奠定了基础。以下是这一时期的一些代表人物及其重要贡献：

1. 利玛窦（1552—1610）

来自意大利的传教士利玛窦于 1583 年踏上中国的土地。他对汉语的学习和研究充满热情，致力于为西方世界打开了解中国语言和文化的大门。利玛窦编写了《葡汉辞典》，这无疑是他在汉语学习和研究领域的重要成果之一。这部辞典为后来的西方学者提供了宝贵的参考资料，有助于他们更好地理解和掌握汉语词汇。除此之外，利玛窦还与其他传教士携手合作，他们确定了汉字的音调，并精心选用了拉丁语中的 "‾""＾""ˋ""ˊ""ˇ" 五种符号分别来表示清平、浊平、上声、去声和入声。并对汉字的拉丁字母注音方案进行了修改和完善。同时，选用 "C" 作为送气音符号。这一套更为成熟的注音方案在《西字奇迹》中得以应用和推广，极大地方便了西方学习者对汉字读音的把握。利玛窦的工作为汉字读音的标准化和国际化传播迈出了重要的一步，使汉字的读音能够以一种更易于西方学习者理解和接受的方式呈现出来。

2. 白晋（1656—1730）

白晋作为 18 世纪法国传教士同时也是索隐派传教士的典型代表。他对《易经》之类的典籍表现出浓厚的兴趣。索隐派传教士在研究中国文化时，常常试图从中国古代经典中寻找与基督教教义相吻合的元素。在这种背景下，白晋对汉字的研究不仅仅局限于其表面的形态和读音，而是深入到其象征意

义和文化内涵。

白晋在笔画和字形的基础上，对其他的汉字各个部分进行拆解、分析和联系，搭建出一套独特的汉字解读方式。他试图通过这种方式揭示汉字背后隐藏的神秘意义和文化密码。这种研究方法虽然带有一定的宗教思想和主观臆断，但在一定程度上也促进了西方世界对汉字和中国文化的深入思考和探索。

3. 马若瑟（1666—1736）

马若瑟，另一位法国传教士，也是18世纪索隐派传教士的典型代表。他率先指出中国语言极其古老，甚至可能是巴别塔72种语言之一，更为接近上帝的思想。在解释汉字的象征义以及构建世界观时，马若瑟融入了基督教的思想。他试图从宗教的角度解读汉字所蕴含的深层意义，将基督教的教义与中国的汉字文化相结合。这种独特的视角虽然在学术界存在争议，但无疑为跨文化的比较研究提供了新的思路和方向。

4. 卫匡国（1614—1661）

卫匡国同样是来自意大利的传教士，在欧洲各国游历的过程中，卫匡国在德国科隆出版了《中国文法》，这部著作具有重要的意义，在著作中他向西方人介绍了汉字的214个部首。部首作为汉字的重要组成部分，对于理解汉字的结构和意义起着关键作用。但他在1653年至1657年期间，因向罗马教廷报告"礼仪之争"问题而返回欧洲。卫匡国的这一贡献使得西方学者能够从一个全新的角度去认识和分析汉字，为他们深入学习汉字提供了重要的学习资料和思路。

这些传教士的活动与贡献，不仅体现在他们对汉字教学方法的探索与创新上，更在于他们在中西方文化交流的广阔背景下，为增进两种文化的相互理解与融合，发挥了积极的作用。他们的不懈努力，使得汉字从神秘难解的符号，转变为连接中西方文明的桥梁，为国际汉语教育的后续发展奠定了坚实的基础。尽管他们的研究与教学方法在当今视角下可能存在局限与不足，但我们不能忽略他们在那个时代所展现的勇气与智慧。正是他们的开创性工作，开启了西方世界对汉字与中国文化研究的大门，为后世留下了宝贵的学术遗产与历史经验。

（二）16—18 世纪西方汉字教学的教学方法

在 16 至 18 世纪，西方传教士在汉字教学领域展开了开创性的探索。在这一时期，他们主要运用了以下四种教学方法。

首先，当时的传教士们在汉语发音学习上遇到巨大挑战，为了克服这一难题，他们采用了汉字拉丁字母注音方案。罗明坚与利玛窦共同编写的《葡汉辞典》成为这一领域的开创性尝试，它最早运用拉丁字母来拼读汉字。此后，利玛窦在他人的协助下，以乐谱音阶为参照，成功确定了汉字的音调。他精心选用特定的符号，为西方学习者准确把握汉字读音提供了极大的便利。1626 年，金尼阁所著的《西儒耳目资》中的注音方案也获得了众多传教士的认可与支持。这种注音方法的出现，在一定程度上降低了西方学习者对于汉语发音的畏难情绪，为他们打开了学习汉语的大门。

其次，是融入基督教思想的汉字解读法。在这一时期，一些传教士，如索隐派的代表人物白晋、马若瑟等，对中国古代经典，特别是像《易经》这样蕴含深厚哲理的典籍，展开了对其神秘意义的深入解读，并将这种解读与对汉字的分析紧密结合。他们以汉字的基本笔画和字形为基础，对其他汉字的各个部分进行了细致的解构、分析和联系，从而构建出一套独特的汉字解读方式。比如，马若瑟在解读"姜"字时，认为其中的"羊"是神之羔羊基督耶稣的象征，"姜"字表示耶稣由姜嫄孕育，而"嫄"字代表其童贞之源。在分析"善"的异体字"譱"时，他认为可以解释为谈论羔羊（"言羊"）和羔羊说的话（"羊言"）都是美好的。然而，需要明确的是，这种将基督教思想强行融入汉字理解和解释的方法，在很大程度上是一种过度解读。它更多地反映了传教士们在特定历史背景和宗教信仰影响下，对世界的一种主观构造和解读方式，而非基于严格的语言学原则和方法进行的科学探讨。尽管如此，这种独特的解读视角在当时的历史环境中，也在一定程度上激发了西方对汉字和中国文化的关注与思考。

再者是类词源式的分析方法。18 世纪，欧洲词源学蓬勃发展，在这一学术思潮的影响下，传教士们也将目光投向了汉字的字形解构和意义阐释。他们试图通过对汉字字形的深入分析，以类词源式的方法探寻汉字中所蕴含的基督教真理。传教士们努力从汉字中挖掘最原始的"词根"，尽管这种释义方法不可避免地存在过度解读的问题，但仍然体现了他们对于汉字意义的积极探索和深入挖掘的热情。这种探索虽然在方法和结论上存在一定的偏差，但在一定程度上为后续更加科学和系统的汉字研究奠定了基础，激发了更多学者对汉字奥秘的探索欲望。

最后是经典文献学习法。在 18 世纪，传教士们采用了一种独特且有效的汉字学习方法，即通过经典文献学习。他们筛选了中国的经典著作，像《易经》《论语》以及《孟子》等。学习者在研读这些经典的过程中，会不断接触到不认识的汉字。像是《易经》里的"爻""卦"，《论语》中的"仁""礼"，《孟子》里的"义""智"等。在理解这些汉字在具体语句中的含义和用法时，学习者不仅能够更快掌握汉字知识，还能深入领会中国的文化和思想。从而感受到中国传统文化中的智慧与价值，领略中国文化博大精深的魅力。

16 至 18 世纪西方传教士所采用的汉字教学方法在一定程度上帮助他们初步了解和掌握了汉字。但是这些方法也不可避免地存在着限制，这些方法的演变和发展，生动地反映了西方对汉字认识的逐步深化，以及在不同历史背景和学术思潮影响下所经历的探索与转变。这一历程不仅为后来西方的汉字教学和研究积累了宝贵的经验，也为中西方文化的交流与融合做出了积极的贡献。尽管这些早期的方法在如今看来可能存在不足，但我们不能忽视它们在当时历史条件下所具有的开创性意义和价值。

（三）16—18 世纪西方汉字教学对西方译者汉字拆字翻译的影响

16—18 世纪西方的汉字教学对西方译者进行汉字拆字翻译产生了多方面且深刻的影响，既有积极作用，也存在一些问题。

积极方面，当时西方传教士对汉字的拆解分析，为西方译者开辟了新的认知路径。这激发了西方译者更积极主动地探索汉字。比如，传教士在教学中对汉字结构的剖析，让译者认识到汉字并非简单的符号组合，而是具有内在逻辑和意义的系统。这种认识促使译者在面对复杂汉字时，敢于运用拆字方法挖掘意义，为翻译提供了更多可能性。

此外，传教士在汉字教学中采用的拆字思路，为译者提供了具体的翻译策略。在中西方文化交流的初步阶段，翻译资源相对缺乏，拆字法成为译者的有效手段。当遇到难以用常规方法准确翻译的汉字时，译者可以借鉴从汉字组成部件入手的方法，解读部件的含义，并以更贴近西方思维的方式进行翻译。这在一定程度上打破了语言和文化的障碍，使西方读者能够初步理解原本晦涩难懂的汉字，为中西方的思想和文化交流搭建了桥梁。

然而，负面影响也不可忽视。当时传教士对汉字文化和语言背景的掌握较为有限，并且受到特定历史条件和宗教目的的影响，他们在教学中所运用的拆字方法存在缺陷和偏差。这导致西方译者在进行拆字翻译时，容易出现过度解读和误解的情况。

另外，传教士的汉字教学使得西方译者产生了依赖性，从而忽略了汉字在具体语境中的整体意义和文化内涵。汉字是依赖于语境的，同一个字在不同的语境中可能有不同的含义和用法。但拆字翻译通常只关注汉字的局部结构，无法充分展现汉字在丰富语境中所承载的多元信息和情感，进而影响了翻译的质量和效果。

虽然 16—18 世纪西方的汉字教学为西方译者的拆字翻译提供了思路和方法，但不可避免地带来了许多问题和挑战，但为后续的汉字翻译研究和实践提供了宝贵的经验教训，促使相关研究不断改进和完善。

二、19 世纪西方汉字教学与西方译者的拆字行为

（一）19 世纪西方汉字教学的代表人物

19 世纪，西方汉字教学领域涌现出了众多极具影响力的代表人物，他们的工作极大地推动了西方对汉字的学习与研究。

1. 乔书亚·马士曼（1768—1837）

马士曼在汉字教学领域成果斐然。他成功完成了第一部汉语《圣经》全译本，为西方了解汉语及宗教文化提供了重要窗口。他还精心编撰众多汉语相关资料，涉及语法、字体、读音等多方面，为汉字教学奠定基础。此外，

他将中国经典作品译为英文，促进了中西文化交流。其著作《中国言法》是英语世界早期的汉语语法作品，开创性地提出根字、构字部件和派生字的概念，并耗费大量时间整理《康熙字典》中的汉字，梳理出字与字之间的派生关系，推动了对汉字音形义关系的深入探讨，为后续汉字研究指明方向。

2. 雷慕沙（1788—1832）

在汉字教学上，雷慕沙注重基础知识的传授。他从汉字的基本笔画和结构入手，让学生们打下坚实的基础。通过详细讲解汉字的构造规律，如象形、指事、会意、形声等，帮助学生理解汉字的形成逻辑。他善于运用实例，将复杂的汉字拆解成简单易懂的部分，使学生能够逐步掌握汉字的特点。雷慕沙还强调了汉字需要系统性教学，他把汉字按照一定的分类标准进行整理，如按照部首或者汉字词性，让学生能够有规律地学习和记忆。同时，他也注重培养学生的读写能力，进行大量的阅读和书写练习，让学生能够在实践中熟悉汉字的运用。不仅如此，为了让学生更好地理解汉字背后的文化，雷慕沙在教学中融入了中国历史、哲学和文学等方面的知识，使学生意识到汉字不仅仅是符号，更是中国文化的载体。

3. 法国著名的汉学家儒莲（Stanislas Julien，1797—1873）在汉字教学方面有着独特的方法和贡献。其中，儒莲注重培养学生的兴趣，他会选择一些生动有趣且并具有代表性的汉字作为切入点，然后开始讲述汉字背后的故事和文化背景，激发学生的好奇心。在教学过程中，儒莲十分注重汉字在语境中的运用。他会选取丰富多样的中文文本，包括一些文学作品、历史资料等，让学生在具体的语境中理解汉字的含义和用法，儒莲还注重汉字与其他语言的对比教学。他会将汉字与西方语言中的类似概念进行对比分析，让学生更清晰地认识到汉字的特点和独特之处，从而更好地掌握汉字的规律。通过对比不同语境中相同汉字的差异，帮助学生们准确把握汉字在实际中的多义性和灵活性。

4. 卫三畏（Samuel Wells Williams，1812—1884）是美国的传教士和汉学家，在汉字教学领域发挥了重要作用。卫三畏的教学注重实用性，他认为学习汉字的目的是能够实际运用，所以在教学中，他会着重教学日常生活和交流中常用的汉字。他善于运用直观的教学工具，如画图、卡片等方法，帮助学生形象地理解汉字的形状和意义。同时，他会鼓励学生通过实际交流来练习汉字的使用，像组织对话、写作练习等。卫三畏还培养了学生对汉字文化的尊重和理解，他会在教学中介绍汉字所承载的中国传统文化价值观，让学生明白汉字不仅仅是交流的工具，更是文化传承的重要组成部分。

5. 翟理斯（1845—1935）在汉字教学方面有着显著的成就，他编写的教材条理清晰、循序渐进。在教学中，翟理斯注重汉字的发音教学。他通过精确的音标标注和示范朗读，帮助学生掌握正确的读音，并从简单的汉字开始，逐步引入复杂的字形和用法，让学生能够逐步适应和提高。翟理斯还强调汉字的书写规范。他严格要求学生按照正确的笔画顺序和字形结构进行书写，培养学生良好的书写习惯。同时，他会引导学生通过阅读经典文学作品来提高汉字的理解和运用能力。

6. 鲍康宁（1852—1922）

鲍康宁在汉字教学方面贡献突出。他深知汉字学习对于外国人的难度，创新采用汉字拆字教学法，将汉字拆解为组成部分，剖析其意义和组合规律，使学习者能更直观理解汉字构造逻辑，提高识字效率。1878 年，他编写《英华合璧》教材，历经半个世纪发行了 14 版，足见其影响力。这部教材可能充分运用了拆字教学法，为在华西方人提供了系统实用的汉语学习指导，对当时在华西方人的汉语学习起到了显著的推动作用，成为汉字教学的重要参考资料。

这些代表人物在 19 世纪的汉字教学工作，丰富了西方对汉字的认知，改进了汉字教学方法，有力地推动了跨文化的交流与理解，也为后续西方汉字教学的进步和完善奠定了基石。

（二）19 世纪西方汉字的主要教学方法

19 世纪西方汉字的主要教学方法可以分为以下六类。

1. 拆字法：将汉字拆成基本的笔画和部首，让学习者从基础掌握其书写规律和组合方式。比如，先让学习者学习简单的笔画，如横、竖、撇、捺、点等，然后在让学习者练习书写。再引入常见的部首，如"木""口""日"

等，并讲解这些部首在不同汉字中的位置和变形。另一方面，他也注重汉字基本结构的教学，详细讲解构造规律，如象形、指事、会意、形声等，帮助学生理解汉字的形成逻辑。

2. 标写音标法：进行精确的音标标注并示范朗读，帮助学生正确的掌握读音。

3. 书写法：严格要求学生按照正确的笔画顺序和字形结构进行书写，培养学习者良好的书写习惯。另外，要求学习者临摹字帖、书写生字和词语。

4. 情景教学法：着重将日常生活和交流中常用的汉字带入到实际中，强调学习汉字的实际运用语境。让学生们感到身临其境的感觉并从中理解汉字的含义和用法，然后对比不同情况中相同汉字的差异，从而准确掌握汉字的用法。

5. 文化融合教学：将中国历史、理论和文学等方面的知识融入教学当中，并选取合适的文本，对文学作品、历史记载等进行讲解，介绍汉字所承载的传统文化价值观。

6. 直观教学：运用画图、卡片等直观的教学工具，帮助学生形象地理解汉字的形状和意义。

（三）19 世纪西方汉字教学对西方译者汉字拆字翻译的影响

19 世纪西方汉字教学对西方译者进行汉字拆字翻译的影响既有积极的方面，也有消极的方面，具体表现如下。

1. 积极影响

19 世纪的西方汉字教学为译者开启了了解汉字奥秘的大门，并帮助西方译者构建了汉语知识体系。通过讲授教学，译者得以系统地学习汉字的基本元素，如笔画、结构和读音等。这种深入的知识传授为译者在拆字翻译时剖析汉字的内在结构、理解其含义提供了坚实基础。文化融入教学为译者打开了了解中国文化的窗户。在学习汉字的过程中，译者接触到中国的历史、哲学和文学等丰富的文化内容。当译者理解了深厚的文化内涵后，再进行拆字翻译时，就能更准确地传达其文化意义，而不仅仅是表面的文字符号。

在西方汉字教学过程中，译者能够清晰地认识到汉字独特的表意方式和语法结构。在翻译时，译者会更准确地把握汉字与西方语言的差异，从而选择更恰当的翻译方式。语境教学培养了译者根据具体语境灵活翻译的能力。在拆字翻译时，译者必须充分考虑上下文，根据具体的语境选择最合适的翻译方式，避免机械地逐字翻译，使译文更加自然流畅。

最后，它帮助西方译者创新与探索新的翻译方式，在教学过程中，通过使用直观教学工具，促使译者在学习汉语过程中能够更形象地理解汉字的形状和意义。这种直观的感受促使他们在拆字翻译中突破传统的思维模式，尝试新的表达方式和策略。译者可能会创造出更富有想象力的翻译，增强译文的感染力。同时，在面对一些难以直接翻译的汉字时，他们能够运用创新的手法进行解释和传达，为翻译领域带来新的活力和可能性。

2. 消极影响

首先，它有可能导致译者的文化误解。尽管 19 世纪的西方汉字教学包含了文化融入的部分，但受当时的历史条件和文化交流的限制，对中国文化的理解往往存在一定的片面性和局限性。中国文化内涵极其丰富和复杂，当时的西方译者可能由于缺乏深入的研究和亲身的体验，难以完全准确地把握其内涵，导致在拆字翻译时无法完整传达其文化精髓。这种文化误解还可能导致在翻译一些具有特定文化背景的汉字时出现偏差。

19 世纪的汉字教学方法在某些方面可能存在一定的局限性，所以导致过于注重汉字形式和规则，当时的教学可能过于注重汉字的形式和规则，强调笔画的书写和结构的分析，而相对忽视了汉字在实际语言运用中的灵活性和变化。这种局限性可能导致译者在拆字翻译时过于拘泥于汉字的固定结构和传统解释，无法充分适应汉字在实际语言交流中的多样表达。在翻译一些现代或口语化的文本时，这种方法的局限性就可能表现得更加明显，使译者难以准确捕捉汉字的真实含义和情感色彩。

而且当时的教学缺乏动态更新。19 世纪的教学内容和方法可能无法及时跟上汉字的发展和变化，以及不同地区、不同领域中汉字使用的多样性。汉字是不断发展和演变的，新的汉字、词汇和用法不断涌现。同时，中国地域广阔，不同地区可能存在方言和特定的汉字用法。当时的教学可能无法涵盖这些丰富多样的内容，导致译者在翻译涉及特定地区或领域的汉字时缺乏足够的知识和经验，从而影响翻译的准确性和全面性。

综上所述，19 世纪西方汉字教学对西方译者进行汉字拆字翻译既有积极的影响，为他们提供了知识基础、翻译技巧和创新思路；同时也存在一定的消极影响，如文化误解、方法局限和缺乏动态更新等。然而，我们应该以历史的眼光看待这些影响，并认识到它们为后来的汉字翻译研究和实践提供了宝贵的经验和启示。随着时间的推移和文化交流的加深，汉字翻译不断发展和完善，更好地促进了中西文化的交流与融合。

三、自 20 世纪以来西方汉字教学与西方译者的拆字行为

（一）自 20 世纪以来西方汉字教学的代表人物

自 20 世纪以来，西方在汉字教学领域涌现出了一批杰出的代表人物，他们以各自独特的方式和贡献，推动了汉字在西方世界的传播与教学。

1. 高本汉（1889—1978）

在汉字教学方面成果显著。他着重阐述汉字的音韵演变规律，运用历史比较语言学的方法，引领学生深入了解汉字读音的变迁历程。教学中，他善于借助图表和丰富的示例，将复杂抽象的音韵变化直观清晰地展示给学生。同时，高度重视培养学生的自主研究能力，激励学生通过对不同时期文献的钻研，来验证并深化对汉字音韵的认识和理解。

2. 马伯乐（1883—1945）

马伯乐在汉字教学中表现出独特的视角。他特别注重文化的渗透，在讲解汉字时，会深度研究汉字中蕴含的历史。通过阐述汉字与中国古代社会制度、宗教信仰等方面的紧密联系，引导学生从更宽广的视野去理解汉字。此外，他将汉字的语法规则教学置于重要位置，系统地阐释汉字在句子中的用法和功能，并结合大量的实例分析与练习，助力学生能够熟练且准确地运用汉字进行表达。

3. 林西莉（1932—）

林西莉在西方汉字教学与中国文化传播方面颇具影响力。她出生于在瑞典，对中国文化，尤其是汉字满怀热忱。林西莉深入探究汉字的起源、结构及演变，其《汉字王国》广为人知。此书用通俗易懂，以生动有趣的方式展现汉字的魅力与内涵。书中大量的图片、实例及生动叙述，让复杂的汉字一下子变得亲切直观，读者仿佛能感受到古老的中国文明。林西莉既使研究有成，但仍积极投身于教学之中。她注重趣味和互动，通过讲座、课程等形式，向西方学生传授汉字知识，激发他们对中国文化的兴趣。她的努力让更多西方人明白，汉字并非单纯的符号，而是承载中国悠久历史与灿烂文化的重要载体。林西莉在打破文化隔阂、促进中西文化交流方面贡献突出，为西方汉字教学开辟新径，增进了中西方的相互理解与尊重，是 20 世纪以来西方汉字教学领域的杰出代表。

4. 白乐桑（Joël Bellassen，1950—）

白乐桑是巴黎东方语言文化大学教授，也是全欧首位汉语教学法博士生导师，首任法国国民教育部汉语总督学，同时身兼世界汉语教学学会副会长、欧洲汉语教学协会会长等要职。不仅如此，他还是法国汉语教师协会的创始人及首任会长，并兼任中国多所高校客座教授。在过去的几十年中，白乐桑全身心投入汉语教学、汉语教学法的研究以及教师培训工作。他出版了诸如《法国汉语教育研究》《跨文化汉语教育学》《滚雪球学汉语》和《中国语言文字启蒙》等多达 40 部的重要著作，发表学术文章 90 余篇。他的研究和创作涵盖了中国语言文字文化教育、教师培训、法国及中国的语言政策、汉语教育史以及跨文化交际等多个重要领域，极大地推动了汉语在欧洲的传播和发展。

5. 理查德·西尔斯（1950—）

自 20 世纪 90 年代起，他怀着对汉字的深厚热爱，开始利用电脑对汉字进行数字化处理。在这近 30 年的漫长岁月里，他克服了诸多困难，凭借坚定的信念和不懈的努力，成功创办了"汉字字源"网站。这个网站如今已成为世界上最大的公开汉字字源数据库之一，收录了将近 10 万个古代中文字形。

其丰富的内容和便捷的查询方式，为汉字学习者和研究者提供了极为宝贵的资源。目前，该网站的全球月访问量超过 100 万人次，用户来自 170 多个国家和地区。理查德·西尔斯的努力使得世界各地的人们能够更加便捷地了解汉字的演变历史和文化内涵，极大地促进了汉字在全球范围内的传播和推广。

（二）自 20 世纪以来西方汉字教学的主要教学方法

自 20 世纪以来，随着全球交流的日益频繁，西方对汉字的认识越来越深刻，其汉字教学水平也不断提高，涌现出了多种创新且有效的教学方法。

1. 直接教学法：强调直接学习汉字的形、音、义，通过反复认读和书写来记忆汉字。教师直接展示汉字，学生进行模仿和练习。

2. 听说起跑法：先注重培养学生汉语的听说能力，在具备一定的语言基础后再引入汉字教学，这种方法认为语言的输入和输出能力对于汉字学习有重要的铺垫作用。

3. 汉字归纳法：先让学生观察多个汉字的特点，然后自行归纳总结汉字的结构规律、笔画规则和表意方式等。

4. 部首教学法：将汉字分为几个部件，然后讲解拆分后部件的含义和组合规律，帮助学生理解和记忆汉字。

5. 数字化教学法：利用图片、动画、视频等多媒体资源辅助汉字教学，使汉字的学习更加生动形象，增强学生的学习兴趣和记忆效果。

6. 游戏学习法：通过设计各种与汉字有关的游戏，如猜字谜、汉字拼图、汉字接龙等，让学生在轻松愉快的氛围中学习汉字。

7. 汉字历史教学法：讲解汉字的造字原理和演变过程，帮助学生理解汉字的意义和文化内涵。

这些教学方法对应着不同的教学环境和教学对象，教师们通常会根据实际情况选择合适的方法或综合运用多种方法来提高汉字教学的效果。

（三）自 20 世纪以来西方汉字教学对西方译者汉字拆字翻译的影响

首先，加深了对汉字结构和演变的理解。自 20 世纪以来，西方杰出的汉字教学成果显著深化了译者对汉字结构和演变的认知。以高本汉为例，他对汉字音韵演变的深入研究，为译者打开了一扇了解汉字读音发展的窗户。通过探究音韵的变化规律，译者能够更好地理解汉字发音与意义之间的关联，从而在拆字翻译时做出更准确的判断。林西莉对汉字起源和结构的精心探究同样意义重大。她的研究让译者清晰地看到汉字从古老的象形文字逐渐演变至今的脉络，明白了汉字的构成原理，如象形、指事、会意、形声等造字方法。这使得译者在面对复杂的汉字时，能够依据其结构特点追溯其本义，并结合上下文推测出引申义。例如，在翻译"休"字时，了解其会意字的结构，即"人靠在树上"表示休息，译者就能更准确地将其意义传达出来。这种对汉字结构和演变的深刻理解，为拆字翻译提供了坚实的基础，大大提高了翻译的准确性和质量。

其次，丰富了对汉字文化内涵的认知。马伯乐等学者致力于挖掘汉字中的历史文化元素，这对西方译者在拆字翻译中产生了积极影响。汉字作为中华文化的重要载体，蕴含着丰富的文化内涵。马伯乐的研究让译者认识到，每一个汉字都不仅仅是一个符号，其背后往往隐藏着深厚的历史、哲学、宗教等方面的意义。当译者在处理汉字的翻译工作时，若能充分考虑这些文化因素，就能够更完整、更精确地表达汉字所蕴含的深层意义。以"福"字为例，它在中国文化中是幸福和吉祥的象征。译者如果可以了解这一文化意义，在翻译过程中便能更有效地传递其积极的含义，而不仅仅是将其视作一个简单的符号。这种对汉字文化意义的深刻理解，使得翻译作品更加充满文化韵味，从而更有效地促进不同文化间的沟通与理解。

理查德·西尔斯搞的"汉字字源"网站，还有其他一些方便获取资源的创新，给西方的翻译人员在拆解汉字时发挥了极大的作用。翻译汉字的方法不断更新，让译者能更有趣、更直接地学习汉字。举个例子，用视频、图片这些多媒体工具，翻译人员能清楚地看到汉字是怎么一步步变化的，还有它们的结构是怎样的。像"汉字字源"这样的网站，里面有很多关于汉字的宝贵资料，译者可以随时上网查询汉字是怎么来的、怎么发展的，还有对汉字不同的解释和用法。这些资源让翻译人员在拆解汉字时有更多的参考，能给他们更多灵感，翻译得更准确。比如说，当翻译一些少见的或者有特别意思的汉字时，译者可以利用这些资源了解这些字在古书里的用法和意思，然后在现代语言里找到最合适的翻译方法。但研究汉字的结构和历史有着关联性，有时候会让翻译的人在拆解字词翻译的时候，想得太多，结果反而偏离原意了。太追求字的意思，却忘了它在现实生活里的用法，这样翻译就不准了。还有，虽然重视汉字的文化含义是好事，但如果翻译的人对中国文化了解得不够全面或者理解错了，那在拆字翻译的时候就可能把文化的东西解释错，让读者误会。

由此可见，西方汉字教学的历史可追溯至 16 世纪初期，最初只是初步的接触和简单的介绍。随着时间的推移，教学逐渐系统化，学者们开始深入研究汉字的结构、音韵和意义。早期，西方学者对汉字的理解较为有限，拆字翻译行为也较为生硬和机械，缺乏对汉字文化内涵和演变规律的把握。

随着汉字教学的不断进步，学者们开始更加重视汉字的体系性和历史脉络。在教学实践中，对汉字构造原理的深入研究，使得西方翻译者意识到汉字并非简单的符号，而是拥有内在逻辑和演变规律的完整体系。这一认识促使他们在进行字素翻译时，能够更加精确地解析汉字的结构及其含义。在汉字音韵的教学方面，翻译者得以在翻译过程中更加周全地考虑发音与意义之间的联系，从而避免因发音误解而产生的翻译失误。对汉字文化内涵的深入挖掘，使得翻译者在进行字素翻译时能够充分考虑文化背景，更准确地传递汉字所承载的深层意义，减少文化上的误解。同时，教学方法的持续创新以及教学资源的日益丰富，为翻译者提供了更多学习和研究的渠道，使他们能够更深入地理解汉字，进而在字素翻译中做出更为合理和精确的判断。

简单来说，西方人学习汉字的历史越来越长，对汉字的理解也越来越深，翻译汉字的技巧也在进步。

第二节 汉语习得者特征和西方译者的拆字行为

一、汉语习得者阶层与其拆字行为的关系

以前，西方学习汉字的人，基本上都是传教士，他们学汉字是为了传教，

跟当时的人们进行谈话，融入当地社会。后来，那些与中国做生意的商人也开始学汉字了，这样做生意能更容易，赚更多钱。在学术领域，少数对东方文化和历史感兴趣的学者也涉足汉语学习，试图从语言的角度深入研究中国的哲学、历史和文学。然而，在相当长的时期内，汉语在西方的普及程度较低，学习汉语的人数较少，且学习资源相对匮乏，学习条件较为艰苦。直到近现代，随着中国国际地位的提升、全球经济一体化进程的加快以及中西方交流的日益频繁，西方汉语习得者阶层才逐渐扩大，构成也趋于多元化。

对于学历较高、经济条件较好的阶层，如学者、使臣等，往往更注重从历史演进的角度进行深入分析，从汉字的文化内涵和系统语言学来分词。他们往往具有更丰富的知识储备和更严谨的思维方式，能够运用专业的理论和方法解读汉字的结构和意义。对于经济条件和受教育程度相对较低的阶层，如一些普通劳动者或受教育程度有限的群体，他们的分词行为可能更多地基于日常经验和直观感受。他们可能更关注汉字的表面形状和常见组合来帮助记忆和识别汉字，而不是从语言学的角度来分析它们。但这种关系并非一成不变的。个人的学习兴趣、学习动机、学习环境以及所接受的教学方法等因素也会对拆字行为产生重要影响。接下来，我们将从不同类型的汉语习得者阶层，来分析其与拆字翻译行为之间的相互关系和影响。

（一）外交公使

1. 等级构成与历史形成过程

历史上，汉语学习者中的使节阶层主要由两类人员组成。首先是西方国家的官方使节。他们肩负着本国政府赋予的使命，需要与中国统治阶级进行政治、经济和外交方面的沟通和谈判。为了有效执行外交任务，他们必须学习中文，以了解中国的政策、立场和意图。其次，还有一些外交随行人员，如使节助理、翻译、参赞等。他们协助使节开展工作，也需要掌握一定的汉语水平，以便在外交活动中准确传递信息和沟通。这些外交使节的工作人员一般都具有一定的文化素养和语言学习能力。他们学习汉语的目的是直接服务于国家之间的外交事务，以促进双方的相互理解和合作。但在不同的历史时期和不同的国家，其具体的构成和特点可能会有所差异。

但在古代，由于交通和信息传播的限制，中西之间的直接交流相对较少。随着丝绸之路的开辟，一些西方国家开始了与中国的初步贸易往来，这在一定程度上带动了一小部分与贸易有关的人接触和了解汉语。在中世纪时期时，随着阿拉伯帝国的崛起，它在东西方贸易和文化交流中发挥了桥梁作用。一些西方人通过阿拉伯语的转述，对汉语和中国有了更间接的了解。自近代以来，随着西方国家海外扩张需求的增加和航海技术的发展，西方国家与中国的交往日益频繁。尤其是 18 世纪工业革命后，西方国家迫切需要开拓海外市场，与中国建立更紧密的贸易和外交关系。这一时期，西方国家开始向中国派遣正式外交使节。为了顺利开展工作，更好地与中国政府和社会沟通，这些外交使节必须学习汉语。他们通过聘请汉语教师、研究中国的文献和与中国人交流等方式来提高汉语水平。在这个过程中，外交使节学习汉语的规模和深度不断发展。从最初的简单交流到能够深入探讨政治、经济和文化等方面的问题，逐渐形成了一个具有一定规模和特点的外交使节汉语习得阶层。

2. 学习汉语的目的

外交公使学习汉语的主要目的包括以下六方面。

（1）准确传达国家的立场和诉求：外交使节必须清晰准确地与中国政府沟通。掌握中文可以保证他们在外交谈判、会议等场合恰当地传达本国的政治、经济和外交立场，避免因语言障碍造成误解或信息传递不准确。

（2）深入了解中国的政策和态度：作为一个重要的国际大国，中国的政策和态度对国际关系具有重要影响。学习中文有助于外交使节直接阅读和理解中国的官方文件和政策声明，以便更深入地了解中方立场和决策思路，对双方合作交流作出更准确的判断。

（3）建立良好外交关系：顺畅的中文沟通可以增进外交使节与中国官员和人民之间的感情，营造友好和信任的氛围，有助于建立牢固和积极的外交关系，促进双边各领域合作。

（4）提高外交谈判技巧：在双边或多边外交谈判中，直接用中文交流可以更快地回应对方的观点，更清晰地把握微妙的语义差异，从而增强谈判的灵活性和效率，为自己的国家而战，获取更多的福利和机会。

（5）适应中国外交礼仪和文化：汉语中蕴含着丰富的文化内涵和礼仪规范。外交使节学习汉语可以更好地了解和遵循中国的外交礼仪，避免因文化差异而产生的不当行为，展现出对中国文化的尊重，提升外交形象。

（6）及时获取情报和信息：掌握汉语使外交使节能够更广泛地与中国各界人士交流，获取第一手的情报和信息，为国内制定外交政策提供有力支持。

3. 对汉字拆字翻译的态度

外交使节汉语习得阶层对汉字翻译行为的态度可能是复杂多样的。

他们会认为这是一种有趣的方式，可以加深对汉字结构和文化内涵的了解，有助于更深入地探索汉语的奥秘，从而更好地掌握和运用汉语进行外交工作和文化交流。他们也可能对这种翻译行为持谨慎态度。因为汉字的拆译可能导致对原意的曲解或误解，尤其是在外交等需要准确表达和理解的领域，误译可能导致严重的外交误解。

其他一些外交使节可能认为拆分汉字的翻译在学术研究或具体文化交流中有一定价值，但在正式外交场合和文件中必须遵循规范、准确的翻译原则，以确保信息传递的准确性和权威性。

汉语学习者外交使节对汉字翻译的态度会因个人文化背景、汉语水平和外交工作需要等因素而有所不同，但大多会强调坚持汉语的特点和规范，谨慎对待和使用这种翻译方法。

4. 拆字行为与外交使节汉语习得者阶层之间的相互影响。

从积极的角度看，拆字行为可以帮助外交使节更深入地了解汉字的结构和文化内涵。通过对汉字的拆解和分析，他们可以更清楚地了解汉字所包含的丰富含义和历史文化背景，从而提高对中国语言和文化的整体认识，这将使他们在外交工作中，更好地了解中国的政策、文化观念和大众心理起到一定的辅助作用。

但是从另一个角度看，如果过度依赖拆字行为也会带来一些负面影响。拆字有时会导致对汉字的片面解读或误解，从而影响外交使节对准确信息的获取和传递。在外交交往中，信息的准确性和严谨性至关重要，如果因为对汉字的拆字解读出现偏差，可能会引发外交误解或沟通障碍。

关于外交使节的需求，需要准确、规范、符合外交语境的中文表达。如果分词行为不能很好地满足这种需求，可能会干扰他们对正常汉语语法和语义的学习和应用。因此，拆字行为应作为一种辅助性的学习手段，而不能成为他们获取和传达汉语信息的主要方式。

综上所述，拆字行为与汉语习得者外交使节阶层的需求之间存在着复杂的相互影响，需要在实践中合理把握和运用，以更好地服务于外交使节的工作需求。

（二）传教士

1. 其历史形成过程

传教士汉语习得者阶层的形成有着漫长且复杂的历史过程。早在唐朝时期，基督教聂斯托利派（景教）的传教士就已涉足中国。然而，当时的传教规模较小，且多集中于特定区域，传教士对汉语的习得尚处于初步阶段，未形成广泛而深入的学习态势。元朝时，天主教方济各会士也曾东来。但由于各种因素的限制，他们的活动范围和影响力相对有限，对汉语的掌握程度也较为粗浅，同样未能形成大规模且系统的汉语习得群体。明清时期，情况发生了显著变化。随着西方殖民扩张的推进以及宗教传播需求的增长，大批传教士纷纷踏上中国的土地。在 16 世纪，以利玛窦为典范的耶稣会传教士踏上了中国的土地。他们敏锐地察觉到，若欲在中国顺利推行宗教信仰，深入探究广博精深的中国文化并掌握流利的汉语显得极为关键。利玛窦及其同行们主动与士人阶层建立联系，逐步融入中国社会，专心研读儒家典籍，剖析中国传统哲学观念及礼仪体系。借此途径，他们不仅致力于提高自身的汉语能力，还试图将天主教教义与中国传统文化的某些成分相结合，以减轻传教时可能遭遇的障碍。到了 19 世纪，新教传教士大规模涌入中国。这一时期，伴随西方列强侵略的加剧及通商口岸的陆续开放，传教活动获得了更为有利的条件。为更有效地传播信仰，并在当地实施教育、医疗等公益活动以吸引民众，新教传教士们创立了大量学校、医院等机构。在日常工作与互动中，他们频繁地与中国民众接触，积极研习汉语，力求不断提升汉语水平。

总体而言，传教士这一汉语学习者的群体并非迅速形成，而是伴随着西方宗教传播的迫切需求、中西交流的逐渐增多以及传教策略的持续调整而逐步发展壮大。此过程经历了从早期个别传教士的初步尝试到后来群体的广泛加入，从对汉语的初步接触到深入全面学习的转变，对中西文化交流及汉语的传播产生了深远的影响。

2. 其学习汉语的目的

在历史上，传教士学习汉语的主要动机涵盖以下八个维度。

（1）宗教教义传播：传教士期望能直接用汉语阐述宗教经典与教义，旨在促使更多中国人接纳并皈依他们所宣扬的宗教。

（2）社会融入与文化理解：精通汉语使他们能更顺畅地融入中国社会，与民众建立紧密联系，并深入理解当地风俗习惯及文化传统，进而提升传教效率。

（3）官方沟通与合作：掌握汉语使他们能够与中国政府官员有效沟通，争取官方对传教工作的支持，或至少避免不必要的阻碍。

（4）中国文化研究：通过学习汉语，传教士得以深入研究中国的哲学体系、思想观念及道德准则，以便将宗教理念与中国文化相融合，增强其在中国的接受度。

（5）宗教文献编纂：他们致力于将宗教经典译为汉语，或创作与宗教相关的汉语著作及宣传资料，以扩大宗教在中国的影响范围。

（6）宗教组织建设：利用汉语，传教士能够更有效地组织与管理当地宗教团体，同时培养本土的宗教领导者和信徒群体。

（7）应对竞争与挑战：在传教过程中，面对来自其他宗教或文化的竞争压力，学习汉语有助于传教士更好地展现自身宗教的独特优势与魅力。

（8）学术贡献与分享：传教士在回国后，能够基于在中国的经历及对汉语、中国文化的研究成果，为学术界和宗教界提供丰富的资料和深刻见解。

3. 其对汉字拆字翻译的态度

汉语习得者中的传教士对于汉字拆字翻译行为的态度可能存在一定的差异。

一部分传教士可能对拆字翻译行为持积极态度。他们认为通过拆字可以更深入地理解汉字的结构和意义，有助于他们更准确地进行传教和文化传播工作。拆字翻译能帮助他们剖析汉字背后的文化内涵，从而更好地向本国信徒解释中国的宗教观念和文化传统，使其传教活动更具针对性和有效性。

然而，另一部分传教士可能对拆字翻译行为持谨慎或保留的态度。他们担心过度拆字可能会导致对汉字原意的曲解，破坏汉字所承载的文化完整性和神圣性。而且，拆字翻译可能过于依赖主观解读，缺乏统一的标准和规范，容易在传教过程中引发误解和争议。

总体而言，传教士对汉字拆字翻译行为的态度取决于他们的个人背景、传教目的、对中国文化的理解程度以及所遵循的宗教原则等多种因素。

4. 拆字行为与传教士汉语习得者阶层之间的相互影响。

对传教士而言，拆字行为可能带来一些积极的影响。通过拆字，他们可以更深入地了解汉字所蕴含的文化和哲学观念，这有助于他们更好地理解中国传统文化，从而找到与宗教教义相契合的点，以更贴合中国文化背景的方式传播宗教。

另一方面，拆字行为也可能给传教士带来一定的困扰。拆字有时可能导致对汉字的过度解读或错误解读，从而影响他们对汉语真实含义的准确把握。在传教过程中，如果对汉语的理解出现偏差，可能会造成与当地民众的沟通障碍，甚至引发误解和冲突。

从需求的角度来看，传教士学习汉语的主要需求是能够有效地传播宗教教义，与中国民众建立良好的沟通和信任关系。拆字行为如果运用得当，可以作为一种辅助手段，帮助他们更好地融入中国文化环境。但如果过度依赖拆字或者对拆字结果的运用不当，可能会偏离他们传教的初衷，影响传教效果。

总之，拆字行为与汉语习得者传教士的需求之间的相互影响是复杂的，传教士需要谨慎而合理地运用拆字这种方法，以更好地实现其传教的目标。

（三）学者

1. 其阶层构成及历史形成过程

历史上学者和研究者这一汉语习得者阶层的构成主要包括以下几方面。

首先是来自语言学领域的学者。他们专注于研究汉语的语音、语法、词汇等方面，试图揭示汉语语言结构的规律和特点，如对汉语古音进行考证的学者。其次是历史学方面的研究者。他们通过对中国历史文献、档案的研究，来探索中国的历史发展脉络，这就需要他们具备扎实的汉语阅读和理解能力。文学研究者也是重要的组成部分。他们致力于研究中国古代和现代的文学作品，包括诗词、小说、戏曲等，分析文学作品的艺术特色、文化内涵以及在文学史上的地位。哲学领域的学者同样在其中。他们深入研究中国的哲学思想，如儒家、道家、墨家等的哲学体系，理解其中蕴含的深邃智慧。此外，还有人类学、社会学等领域的学者。他们通过研究中国社会的结构、习俗、文化传承等方面，来丰富对人类社会和文化多样性的认识。在考古学领域，学者们通过对出土文物上的汉字及相关记载进行解读，以了解古代中国的社会生活和文化面貌。总之，历史上的学者和研究者汉语习得者阶层来自众多学科领域，他们从各自的专业角度出发，对汉语及中国文化进行深入研究，为推动汉学的发展做出了重要贡献。

历史上学者和研究者这一汉语习得者阶层的形成经历了一个逐步发展的过程。在古代，随着丝绸之路的开通，中国与其他国家之间的交流逐渐增加，一些外国学者开始对中国的文化和语言产生兴趣。但此时的接触和研究较为零散和初步。到了中世纪，阿拉伯学者在与中国的贸易往来中，对中国的科学、技术和文化有了一定的了解，为后来的研究奠定了基础。自近代以来，随着西方殖民扩张和全球贸易的发展，西方学者对中国的关注日益增多。18世纪，欧洲兴起了"中国热"，许多学者开始系统地研究中国文化和语言。19世纪，随着西方学术体系的逐渐完善，专门研究中国的学科，如汉学，在一些大学和研究机构中得以设立。学者们能够在更规范和专业的环境中进行研究。20世纪，随着全球化的推进和学术交流的频繁，各国学者之间的合作不断加强。同时，研究方法也更加多样化，除了传统的文献研究，还结合了田野调查、跨文化比较等方法。在这个过程中，学者和研究者们不断积累知识，推动了汉学研究的深入发展，形成了如今丰富多元且深入的研究局面。

2. 其学习汉语的目的

学者作为汉语习得者阶层学习汉语的目的主要有以下八个方面。

（1）深入研究中国学术经典：中国拥有丰富的哲学、历史、文学等学术经典，如《论语》《孟子》《史记》等。学者学习汉语是为了能够直接阅读和理解这些原著，挖掘其中的深刻思想和智慧，推动相关学术领域的研究。

（2）探索中国文化内涵：汉语承载着中国悠久的文化传统，包括礼仪、习俗、价值观等。通过学习汉语，学者能够更深入地探究中国文化的内涵和精神实质，为跨文化研究提供丰富的素材和视角。

（3）促进学术交流与合作：在国际学术舞台上，与中国学者进行有效的交流和合作至关重要。熟练掌握汉语有助于消除语言障碍，分享研究成果，共同开展学术项目，推动学术的共同进步。

（4）丰富学术体系：将中国的学术观点和研究方法融入自身的学术体系中，拓展学术视野，完善知识结构，为解决全球性的学术问题提供更多的思路和方法。

（5）还原历史真相：对研究中国历史的学者来说，汉语是解读古代文献、碑刻、档案等原始资料的关键工具，能够更准确地还原历史事件和社会发展的真实面貌。

（6）比较文化研究：通过汉语学习，对中国文化与其他文化进行比较分析，揭示人类文化的多样性和共性，为文化研究提供更全面、深入的理论支持。

（7）推动教育发展：在教育领域，学者学习汉语可以开发相关的课程和教材，培养更多了解中国语言文化的人才，促进教育的多元化和国际化。

（8）满足个人学术兴趣：部分学者纯粹出于对汉语和中国文化的热爱，追求知识的满足和个人兴趣的实现，不断探索汉语世界的奥秘。

3. 其对汉字拆字翻译的态度

一部分学者可能对汉字拆字翻译行为持积极态度。他们认为这是一种深入探究汉字起源、演变和文化内涵的有效方法。通过拆字，可以揭示汉字在历史长河中的发展脉络，挖掘其背后所承载的文化、哲学和社会观念。这种深入的分析有助于丰富对汉语语言体系的理解，为学术研究提供新的视角和思路。

然而，也有部分学者对这种行为持有谨慎甚至质疑的态度。他们担心拆字翻译可能会过度解读汉字，导致牵强附会的解释，从而偏离汉字原本的意义和用法。此外，拆字翻译可能会忽略汉字在不同语境中的灵活运用和语义变化，过于强调字形的拆解而忽视了语言的动态性和复杂性。

还有一些学者认为，拆字翻译在特定的研究领域或特定的历史时期可能具有一定的价值，但不能将其作为普遍适用的方法。在跨文化交流和翻译实践中，应综合考虑多种因素，确保翻译的准确性和可理解性。

总之，汉语习得者学者阶层对汉字拆字翻译行为的态度因个人的学术背景、研究方向和方法论等因素而有所不同，需要在具体的学术语境中进行综合考量和评价。

4. 拆字行为与学者汉语习得者阶层之间的相互影响

拆字行为作为一种独特的汉字分析方法，与汉语习得者学者阶层的需求之间存在着相互影响的关系。

对汉语习得者学者阶层而言，拆字行为有助于他们更深入地理解汉字的构造和意义。通过对汉字的拆分和分析，学者们能够探究汉字的演变历程、文化内涵以及所蕴含的思维方式。这满足了他们对汉语进行学术研究的需求，为他们揭示中国文化和历史的深层奥秘提供了有力的工具。

同时，学者阶层对于汉语深入理解和研究的需求也推动了拆字行为的发展和创新。他们不断探索新的拆字方法和理论，以更准确、全面地解读汉字。这种需求促使拆字行为从简单的字形分解走向更复杂、系统的研究，涉及音韵、训诂等多个领域。此外，学者阶层对拆字行为的研究和传播，也使得更多的汉语习得者了解和认识到这一方法，从而激发了他们对汉字学习的兴趣和热情，进一步促进了汉语的习得和传播。

总之，拆字行为丰富了汉语习得者学者阶层的研究手段和成果，而学者阶层的需求又推动了拆字行为的进步和推广，两者相互促进，共同为汉语的研究和传承发挥着积极的作用。

（四）商人

1. 其阶层历史形成过程

历史上商人这一汉语习得者阶层的形成有着漫长的发展历程。在古代，丝绸之路的开辟使得中国与中亚、西亚乃至欧洲的贸易往来逐渐增多。当时参与贸易的外国商人开始接触到汉语，初步了解一些简单的交流用语，以促成商业交易。唐宋时期，中国的经济繁荣，海上贸易兴起。广州等港口城市成为中外贸易的重要枢纽，来自周边国家和地区的商人汇聚于此，为了与中国商人进行更顺畅的贸易往来，他们开始主动学习汉语，这一时期习得汉语的商人数量有了一定规模的增长。明清时期，虽然政府在一定程度上实行海禁政策，但仍有一些官方许可的贸易活动，如广州的"十三行"。参与这些贸易的外国商人必须学习汉语，以便与中国官方和民间商人进行沟通和协商。到了近代，随着西方列强的侵略和通商口岸的开放，大量外国商人涌入中国。他们为了获取更多的商业机会和利益，积极学习汉语，甚至雇佣懂汉语的翻译和助手。同时，一些外国公司在中国设立分支机构，其代表和员工也需要掌握汉语来开展业务。在现代，随着中国经济的快速发展和在全球经济中地位的不断提升，越来越多的外国商人看到了中国市场的巨大潜力。他们纷纷来到中国，通过各种途径学习汉语，包括参加语言培训课程、与中国合作交流等，以更好地融入中国的商业环境，开展贸易和投资活动。总的来说，商人这一汉语习得者阶层的形成是伴随着中外贸易的发展而逐渐演变的，其对汉语的学习需求和程度也随着时代的变迁和商业环境的变化而不断变化。

2. 其学习汉语的目的

商人作为汉语习得者阶层学习汉语主要有以下目的。

（1）参与丝绸之路贸易：在古代丝绸之路繁荣时期，商人学习汉语是为了能与中国的商人顺利交易，获取丝绸、瓷器等珍贵商品，将其运往其他地区销售，从而赚取丰厚利润。

（2）把握中国市场需求：中国作为人口众多且经济相对发达的地区，有着多样的商品需求。学习汉语有助于商人了解中国市场的喜好和流行趋势，从而针对性地采购或生产商品。

（3）降低贸易风险：减少因语言不通导致的信息误传、合同纠纷等问题，确保贸易过程的顺利进行，保障自身的商业利益。

（4）建立长期合作关系：用汉语与中国的商业伙伴建立良好的沟通，增进彼此的信任，从而达成长期稳定的合作，实现共同发展。

（5）了解中国商业规则：掌握汉语能够更清楚地知晓中国当时的税收政策、贸易规定等商业规则，避免因违规而遭受损失。

（6）提升商业竞争力：在众多从事跨国贸易的商人中，熟练掌握汉语能使其在竞争中脱颖而出，获得更多的商业机会。

（7）融入中国商业文化：理解汉语背后所蕴含的商业文化和礼仪，使自己在商业交往中表现得体，赢得中国合作伙伴的尊重和青睐。

3. 其对汉字拆字翻译的态度

一方面，部分商人对拆字翻译行为持积极态度。汉字拆字翻译能够帮助他们更深入地理解汉字的结构和意义，从而更好地把握与汉字相关的商业信息和文化内涵。例如在品牌命名、广告宣传中，对汉字的巧妙拆解和组合可以创造出独特而富有吸引力的表述，有助于提升产品或服务的市场竞争力。

另一方面，也有商人对这种行为持有保留或谨慎的态度。在商业交流中，准确性和效率往往至关重要。过度依赖拆字翻译可能导致信息传达的偏差或误解，影响商务谈判、合同签订等重要环节的顺利进行。而且，对于一些专业的商业术语和文档，传统、规范的汉字使用方式更能体现其专业性和权威性。

此外，商人阶层还可能考虑到跨文化交流的因素。在与国际合作伙伴交流时，过于独特的拆字翻译可能增加沟通障碍，不利于商业合作的开展。

总之，汉语习得者中的商人阶层对汉字拆字翻译行为的态度并非单一，而是受到多种因素的综合影响，包括商业应用的需求、交流的准确性和效率以及跨文化交流的适应性等。

4. 拆字行为与商人汉语习得者阶层之间的相互影响

从拆字行为对商人阶层需求的影响来看，拆字有助于商人更深入地理解汉字所蕴含的文化内涵和象征意义。这在品牌塑造、营销推广方面具有显著作用。通过拆字，商人能够挖掘汉字中独特的寓意，为产品或服务赋予更具吸引力的名称和宣传口号，从而满足吸引消费者、提升品牌知名度和竞争力的需求。此外，拆字还有助于商人在商务谈判和交流中，更精准地理解和运用与汉字相关的文化元素，增强沟通的效果和亲和力。

反过来，商人阶层的需求也会对拆字行为产生影响。商人阶层对于经济效益和商业成功的追求，促使他们积极探索汉字中潜在的商业价值。这使得拆字行为更具目的性和实用性，更加侧重于能够直接为商业活动带来利益的方面。同时，商人阶层对于快速获取有效信息和高效沟通的需求，也可能促使拆字方法的改进和创新，以适应商业环境中快节奏和精准表达的要求。

然而，需要注意的是，如果过度依赖拆字来实现商业目的，可能会导致对汉字的曲解或误用，从而影响商业形象和文化传播的准确性。因此，在这种相互影响中，需要保持适度和恰当的运用。

（五）留学生

1. 其阶层历史形成过程

历史上留学生汉语习得者阶层的形成有着悠久的历程。早在唐朝时期，中国国力强盛、文化繁荣，吸引了周边国家如日本、新罗（今朝鲜半岛）的学子前来学习。日本多次派遣使团和留学生来华，学习唐朝的政治制度、文化艺术、宗教哲学等，汉语成为他们学习和交流的重要工具。宋元时期，中国的科技、文化继续发展，仍有周边国家的学生前来留学。明清时期，来华留学生的规模和来源地有所变化。一些欧洲传教士也以留学生的身份来华，学习汉语和中国文化，同时将西方的知识传入中国。自近代以来，随着中国与世界的联系日益紧密，尤其是在新文化运动和五四运动后，中国的思想文化在世界范围内引起更多关注，吸引了来自欧美、亚洲等地的留学生。

新中国成立后，特别是自改革开放以来，中国的经济快速发展，国际地位不断提高，教育水平逐渐提升，吸引了越来越多来自世界各地的留学生。中国政府也积极推动国际教育交流与合作，设立了各类奖学金和交流项目，为留学生提供了更多的机会和便利条件。如今，来华留学生的数量不断增加，来源地更加广泛，所学专业也更加丰富多样。

总之，留学生汉语习得者阶层的形成是随着中国的发展和国际影响力的变化而逐渐发展壮大的。

2. 其学习汉语的目的

留学生汉语习得者阶层学习汉语的目的主要有以下六点。

（1）汲取中国古代先进的知识和学术成果：中国在哲学、文学、历史、天文历法、医学等众多领域有着深厚的积淀和独特的成就。留学生通过学习汉语，能够研读经典著作，获取这些宝贵的知识财富，为本国的学术和文化发展提供借鉴。

（2）为回国从政做准备：掌握汉语有助于他们了解中国的政治制度和治理理念，回国后可以将所学应用于本国的政治管理，推动政治改革和发展。

（3）促进本国与中国的文化交流：成为文化交流的桥梁，将中国的优秀文化传播回本国，同时也把本国文化介绍到中国，增进双方的相互理解和友好关系。

（4）回国从事教育工作：把在中国学到的汉语知识和文化传授给本国的学生，培养更多了解中国的人才，促进本国教育事业的发展。

（5）适应当时中国在东亚文化圈的主导地位：在以中国为中心的东亚文化圈中，汉语是重要的交流工具，学习汉语有助于留学生更好地融入这一文化体系，提升自身在文化圈中的地位和影响力。

（6）满足个人对中国文化的热爱和追求：部分留学生出于对中国文化的浓厚兴趣和热爱，渴望深入探究汉语及其所承载的丰富内涵。

3. 其对汉字拆字翻译的态度

汉语习得者中的留学生阶层对汉字拆字翻译行为的态度往往呈现出多样化。

一部分留学生可能对汉字拆字翻译行为持有积极和好奇的态度。他们认为这是一种独特而有趣的学习方式，能够帮助他们更深入地理解汉字的结构和含义，打破对汉字的表面认知，从而更准确地掌握汉字的用法和意义。这种方法对于他们应对汉语水平考试、撰写学术论文等方面可能具有一定的帮助。

然而，也有一些留学生可能对拆字翻译行为持保留或谨慎的态度。他们担心拆字翻译可能会导致对汉字的过度解读或误解，偏离了汉字在正常语境中的使用规则。而且，拆字翻译可能需要较高的汉语基础和文化素养才能准确理解和运用，对汉语水平尚处于初级或中级阶段的留学生来说，可能会增加学习的难度和压力。

此外，还有一部分留学生可能对拆字翻译行为持中立的态度，认为它只是众多学习方法中的一种，其效果因人而异，需要根据自身的学习习惯和需求来选择是否采用。

综上所述，留学生阶层对汉字拆字翻译行为的态度取决于个人的汉语水平、学习风格、文化背景以及对汉字学习的目标和期望等多种因素。

4. 拆字行为与留学生汉语习得者阶层之间的相互影响

对留学生来说，拆字行为可能带来一些积极的影响。它可以帮助留学生更深入地理解汉字的构造和演变，从而更好地记忆和识别汉字。通过拆字，留学生能够感受到汉字所蕴含的丰富文化内涵，增强对中国文化的兴趣和理解，这有助于他们更全面地学习汉语，提高语言能力。

然而，拆字行为也可能存在一些局限性。如果留学生过度依赖拆字来学习汉字，可能会忽略汉字在语境中的灵活运用和语义变化，导致语言运用的不自然和不准确。而且，拆字有时可能会出现牵强附会的解读，影响留学生对汉字真实意义的正确把握。

从留学生的需求角度来看，他们学习汉语的主要目的通常是为了能够在日常生活、学习和工作中流利地进行交流和表达，能够读懂学术文献、文学作品等。拆字行为如果能够合理地融入汉语教学中，可以作为一种辅助的学习工具，帮助他们提高学习效率。但如果拆字行为不能与实际的语言运用紧密结合，就可能无法满足留学生对于全面、准确掌握汉语的需求。

综上所述，拆字行为与汉语习得者留学生阶层的需求之间存在着复杂的相互影响。在教学和学习过程中，应当适度运用拆字行为，并注重与实际语言运用的结合，以更好地满足留学生学习汉语的需求。

（六）旅华者

1. 其阶层历史形成过程

历史上旅华者汉语习得者阶层的形成过程可以追溯到很久以前。在古代，中国以其辉煌的文明和独特的魅力吸引着周边国家和地区的人们前来游览。但由于交通不便和交流限制，这类游客数量相对较少，对汉语的学习也多是简单的日常用语，以便基本的交流和生存需求。唐宋时期，中国经济繁荣、文化昌盛，对外交流相对活跃。一些外国使节、商人在完成使命或经商之余，也会游览中国的名山大川和繁华都市。他们在旅途中可能会向当地人学习一些汉语词汇和表达。明清时期，随着海上贸易的发展和西方对中国的了解增加，一些欧洲的探险家、旅行者开始踏上中国的土地。他们带着对神秘东方的向往，在旅行中尝试学习汉语，以更好地了解中国的社会和文化。自近代以来，随着交通和通信技术的进步，更多的外国人有机会来到中国旅游。特别是在 19 世纪末 20 世纪初，一些西方的旅行家、冒险家开始撰写关于中国的游记，这在一定程度上激发了更多人的兴趣。此时，旅华者对汉语的学习开始逐渐系统化，出现了一些针对游客的汉语学习教材和指南。20 世纪后半叶，尤其是自改革开放以来，中国的国际影响力不断提升，旅游业蓬勃发展。来自世界各地的游客大量涌入，汉语学习的需求也日益增长。旅游行业为游客提供了更多的汉语学习资源和服务，如导游的汉语讲解、旅游景点的多语言标识等。同时，互联网的普及也使得游客能够更方便地获取汉语学习资料和交流经验。如今，随着中国在全球旅游市场中的地位越来越重要，越来越多的游客为了能够更深入地体验中国的丰富文化和独特风情，积极主动地学习汉语，旅华者汉语习得者阶层不断壮大，并呈现出多元化和专业化的趋势。

2. 其学习汉语的目的

旅华者作为汉语习得者阶层学习汉语的目的主要有以下六方面。

（1）更好地游览与体验：中国地域辽阔，历史文化遗迹众多。学习汉语能帮助他们更顺畅地游览名山大川、名胜古迹，深入了解景点背后的历史故事和文化内涵，以获得更丰富、更深刻的旅行体验。

（2）便于与当地人交流：能够与当地百姓交流，了解民间风俗、传统习惯，获取更真实、更地道的本地生活信息，感受当地的风土人情。

（3）满足对中国文化的好奇与探索：通过学习汉语，读懂古代的诗词歌赋、典籍文献，从而更全面地探索中国源远流长的文化。

（4）解决旅途中的实际问题：比如在交通、住宿、饮食等方面，能够用汉语清晰表达自己的需求，避免因语言不通而带来的不便和误解。

（5）为后续创作积累素材：一些游客本身是作家、艺术家等，学习汉语有助于他们积累创作素材，为文学、艺术作品增添独特的中国元素。

（6）增进国际交流与友谊：以汉语为桥梁，与中国人建立友好的关系，促进不同国家和地区之间的文化交流与相互理解。

3. 其对汉字拆字翻译的态度

一部分旅华者可能对汉字拆字翻译行为抱有好奇和感兴趣的态度。他们将其视为一种独特而有趣的文化体验，认为这能帮助他们更深入地了解汉字的神秘和魅力，增加旅行中的文化乐趣。

另一部分旅华者可能对拆字翻译行为持实用主义的态度。如果拆字翻译能够帮助他们更快速、更有效地记忆汉字，或者在特定情境下更好地理解一些汉字的含义，他们会认为这是一种有价值的学习方法。

然而，也有部分旅华者可能对拆字翻译行为持保留态度。他们担心这种方式可能会导致对汉字的片面理解，无法真正掌握汉字的完整意义和用法。

还有一些旅华者可能认为拆字翻译行为只是一种学术或专业领域的研究手段，对于普通的语言学习和日常交流并非必要。

总之，汉语习得者旅华者阶层对汉字拆字翻译行为的态度因人而异，取决于他们的学习目的、文化背景、个人兴趣以及对汉字学习的深入程度等多种因素。

4. 拆字行为与游客汉语习得者阶层之间的相互影响

对旅华者来说，拆字行为激发了他们对汉字的浓厚兴趣。通过拆字，他们能够更深入地了解汉字的构造和蕴含的意义，从而加深对中国文化的认知。这满足了他们在旅行中渴望更全面、更深入地了解中国文化的需求。

另一方面，旅华者为了更好地理解中国文化、更顺畅地进行交流，会更关注拆字这种独特的文化现象。这种需求可能推动他们主动去学习和探索拆字的方法和规律，以获取更多关于汉字和中国文化的知识。

同时，旅华者对拆字行为的关注和参与，也可能为拆字文化的传播和发展带来新的视角和活力。他们可能将自己的理解和感受带回本国，促进不同文化之间对汉字拆字的交流和探讨。

总之，拆字行为在一定程度上满足了旅华者对中国文化深入了解的需求，而旅华者的需求也为拆字行为的传播和发展创造了条件，两者相互作用，丰富了旅华者的汉语学习和文化体验。

综上所述，不但不同的汉语习得者阶层对汉字拆字行为的态度不太一样，即使是同一阶层，不同个人也会因个人经历、学识水平等原因，而对汉字拆字翻译的态度不一致。而且历史上进行过汉字拆字翻译译者的身份也往往是多重的，如白晋，他既是外交使节，也是传教士，还是旅华者，也可以称其为学者。所以每个译者在拥有多重身份的基础上，学习汉语的目的也是复杂而多样的。但每个人对于汉字拆字翻译的态度却是固定的，就如白晋，从他的贡献来看，他是非常支持从汉字拆字来解读中国文化的。因此，我们不能将译者采用汉字拆字翻译的行为单纯归因到译者的阶层和身份上，而要综合分析他的生平经历、学识教育等。

二、汉语习得者惯习与其拆字行为的关系

汉语习得者的惯习是指他们在学习汉语过程中逐渐形成的相对稳定的行为模式、思维方式和态度倾向。这种惯习受到多种因素的影响，如个人的语言背景、学习动机、学习环境、文化差异等。它不仅包括在学习过程中所采用的具体学习策略和方法，还涵盖了对汉语语言体系的认知模式、对汉语文化的理解和接受程度，以及在使用汉语进行交流时的表达习惯和社交礼仪等方面。良好的惯习有助于提高汉语习得的效率和质量，使学习者能够更有效地掌握汉语的语音、词汇、语法等要素，增强汉语的听说读写能力，并能够在实际交流中准确、流畅、得体地运用汉语。相反，不良的惯习可能会阻碍

学习进程，导致学习困难或出现错误。

汉语习得者的惯习可能会促使他们在面对复杂的汉字时，倾向于采用拆字的方法来帮助记忆和理解。例如，如果习得者养成了注重汉字结构和部件的惯习，那么在遇到新的汉字时，就更有可能主动地将其拆分成更小的部分进行分析，以探寻其意义和读音的线索。同时，频繁的拆字行为也可能反过来强化习得者的某些惯习。通过不断地拆字，习得者可能会进一步加深对汉字结构规律的认识，从而形成更加系统和深入的汉字学习惯习。然而，这种关系并非绝对和单一的，还会受到多种因素的调节和影响，如学习者的母语背景、学习阶段、教学方法以及汉字本身的特点等。下面，我们将从不同类型的汉语习得者惯习来分析，其与拆字翻译行为之间的相互关系和影响。

（一）学习方法惯习

1. 西方汉语学习者学习方法惯习分类

历史上，西方汉语学习者主要有以下一些常见的学习方法惯习。

（1）依赖传教士的指导：早期，传教士是中西方交流的重要桥梁。西方汉语学习者多依靠传教士传授汉语知识，他们遵循传教士制订的学习计划，接受系统的汉语启蒙和训练。

（2）研究汉学典籍：中国古代经典著作蕴含丰富的文化和语言内涵。西方学习者通过研读儒家经典等典籍，逐字逐句分析，深入探究汉语的语法结构和词汇用法。

（3）注重汉字的书写练习：汉字书写复杂，西方学习者深知反复练习的重要性。他们花费大量时间临摹字帖，一笔一画地书写，通过不断重复来强化对汉字形态和结构的记忆。

（4）以古典文学作品为教材：诗词、散文等古典文学作品语言优美、韵律和谐。西方学习者将其作为教材，仔细品味其中的遣词造句，模仿其文风，借此提升汉语的表达能力。

（5）聘请中国教师：为获得更纯正的汉语教学，西方学习者不惜重金聘请中国教师。这些教师凭借丰富的教学经验，为学习者量身定制学习内容，进行一对一的精心指导。

（6）利用贸易往来中的交流机会：在与中国的商业贸易中，西方学习者积极参与交流。他们在买卖过程中，留意汉语的实际运用，积累常用词汇和表达方式，提高口语交际水平。

当然，这些方法在不同的历史时期和学习环境中可能会有所侧重和变化。

2. 历史上西方汉语学习者学习方法惯习对汉字拆字翻译行为的影响

首先，依赖传教士指导的惯习，使得西方汉语学习者在汉字拆字翻译中容易遵循传教士的单一视角和方法，可能存在局限性和偏差。例如，在17世纪，意大利传教士利玛窦致力于向西方介绍中国文化和汉语。他对汉字的一些解读和解释成为当时西方汉语学习者的重要参考。然而，利玛窦的观点往往受到其宗教背景和文化视角的影响。比如对于"天"字，他可能更多地从基督教中上帝的概念去理解和解释，引导学习者将其与宗教中的"天堂""神的领域"等概念相关联，而忽略了"天"字在中国文化中更广泛的自然、宇宙等层面的含义。其后来者，白晋、马若瑟等人都深受其思想影响。

其次，研究汉学典籍的惯习，又让他们在拆字翻译时倾向于遵循古代的解释和用法，难以适应汉字的历史演变和实际应用。以"道"字为例，道教认为，"道"既是一种至高的宇宙法则和真理，也是修行者需要通过内心的领悟和实际的践行去追求的目标。通过思考和行动的结合，达到与"道"的合一，实现长生久视、超凡入圣的境界。索隐派以《易经》中的解读为基础，并在此之上进行了发挥，将"道"字赋予另一层含义。如傅圣泽将"道"比作最高存在之天主，认为古书中的"道"表明永恒的智慧，及天主教徒所称的"天主"，"太极"一词的真正意义就是"道"，也就是"天主"和"天"[1]。但由于索隐派关于此字的研究重点在古代经典，导致学习者在接触到具体语境中的"道"字时，容易陷入过于复杂和古老的解释，无法灵活适应其实际应用。

再次，注重汉字书写练习的惯习有助于学习者熟悉汉字的笔画和结构，在拆字翻译时更关注字形分解，但也可能导致过度依赖字形而忽略整体表意功能。在18世纪，英国传教士马礼逊在学习中文时，他的中文启蒙老师容三

---

[1] ［德］柯兰霓. 耶稣会士白晋的生平与著作［M］. 李岩，译. 郑州：大象出版社，2009：5.

德先让他用半透明的白纸覆盖在汉字上，用毛笔按汉字的笔画进行临摹，他便是从临摹汉字开始接触中文学习的。在对汉字的基本笔画熟悉后，马礼逊还去大英博物馆抄写《圣经》的中文手稿以及皇家学会的《拉汉字典》。最终，马礼逊在中文学习上取得了显著成就，编纂了第一部英汉字典《华英字典》。这部字典收录词条四万多，共六巨册，合计4595页。其编排体例独特，第一卷就是根据汉字笔画分为214个字根来编排，形成部首查字的汉英字典，并附有字母索引，方便汉语学习者使用。由此可见，汉字构形对马礼逊产生的深远影响，很有可能源自最开始的汉字临摹。

最后，聘请中国教师一对一教学的惯习，因教师风格和教法差异，学习者在拆字翻译上可能缺乏统一、系统的方法和标准。如朱迪特的文学创作深受其家庭中文教师丁敦龄的影响。在丁敦龄的引导下，朱迪特领略到了中国古典诗词的妙处。1864年1月，她在法国《艺术家》杂志上发表了翻译成法文的一组中国诗歌《中国主题变奏曲》。1867年出版的《玉诗》，辑合了近百篇中国古典诗词，让法国公众首次接触到异国新奇诗韵。但朱迪特的拆字翻译有许多都是对汉字的误读，这很可能与丁敦龄的个人教学风格相关。朱迪特在学习汉语仅一年之后，就开始陆续翻译中国古诗词。这说明很有可能她并没有非常系统地学习过汉字，对古诗词边学边译是最可能的方式。因此汉语速成的朱迪特，在翻译过程中很可能出现误读和误译。

（二）记忆方法惯习

1. 西方汉语学习者记忆方法惯习分类

历史上西方汉语学习者的记忆方法惯习大致可以分为以下六类。

（1）机械记忆法：通过反复诵读和书写汉字、词汇及句子来加强记忆。他们会不断重复汉语的发音和书写形式，以达到牢记的目的。

（2）关联记忆法：将汉语与自己熟悉的事物、场景或概念建立联系。例如，把汉字的形状与具体的物体相联想，或者把汉语词汇与母语中的类似表达进行关联。

（3）故事记忆法：把要记忆的汉语知识编成有趣的故事，通过情节的发展来帮助记忆。这种方法可以增加学习的趣味性，使记忆更加深刻。

（4）图像记忆法：借助图像来辅助记忆，比如为汉字绘制形象的图画，或者将汉语句子转化为一幅幅生动的画面，从而在脑海中留下清晰的印象。

（5）分类记忆法：把汉语词汇按照词性、主题等进行分类整理，集中记忆同一类别的词汇，有助于形成系统的知识结构，提高记忆效率。

（6）语境记忆法：通过阅读完整的汉语篇章，在具体的语言环境中理解和记忆词汇、语法的用法，这种方法能够更好地掌握汉语的实际运用。

2. 西方汉语学习者记忆方法惯习及其汉字拆字翻译行为之间的关系和影响

西方汉语学习者的记忆方法和惯习对其汉字拆字翻译行为有以下三方面的影响。

首先，是对汉字形态的过度依赖。机械记忆法中反复地诵读和书写，图像记忆法中对汉字图像的绘制和想象，都使西方汉语学习者格外关注汉字的外在形态。这导致在拆字翻译时，他们容易仅仅依据字形进行直观的解读，而忽视了汉字背后丰富的语义和文化内涵。比如，看到象形字就简单地根据其形状进行直接对应的翻译，而没有深入探究其在不同语境中的多重含义。比如朱迪特在翻译"鸣"字时，就没有考虑上下语境，而只是简单的"拆字生义"，将其翻译为鸟叫。

其次，是联想与类比的不当运用。关联记忆法中把汉语与熟悉事物相联系，故事记忆法中为汉字构建故事，这都使得西方译者在拆字翻译时倾向于进行联想和类比。然而，这种联想和类比有时是基于西方的文化和思维模式，而非真正理解中国文化的基础上进行的。结果可能是对汉字的解释牵强附会，甚至出现误解和错误的翻译。索隐派将众多汉字加入基督教教义就是很好的例子。

再次，是系统分类与语境理解的失衡。分类记忆法让西方译者习惯对汉语词汇进行分类整理，但在拆字翻译时可能会过于追求分类的统一性，而忽略了每个汉字的独特性。此外，他们在尝试构建汉字的系统性理解时，可能会忽略汉字自身的发展演变规律和文化传承。比如"江"和"鸿"这两个字，偏旁都是"氵"。西方汉语学习者若仅基于分类记忆法，将它们都归为带

"氵"的一类。但"江"指较大的河流，"鸿"常表示大雁或书信、大等意思。要是不依据具体语境去领会，进行拆字翻译时就可能出现偏差，难以精准地展现这两个字的不同含义以及所蕴含的文化意味。

总的来说，历史上西方汉语学习者的记忆方法和惯习在一定程度上影响了他们对汉字的拆字翻译，既有积极地探索，也存在一些局限性和偏差。

（三）文化融入惯习

1. 历史上西方汉语学习者文化融入惯习分类

历史上西方汉语学习者文化融入惯习主要有以下分类。

（1）生活方式融入：他们会尝试遵循中国传统的生活方式，如饮食、服饰、居住习惯等。例如，学习使用筷子进食，穿着中式传统服装，居住在中式风格的建筑中。

（2）节日习俗融入：积极参与中国的传统节日庆祝活动，了解节日的起源、习俗和意义。像春节期间贴春联、放鞭炮，端午节包粽子、赛龙舟等。

（3）艺术欣赏与学习：热衷于中国的传统艺术形式，如书法、绘画、戏曲等。他们会学习欣赏这些艺术作品，并尝试亲自创作或表演。

（4）哲学思想研究：深入研究中国的哲学思想，如儒家、道家、佛教的理念，将其与自身的思考方式和价值观进行对比和融合。

（5）社交礼仪遵循：遵循中国的社交礼仪规范，包括见面时的问候方式、礼物赠送的习俗、宴会中的座次安排等。

（6）家庭观念接纳：尝试理解并接纳中国传统家庭观念中重视家族、尊重长辈等方面的特点，融入自己的人际交往中。

2. 西方汉语学习者文化融入惯习及其汉字拆字翻译行为之间的相互关系和影响

历史上西方汉语学习者文化融入惯习的不同，对其汉字拆字翻译行为主要有以下影响。

一方面，对文化理解的差异性会导致译者对汉字拆字行为也有不同的理解。深入研究中国哲学思想、接纳传统家庭观念，并全面融入中国文化各个方面的学习者，在汉字拆字翻译时，能够更深入、全面和准确地理解汉字所蕴含的丰富内涵。例如，在翻译"孝"字时，了解中国重视家族和尊重长辈观念的学习者，可能会更准确地传达出"孝"所代表的尊敬、顺从和关爱长辈的含义。而仅仅在生活方式或节日习俗上融入的学习者，可能对汉字的理解停留在表面，在拆字翻译时难以触及深层的文化内涵。

另一方面，对中国文化融入内容不同，会造成译者思维方式的不同，以致他们在进行拆字翻译时也会有不同选择。热衷于中国传统艺术欣赏与学习的西方汉语学习者，其思维方式往往会受到艺术审美和创造力的显著影响。他们在拆字翻译时，可能会凭借艺术思维，强调梦所具有的虚幻、神秘以及充满想象的特质。相比之下，仅仅遵循社交礼仪规范的学习者，思维可能更倾向于注重形式和规范，而较少从艺术或哲学的角度去挖掘其深层的内涵。庞德就是痴迷于中国古典文化的译者。相对于中国的礼仪规范，他更热爱中国的古典艺术和哲学思想，同时他又受西方象征主义理论影响，有自己的审美和艺术倾向，因此他在进行拆字翻译时，常常会出于创作目的，给汉字以很多传统意义之外的创新用法。

总之，西方汉语学习者文化融入惯习的不同程度和方面，显著影响着他们对汉字拆字翻译的准确性、深度、全面性以及思维的创新性。

（四）练习频率惯习

1. 历史上西方汉语学习者练习频率惯习分类

历史上西方汉语学习者练习频率惯习的分类主要有以下三种。

（1）高频集中练习：每天安排大量时间进行集中学习和练习，如连续几个小时专注于汉字书写、语法学习、口语训练等。这种惯习下，学习者通常会在短期内高强度地输入汉语知识，期望能够迅速提升语言能力。他们可能会制订详细的学习计划，规定每天必须完成的学习任务量。

（2）低频持续练习：每周或每月安排相对较少但持续的练习时间。此类学习者更注重长期的积累和稳定的进步，不会在短时间内过度投入，但会保持一定的学习节奏，避免遗忘。他们可能会将汉语学习融入日常生活，每天进行少量的练习。

（3）不定期随机练习：没有固定的练习时间和频率，根据自身的兴趣和需求随机进行练习。这类学习者可能更依赖于自身的学习热情和临时的学习冲动，学习的进展可能不太稳定，但在有强烈学习意愿时也能取得一定的效果。

2. 西方汉语学习者练习频率惯习及其汉字拆字翻译行为之间的关系和影响

西方汉语学习者不同的练习频率和惯习对其汉字拆字翻译行为产生了多方面的影响。

首先，高频集中练习的学习者，每天投入大量时间专注于汉字学习，这种高频率的练习方式具有显著优势。其一，高频集中练习能够在短时间内形成强烈的知识输入，让学习者对汉字的结构、笔画、读音和意义有快速而深刻的记忆。在进行汉字拆字翻译时，他们能够迅速调动所学知识，准确识别和解析汉字的组成部分，从而给出较为准确的翻译。其二，高频率的练习使得学习者不断重复和强化对汉字的认知，有助于培养敏锐的语感和直觉。这在面对一些复杂或多义的汉字时，能够凭借语感快速判断出合适的翻译，减少思考时间，提高翻译效率。其三，高强度的集中学习能够促使学习者在短时间内接触大量不同类型的汉字和语境，拓宽词汇量和语言运用的视野。这使他们在拆字翻译中能够灵活运用所学，更好地应对各种翻译需求。历史上，大部分汉学家译者都属于此类汉语学习者，因此他们的汉语水平都比较高，基本能正确地拆解汉字，进行拆字翻译。

其次，低频持续练习的学习者，虽然注重长期的积累，但由于练习频率相对较低，可能在汉字的记忆和理解上不够牢固。他们将汉语学习融入日常生活，每天进行少量练习，这种方式使得知识的输入较为缓慢。在进行汉字拆字翻译时，对于一些常见和基础的汉字，或许能够准确翻译，但对于复杂和生僻的汉字，可能会因为练习频率不足而出现记忆模糊或理解偏差。由于低频练习无法在短时间内形成高强度的知识刺激，对于汉字的结构、笔画顺序以及多义性的把握可能不够敏锐。在翻译过程中，遇到需要灵活运用汉字组合和含义的情况时，可能会反应迟缓，难以迅速找到准确的翻译方式。然而，低频持续练习也并非毫无优势。长期的积累使得这类学习者在基础知识的掌握上较为扎实，对于汉字所承载的文化内涵和历史背景有一定的了解，这在某些需要体现文化深度的翻译情境中能够发挥一定的作用。但总体而言，较低的练习频率在一定程度上限制了他们在汉字拆字翻译中的表现和能力提升。庞德就属于此类学习者。庞德是一边进行中国典籍翻译和诗歌创作，一边学习汉语的。这个过程是一个持续漫长的过程。但他需要耗费大量的精力进行文学创作，势必让他不能全身心地投入汉语的学习。因此，他本人的汉语造诣并不高，他所译的中国著作因为忠实性的问题也一直存在很大的争议。

最后，不定期随机练习的学习者，他们的学习模式充满了不确定性和随机性。这类学习者没有固定的练习时间和规律，完全依据自身的兴趣和临时的学习冲动来开展汉语学习。在兴趣浓厚或者学习冲动强烈的时候，他们可能会投入大量的精力和时间去钻研汉字，对某些特定的汉字进行深入的剖析和理解。这种情况下，他们可能会对所关注的汉字有独特而深刻的见解，在拆字翻译相关汉字时，能够展现出出人意料的敏锐洞察力和创新思维。然而，由于练习的不定期和随机性，他们的知识体系构建往往不够系统和完整。对于汉字的基本结构、常用组合以及语法规则等方面的掌握可能存在较大的漏洞和不足。在进行拆字翻译时，可能会因为知识储备的不全面和不连贯，而出现频繁的错误或不准确的翻译。另外，不定期随机练习导致他们难以形成稳定的语感和语言习惯。在面对复杂的汉字组合和语境变化时，可能无法迅速准确地做出判断和翻译，翻译的质量和效率都具有较大的波动性。朱迪特可以归入此类学习者。她仅在成名初期，在其中文教师丁敦龄的帮助下，翻译过中国古诗词。之后她主要从事文学创作，基本不再从事翻译工作。因此，她学习汉语的时期，主要还是集中于初期对中国文化感兴趣的时期。她的汉语水平也是本文例举所有译者中较弱的一位，因此她译文中的汉字拆字翻译现象大都是译者的误读造成的。

综上所述，历史上西方汉语学习者的惯习对其汉字拆字翻译行为的影响大小不一。在学习方法惯习中，如依赖传教士指导、研究汉学典籍等，容易导致学习者在拆字翻译时存在局限性和偏差；在记忆方法惯习里，对汉字形态的过度依赖、联想类比的不当运用等，会较大程度地干扰对汉字准确内涵的把握，从而影响拆字翻译的质量。而文化融入程度和内容的差异会造成思维方式不同，进而影响拆字翻译的效果。在练习频率惯习中，高频集中练习优势明显，低频持续练习和不定期随机练习则分别存在知识积累慢、缺乏系统性等问题，对拆字翻译能力有一定限制，但在特定情况下也可能有独特表现。总之，西方汉语学习者在学习、记忆、文化融入及练习频率方面的惯习，从不同角度显著影响了他们汉字拆字翻译的水平和效果。

总　结

在本章中，我们讨论到，西方译者们因为身份和地位的不同，其学习汉语的目的也会有所偏差，这使得他们在面对汉字拆字翻译时会采取不同的态度。再加上他们所受汉语教育的教学方式不同，并且在学习汉语过程中也形成了不同的思维习惯，这些都会对他们的翻译行为产生影响。因此，西方译者的拆字翻译行为的产生是一个复杂多因的过程，不能单纯将原因归结于某一个具体的方面，而是要根据当时的时代背景、译者的生平及教育背景、译者的思维偏好等，来进行综合考虑。

第五章

西方世界从汉字拆解中来理解中国文化与思想

汉字,作为中华文化的瑰宝,不仅是一种语言符号,更是蕴含着丰富文化与思想的载体。西方世界在翻译中国典籍和进行汉语教育过程中,都出现了汉字拆字翻译解读的现象。出现这种现象的原因之一,就是他们试图通过拆解汉字来探寻其中的奥秘,从而更好地理解中国文化与思想。这种独特的视角为中西方文化的交流与碰撞提供了一个有趣的切入点。在接下来的内容中,我们将深入探讨西方学者如何从汉字拆解中理解汉字的理据性、中国文化思维模式以及中国社会结构,揭示汉字拆解在跨文化研究中的重要意义和价值。

第一节 从汉字拆解中理解汉字的理据性

一、汉字理据性与汉字拆解

(一)汉字理据性的概念及其层次性

汉字的理据性,简而言之,是指汉字在构形、读音和意义之间所存在的内在关联和依据。这意味着通过对汉字字形的深入剖析,我们能够在一定程度上推测出其读音与含义。这种理据性在汉字的创造、发展以及传承过程中,始终发挥着举足轻重的作用,不仅为人们理解和记忆汉字提供了便利,更是中华民族独特思维方式和深厚文化内涵的生动体现。

汉字的理据性具有明显的层次性。有的汉字理据直观易懂，例如"模"字，其中的形旁"木"让人能够迅速联想到与树木相关的事物，理解起来毫无障碍。而有的相对曲折隐晦，需要深入探究和挖掘才能领悟其内在的逻辑和依据。这种层次性的存在清晰地反映了汉字在漫长岁月中的发展轨迹，从最初具体而直观的描绘，逐渐向抽象和复杂的表达转变。

此外，汉字的理据性还与它强大的造字能力紧密相连。即便面对崭新的事物或概念，汉字也能够凭借自身独特的规则和逻辑创造出与之相适应的新字。例如，"互联网"这一新兴概念在汉字中原本并无直接对应的现成字，但通过巧妙组合已有的字符，便能创造出符合表意需求的新字。

（二）汉字理据性的分类

汉字的理据性主要分为以下三类。

1. 汉字读音的理据性

汉字读音的完全理据性。如拟声词的读音完全模仿所代表的声音，像"哗哗""滴答"，读音与所模拟的声音紧密相关，清晰明确。这种读音理据性直接且直观，让人一听就能联想到对应的声音。

汉字读音的部分理据性。如形声字的声旁部分提示读音。如"清"，声旁"青"提示读音，为读音提供了理据。

汉字读音的无理据性。某些字的读音与字形、字义无直接关系，是在语言长期发展中约定俗成的。如"给"字，其读音难以从字形和字义直接推导出来。

2. 汉字字形的理据性。它又可细分为以下四种。

（1）象形理据。"日"字圆中一点，像太阳的形状；"月"字弯弯，像月牙。这类字直接描绘事物外观，让人见字如见物。

（2）指事理据。"本"字在"木"下加一横，指示树根；"末"字在"木"上加一横，指示树梢。通过添加简单符号指明部位。

（3）会意理据。"休"字由"人"靠"木"组成，表达休息之意；"明"字"日""月"同辉为明。部件组合体现出新的含义。

（4）形声理据。"江""河"等字，形旁"氵"表示与水有关，声旁提示读音。形旁表明意义范畴，声旁辅助读音判断。

3. 汉字字义的理据性。它包括：

（1）本义理据。"刃"字一点在刀上，指刀的锋利部分，字形直接显示最初的意义。这种意义与字形紧密相连，直观易懂。

（2）引申义理据。"兵"本义是兵器，后引申为拿兵器的人即士兵。意义基于事物的相关性拓展，有内在逻辑。

（3）比喻义理据。"心腹"原指身体内部器官，比喻亲近可靠的人。通过形象比喻产生新的意义，富有想象力。

而汉字往往在音、形、义三方面相互作用、相互影响，共同构成了汉字丰富而独特的理据性。如"采"字，字形像一只手在树上摘取果实。"爪"（手）在"木"上，表示采摘的动作，意义清晰明确。读音"cǎi"，发音较为轻快，与采摘时的动作感觉有一定的契合。

（三）汉字理据性的历史发展进程

1. 古文字阶段：起于商代，终于秦代。在小篆以前，汉字基本保留了象形的特点，比如甲骨文里表示具体事物、动物的字形，一般是描摹其外形或外形特征，这些字形直接与所记录的词语发生联系，具有较强的理据性。这一时期的汉字主要通过象形、指事、会意等造字方法来表达意义。例如，"日""月"就是象形字，直接描绘了太阳和月亮的形状；"刃"字在"刀"的基础上加上一点表示刀刃，是指事字；"林"由两个"木"组成，表示树木众多，是会意字。

2. 隶书、楷书阶段：隶变是汉字历史上的一次重大变革，它确立了汉字"点、横、竖、撇、捺"等现代汉字的基本笔画，也确立了现代汉字结构的基本雏形。隶变使汉字从根本上消除了象形性，汉字的性质发生了根本改变，由表意文字转变为意音文字。不过，以会意、转注、形声等方法造出来的合体字，虽失去象形性，却仍能通过构字偏旁表义。

3. 近现代汉字阶段：

在隶变楷化后的近现代汉字中，以象形、指事方法造出来的独体字，其构形理据往往需要通过溯源才能发现；而以会意、转注、形声方法造出来的合体字，仍能通过构字偏旁表义。例如，"明"是会意字，其偏旁"日""月"都表义；"湖"是形声字，偏旁"氵（水）"表义，"胡"表音。随着时间的推移，由于语音演变、字体演变、假借的应用、形体简化等原因，汉字理据已有相当程度的缺失。有个别字的理据失传了，少数字记载下来的理据可能与本来的理据有误差，少数字的理据发生了变异。不过，繁体字有理据，大部分简化字也同样具有理据，其理据是造简化字的人们设定的。例如，繁体字"懼"，造字者以"忄（心）"表义，"瞿"表音；而简体字"惧"，是有感于"瞿"繁难罕见且表音不准，另造"惧"字，让"忄（心）"表义，"具"表音。

总体而言，汉字的理据性在历史发展过程中既有传承，也有变化。虽然现代汉字的读音、意义理据因各种因素不像造字之初那么明显和规律强，但仍然保留了一定的理据性，且汉字的文字符号和语言成分之间始终存在着某种联系。

（四）汉字拆解和汉字理据性的关系

汉字的理据性指的是汉字的音、形、义之间存在的内在联系和逻辑依据。在对汉字进行拆解时，即将一个汉字分解为构成其字形的基本单元（如笔画、部首等），可以探究这些部件的组合方式和意义来源，从而更好地理解汉字的构造原理和所蕴含的文化内涵，进而更清晰地揭示其理据性。因此，汉字拆解和汉字理据性之间存在密切的联系。

一方面，汉字的理据性为汉字拆解提供了依据和基础。因为汉字在构造时具有一定的规律性和表意性，这使得我们能够对其进行拆解分析。通过拆解汉字，可以更清晰地揭示其理据。例如，"休"字，拆解为"人"和"木"，能够直观地理解为人靠在树上休息，这种拆解方式体现了汉字会意的理据性。

另一方面，汉字拆解也有助于深入理解汉字的理据性。对汉字进行拆解分析的过程，就是探寻其字形与意义、读音之间内在联系的过程。然而，在汉字拆解过程中，也需要注意遵循汉字的构造规律和文化内涵，不能随意拆解，以免误解汉字的理据。

另外，使用拆字修辞时还能进一步凸显汉字的理据性。通过巧妙地拆解汉字，并赋予其新的意义和解释，能够让人们更加关注汉字的构造原理和表意方式，从而更深入地理解汉字的理据。然而，拆字修辞在运用时可能会对汉字的理据性进行一定的拓展和创新。有时为了达到特定的修辞效果，可能会突破常规的理据解读，但这种突破也是在一定程度上基于汉字原有的构造特点和文化内涵。

总之，汉字拆解不仅是对汉字形态的分析，更是对其构形理据的探索。通过合理的拆解方法，可以更好地理解汉字的构造原理和意义，从而促进汉字学习和应用，也有助于我们更准确、深入地认识和传承汉字文化。同时，这也为汉字的教学提供了新的课题和方向。

二、运用汉字拆解法来理解汉字理据性的外国学者

（一）高本汉（1889—1978）

高本汉是瑞典著名的汉学家，他在研究汉字时，主要运用了历史语言学的理论和方法来拆解汉字，以理解汉字的理据性。

1. 其相关理论观点

高本汉在其著作《汉语的本质和历史》① 中充分运用了历史语言学的基本理论和方法，解释了汉语的本质。高本汉认为，汉字不仅在应用范围上超过欧洲几种最通行的语言，而且从文化上势力来看，也可以和这些语言互相媲美。他强调汉字具有独特的表意特性，并且这种特性是通过其构形理据来实现的。

高本汉还提出，汉字的拆分应遵循有理据的原则，即尽可能地参照字形与字理的一致性，即每个部件都应有其内在的意义或联系，避免主观随意性。例如，在拆分"世"字时，可以拆为"一、凵、乙"，其中每一部分都有其特定的意义和作用。

此外，高本汉还指出，汉字的拆分不仅要考虑其形式上的变化，还要结

---

① ［瑞典］高本汉. 汉语的本质和历史［M］. 聂鸿飞，译. 北京：商务印书馆，2010：6-20.

合语境去理解其真正的意义。这意味着在分析汉字时，不能仅仅依赖于单一的字形，而需要综合考虑上下文以及整体语境。

2. 高本汉的研究方法

高本汉的研究方法主要为以下五种。

（1）历史比较法：通过对不同历史时期汉字字形的比较，探寻汉字的演变规律和原始形态，从而揭示其理据。

（2）音韵学分析法：利用音韵学知识，研究汉字读音的演变，以此辅助对汉字字形和意义的理解，因为在古代，读音与字形、字义往往存在一定的关联。

（3）偏旁部首分析法：注重对汉字偏旁部首的研究，分析其意义和功能，通过对偏旁部首的拆解和理解来推测整个汉字的构形理据。

（4）文献考证法：广泛查阅古代文献，如《说文解字》等，参考前人对汉字的解释和研究成果，同时结合自己的观察和分析，对汉字进行拆字研究。

（5）跨语言比较法：将汉语与其他语言进行对比，尤其是与有亲属关系的语言进行比较，从语言共性和差异的角度来理解汉字的特点和理据。

总之，高本汉通过运用历史语言学的理论和方法，结合其独特的科学态度和客观公正的研究视角，为理解和拆解汉字提供了重要的理论支持和实践指导。他的研究不仅丰富了汉字学的研究内容，也为现代汉字的教学和优化提供了宝贵的参考。

（二）白川静（しらかわ しずか，Shirakawa Shizuka，1910—2006）

白川静是日本著名的汉字学家，他的研究方法和理论在汉字学界具有重要影响。他通过汉字拆解法来理解汉字的理据性，并提出了独特的理论观点和研究方法。

1. 白川静的相关理论观点

白川静的汉字学理论主要体现在其著作《汉字的世界：中国文化的原点》① 中，书中详细介绍了汉字的发展历史、演变过程以及基本信息。他认

---

① ［日］白川静. 汉字的世界：中国文化的原点［M］. 陈强，译. 成都：四川人民出版社，2018：25-26，63-81，108-137，257.

为，汉字的构形反映了当时的生活、思想和哲学，并且每一个字都包含了丰富的文化内涵。例如，他通过对甲骨文和金文的研究，揭示了汉字的起源和发展轨迹。白川静认为，要理解汉字，必须与古人持有同样的思维方法。他强调汉字不仅仅是符号，而是承载了古代文化和思想的载体。因此，在解读汉字时，需要从历史学、文献学、考古学和文化人类学等多个学科的角度进行综合分析。

此外，白川静还提出"据理切分"和"据形切分"的概念。所谓"据理切分"，是指在拆解汉字时，依据其构形理据进行有理据的拆分；而"据形切分"是在无法分析出理据或理据与字形矛盾时，依照字形进行无理据的拆分。这种方法不仅避免了主观随意性，还确保了拆分的科学性和规范性。

2. 白川静的研究方法

白川静的研究方法主要包括以下六方面。

（1）古文字研究法：深入研究甲骨文、金文等古文字形态，追溯汉字的早期形态和演变过程，从中探寻汉字的原始意义和构形理据。

（2）文化背景分析法：将汉字置于古代中国的宗教、巫术、祭祀等文化背景中进行分析，认为汉字的形成与这些文化现象密切相关，通过解读文化内涵来理解汉字的构造和意义。

（3）部件分析法：细致剖析汉字的各个部件，探讨其形态、意义和组合方式，以及这些部件在不同汉字中的共性和差异。

（4）对比研究法：对比不同时期、不同字体的汉字，如甲骨文与金文、篆书与隶书等，揭示汉字在发展过程中的变化规律和特点。

（5）综合考证法：综合运用历史学、考古学、民俗学等多学科的知识和研究成果，对汉字进行全面、深入的考证和解读。

（6）语境分析法：注重将汉字放在具体的语境中进行分析，通过研究其在文献、诗词、经典著作中的用法，来准确把握汉字的含义和用法。

总体而言，白川静的汉字拆字研究方法呈现出多维度、综合性的特点。他的研究方法为汉字研究开辟了新的路径，使我们对汉字的理解更加深入和全面。

（三）外国学者运用汉字拆解法来理解汉字理据性的研究特点

运用汉字拆字法来理解汉字理据性的外国学者拥有一些共有的特点，主要表现为：

（1）运用跨文化视角：这些外国学者往往带着自身文化背景的影响来研究汉字，能够提供与本土学者不同的视角和思路，有助于丰富对汉字理据性的理解。

（2）重视历史演变：他们通常会关注汉字的历史发展过程，通过研究不同时期汉字的形态变化来追溯其理据的形成和演变，强调汉字理据性的动态性。

（3）多学科结合：将语言学、历史学、考古学、民俗学等多学科的知识和方法引入汉字拆字研究中，使研究更加全面和深入。

（4）强调系统性：注重对汉字系统的整体把握，分析汉字之间的相互关系和规律，而非孤立地研究单个汉字。

（5）追求客观性：努力遵循客观的原则和方法进行拆字分析，尽量避免主观臆断和随意猜测，以提高研究的科学性和可靠性。

（6）拥有创新性思维：在传统研究的基础上，提出新的观点和解释，为汉字理据性的研究带来新的活力和突破。

然而，外国学者在研究中也可能存在对中国文化内涵理解不够深入、对某些汉字在特定语境中的细微差别把握不准确等局限。但总体而言，他们的研究为汉字理据性的探索做出了有益的贡献。

三、用汉字拆解来理解汉字理据性的意义

通过汉字的拆解来理解汉字的理据性，具有多方面的重要意义。

首先，这对于传承和弘扬中华文化具有不可替代的作用。汉字作为中华文化的核心载体，其理据性当中蕴含着浩如烟海的历史、深邃的哲学以及丰富多样的社会等诸多方面的信息。通过对汉字进行拆解，能够深度挖掘这些文化的内涵，让后人能够更加深切和透彻地领略先辈们的智慧结晶和坚韧不拔的民族精神。

其次，能够显著增强对汉字的记忆效果和掌握程度。当我们把一个复杂的汉字拆解成具有明确意义的部件时，就能够更加清晰地理解其构造的内在逻辑，进而加深记忆，大幅提升识字的效率和准确性。

再次，对于语言文字的学习和教育起到了积极的促进作用。对于广大学习者，尤其是儿童群体而言，通过拆解汉字来理解其理据性，能够有效地激发他们对于汉字的浓厚兴趣，培养他们对语言文字的敏锐感知度和勇于探索的精神。

此外，汉字的拆解还有助于揭示汉字发展的内在规律。通过对比不同历史时期汉字的拆解方式以及理据性的变化情况，可以清晰地了解汉字演变的脉络和发展趋势，从而为汉字的规范化以及创新工作提供宝贵的参考依据。

最后，能够有效地提升跨文化交流的实际效果。向全世界展示汉字的拆解方法和理据性，能够让更多的人了解汉字所独有的迷人魅力，有力地促进不同文化之间的相互理解和深入交流。

总之，通过对汉字的拆解和深入分析，我们能够更加明晰地洞察汉字的理据性。这种理据性不仅在汉字的初始构形中得以体现，还在其形体的变异和漫长的演变过程中有所展露。尽管有一些汉字的原始理据已经不再清晰明了，但大多数汉字依然保持了形义相互结合的显著特点，使得汉字成为一种独具特色的符号系统，承载着中华民族丰富厚重的文化和源远流长的历史信息。

第二节　从汉字构形中理解中国文化思维模式

一、中国文化思维模式与汉字构形

（一）中国文化思维模式的概念及其层次性

中国文化思维模式是指中国传统文化中所蕴含的特定思维方式和认知方法。这种思维模式不仅影响了中国古代哲学、文学、艺术等各个领域，也深刻影响了现代中国的社会结构和文化形态。

中国文化思维模式的层次性通常包括以下五方面。

(1) 直觉经验层次：此层次依赖人的直观感受与个人经验去认知世界。它不依赖复杂的推理分析，而是瞬间把握事物全貌，直接领悟其本质。比如在判断一个人的性格时，往往凭借第一印象和短暂相处的直觉感受，注重整体而非细节。

(2) 意象思维层次：通过具体可感的形象、象征及隐喻来传达抽象概念和思想。这种思维充满诗意，借助形象化的方式思考，让抽象的理念变得生动可感。像诗词中常用明月象征团圆，借梅花表达坚韧，使读者能更深刻地理解作者的思想。

(3) 辩证思维层次：善于发现事物中的矛盾，并理解它们的对立统一关系。认为事物在相互作用中发展变化，强调动态平衡。例如在看待经济发展与环境保护时，明白两者既相互制约又相互促进，需寻求两者之间的平衡，以实现可持续发展。

(4) 伦理道德层次：在思考时，将道德规范与价值观念置于关键位置。以善恶、是非、荣辱等准则衡量事物和行为。在面对利益诱惑时，以道德为底线做出抉择，注重行为的正当性和对他人、社会的影响，维护社会的公序良俗。

(5) 天人合一层次：追求人类与自然的和谐共处，顺应自然规律。认为人是自然的一部分，而非凌驾于自然之上。例如在农业生产中，依照节气变化安排农事，不过度开发自然资源，与天地万物相互依存，共同构建和谐的生态环境。

这些不同的思维层次相互交织、相互影响，共同构成了中国文化丰富而独特的思维模式。

(二) 中国文化思维模式的分类

中国文化思维模式可以从以下两个角度进行分类。

1. 从认知方式来看可分为两种。

(1) 整体思维：强调对事物进行全面、综合的观察和理解，不孤立地看

194

待部分，而是注重整体的统一性和协调性。

（2）类比思维：通过对不同事物之间相似性的比较和联想，来推导出新的认识和结论。

2. 从价值取向来看可分为两种。

（1）重义轻利思维：将道义和道德原则置于利益追求之上，认为道义的实现比物质利益更重要。

（2）中庸和谐思维：追求平衡、适度，避免极端和过度，以和谐为价值目标。

3. 从哲学观念来看可分为两种。

（1）阴阳五行思维：以阴阳的相互对立、依存和转化，以及五行的相生相克来解释世界的构成和变化。

（2）天人合一思维：认为人与自然是相互关联、相互影响的有机整体。

4. 社会关系来看可分为两种。

（1）家族本位思维：重视家族的延续和家族内部的秩序、亲情，个人利益服从家族利益。

（2）群体优先思维：强调个人在群体中的责任和义务，个体行为要符合群体的利益和规范。

（三）中国文化思维模式的历史发展进程

中国文化思维模式的历史发展进程具有连续性和持久性，以下是其主要的发展阶段。

（1）先秦时期：这一时期是中国思想文化的奠基阶段，出现了"百家争鸣"的局面，儒家、道家、墨家、法家等各种思想流派纷纷提出治国济世的主张，如儒家思想经孔子、孟子、荀子等思想家的创造和总结，较早进入了比较成熟的阶段。

（2）秦汉时期：汉武帝即位后，董仲舒吸收道家、法家、阴阳五行家的思想，形成新的儒学体系，汉武帝接受其"罢黜百家，独尊儒术"的建议，自此儒学被确立为思想的正宗，成为中国传统思想的主流。

（3）魏晋隋唐时期：佛教盛行，道教在民间广为流传，传统儒学受到挑战。不过，中华文化强大的生命力也在这一时期有所体现，例如佛教传入中国后，经过几百年的传播，最终产生了完全本土化的禅宗，同时也催生了宋明理学，使外来的佛教完全融入中华文化之中。

（4）宋明时期：形成了新的儒学体系——程朱理学。它在吸收佛教和道教学说的基础上，极大地深化了传统儒学，进一步巩固和凸显了儒学在中国传统文化中的主体地位。

（5）明清之际：以个性解放为核心、反映社会需要的早期启蒙思潮悄然滋长，进步思想家批判宋明理学，倡导求实精神。

中国文化思维模式在历史的长河中不断发展和演变，既保持了自身的独特性和连贯性，又能吸收和融合其他文化的精华，展现出强大的生命力和适应性。在当代，中国文化思维模式在传承和发展传统文化的基础上，也不断与时俱进，与现代社会的需求和价值观相契合。

（四）汉字构形和中国文化思维模式的关联

汉字构形与中国文化思维模式之间存在着紧密而深刻的关系。

直观形象思维以"象"为核心，许多象形汉字，如"山"，其形状就像山峰耸立。通过此类汉字，能看到古人通过直接描绘事物外形来表意，这种直观形象的思维，反映出古人对自然的敏锐观察和质朴呈现，以最简单的方式展现事物的外在特征。通过对这些象征意义的解读和组合，可以更深入地理解汉字所蕴含的形象思维。

从整体性思维来看，汉字作为一个整体，其构成并非简单的部件聚合，而是在整体认知的基础上进行的有意义的分析。通过研究汉字构形，我们能更深入地理解汉字所承载的整体意义和文化内涵，这种对整体与部分关系的把握体现了整体性思维。

辩证思维在中国文化思维模式中占据重要地位，古人也将其称为阴阳思维。这种思维在汉字拆解中也有所体现。例如，一些汉字的部件组合与意义表达之间存在着辩证的关系，如"好"字，由"女"和"子"组成，既体现了男女结合的美好，也包含了阴阳调和的辩证观念。又如"明"字，由"日"和"月"组成，日为阳，月为阴，阴阳结合表示光明。

意向性思维强调主体的体验和情感，汉字拆解时对某些部件的理解和联想，往往带有个人的主观意向和情感色彩，这反映了意向性思维。在汉字拆字中，很多字的部件组合同样蕴含着意向性的表达。例如"愁"字，由"秋"和"心"组成。"秋"往往给人一种萧瑟、凄凉之感，与"心"组合，意向性地传达出内心的忧愁情绪。这种通过拆字部件所体现的意向性，反映了古人在造字时对情感、心理和抽象概念的独特理解和表达，使汉字更具文化内涵和思维深度。

另外，汉字的构词方法和使用习惯也影响了中国人的思维方式。汉字的形声结构使得中国人更长于综合和联想。例如，"鸿"字拆解为"江边鸟"，不仅保留了原字的基本意义，还增加了新的联想空间。这种拆解和重组的过程，不仅丰富了语言的表达，也促进了人们对事物复杂性的理解和思考。

总之，汉字不仅是中华文化的载体，更是中国文化思维模式的具体体现。汉字的造字方法、结构特点以及使用习惯都深刻影响了中国人的思维方式，使其呈现出整体性、直觉性和辩证性的特征。这些独特的思维模式不仅塑造了中国人的认知方式，也在很大程度上影响了中国社会的价值观和行为准则。

二、通过汉字构形来理解中国文化思维模式的外国学者

（一）威廉·冯·洪堡特（Wihelm von Humboldt，1769—1859）

威廉·冯·洪堡特是德国著名的教育改革者、语言学家及外交官。他的语言学著作和观点对后世语言学研究有着重要的启示作用。

1. 洪堡特语言学主要理论观点。

洪堡特是普通语言学的奠基人，他的主要理论观点如下。

（1）语言的本质和功能：他认为语言不是一个实体或已完成的事物，而是一种创造活动；语言是产生思想的器官，是内部存在的器官，与思维不可分割。例如，人利用语言进行思维活动，产生思想。

（2）语言与精神的关系：精神创造了语言，语言反过来影响精神。语言与精神同一而不可分割，但语言和精神并非先后发生、互相隔绝，而是智能的同一不可分割的活动。不过，语言在某种程度上与精神力量的发展并不

同步。

（3）语言的民族性：民族语言具有本民族的精神特征，体现了民族性。他认为语言仿佛是民族精神的外在表现，民族的语言即民族的精神，民族的精神即民族的语言。同时，不能因为语言的发展阶段或结构特点而对其进行优劣评判，即使是最野蛮部落的语言，也是人类原有的创造语言能力的表现。

（4）语言的类型分类：根据语音、语法和词汇上的相似性，他把世界的语言区分为孤立语、黏着语和屈折语三种类型。但他也指出一切语言都或多或少地包含这三种成分。例如，他认为梵语结构紧密，是最发达的语言；而汉语在单词方面虽没有语法形式，却给人以深刻的庄严感。

（5）语言的形式：语言是动态发展的，是一种持续不断、每时每刻都在向前的创造活动，其真正定义是发生学的定义。语言形式不仅仅局限于语法形式，还包括语音等。语言内部不存在任何不具备一定形式的材料，声音通过人们赋予的形式成为分音节，从而成为思想的表达，而这种形式具有多种层面的理解。同时，整个人类只有一种语言，但每个人又都使用一种特殊的语言，普遍性通过特殊性表现出来。

（6）观念的客观性与主观性：语言使得观念获得客观性的同时保留主观性。主观的活动在思维中构成客体，观念成为对立于主观力量的客体，而它作为客体又被重新感知到，并回到主观力量上来，这一过程语言的参与必不可少。

2. 洪堡特理论中汉字构形与中国文化思维模式关系相关的内容

洪堡特通过对汉字构形的研究来试图理解中国文化的思维模式。主要内容表现在以下四方面①。

首先，他认为汉字构形反映了中国人对世界的认知和分类方式。洪堡特指出，汉字的构形深刻地反映了中国人对世界的独特认知和分类方式。汉字的象形、指事、会意等造字方法是这种反映的鲜明体现。以象形字为例，其通过对事物外形的简洁而生动的描绘，展现了中国人对事物细致入微的观察。

---

① ［德］洪堡特. 论人类语言结构的差异及其对人类精神发展的影响 ［M］. 姚小平，译. 北京：商务印书馆，1999：33-34，51-68，193-194.

比如"山"字，就像三座山峰耸立的形状，让人一眼就能联想到山脉的起伏；"水"字，那流动的曲线仿佛是潺潺的溪流。这种直观的表达方式，反映出中国人注重对事物外在特征的精准把握。这些造字方法并非孤立存在，而是相互关联、相互补充，共同构成了一个丰富而有序的表意系统。这一系统反映了中国人在认识世界时，善于从具体的事物中归纳出普遍的规律和概念，将复杂的世界进行分类和整理，以便更清晰地理解和表达。

其次，他认为汉字表意性质表现出中国人直接形象的思维倾向。洪堡特指出，汉字的表意性质使得其构形能够直接反映出概念和思想。这一特点表明，中国人在思维过程中更倾向于以直接、形象的方式来表达和理解意义。与依赖抽象逻辑推理的思维方式不同，中国人借助汉字的表意构形，能够迅速地在脑海中构建出具体的形象和场景。例如，看到"爱"这个字，人们会联想到心中关怀、呵护他人的情感。这种思维倾向使得中国人在交流和思考时，能够更迅速地把握事物的本质和核心，减少了因抽象推理可能带来的误解和偏差。同时，它也使得中国人在文学、艺术等领域能够创造出充满意象和韵味的作品，让读者或观众能够通过直观的感受领悟深刻的内涵。然而，这并不意味着中国人的思维完全排斥抽象逻辑推理，而是在注重形象表达的基础上，结合逻辑思考来达到对事物全面而深入的理解。

再次，他认为汉字复杂的构形体现了中国人思维的综合性和系统性。洪堡特指出，汉字形声字由形旁和声旁组成，形旁表示字的意义范畴，声旁表示字的读音。这种组合方式既考虑了意义的表达，又兼顾了语音的提示。例如，"河"字，"氵"（水）表示与水有关，"可"则提供了读音的线索。这种综合多种元素的构字方式反映了中国人在思考问题时善于整合不同的因素，以达到更全面、更准确的表达。它不仅展示了中国人对事物分类的细致和精准，也体现了在语言表达上追求系统性和条理性的特点。在更广泛的思维层面，这种综合性和系统性也体现在中国人处理问题时，会综合考虑各种相关因素，权衡利弊，制定出整体最优的解决方案。同时，在知识体系的构建和传承中，也注重各个部分之间的内在联系和相互作用，形成一个有机的整体。

最后，他认为汉字构形的稳定性暗示了中国文化思维模式中对传统的尊重和重视。汉字历经数千年的发展,其基本构形和结构在很大程度上保持了相对的稳定。这种稳定性反映了中国文化中对传统的尊重和传承的重视。中国人倾向于在继承前人智慧和经验的基础上进行创新和发展,而不是轻易地摒弃过去。这种对传统的尊重并非是僵化的守旧,而是在坚守核心价值和基本原则的基础上,不断适应时代的变化和需求。例如,虽然汉字的字形在历史上有所演变,但基本的意义和构字逻辑仍然得以保留。同时,汉字构形的稳定性也反映了中国人思维中的一种持久性和连贯性。在面对社会变迁和文化交流时,能够保持自身文化的特色和根基,不被轻易地同化或改变。

然而,需要指出的是,洪堡特的观点是在当时有限的资料和特定的文化背景下形成的,可能存在一定的局限性和片面性。他对中国文化和思维模式的理解可能不够全面和深入,受到当时欧洲中心主义思潮和有限的跨文化交流的影响。但他的研究为后来学者进一步探讨汉字构形与中国文化思维模式的关系提供了宝贵的基础和启示,促使我们以更开放、多元和全面的视角来研究和理解这一复杂而丰富的课题。

(二)莫安仁(Evan Morgan,1860—1941)

莫安仁(Evan Morgan)是英国浸礼会教士,1860年出生,1941年去世。他在1916年出版的汉语教科书《官话汇编》中体现了以下主要观点。

1. 莫安仁的主要理论观点

(1)对汉字的高度认可与审美研究:他认为理解汉字形成的基本原理,不仅是永久掌握声音和意义的可靠方式,还能让人洞察汉字的内在美。

(2)主张伏羲造字说:在汉字起源的探究上,莫安仁坚定地主张伏羲造字说。这一主张反映了他对中国古代文化传说的重视,以及试图从古老的传说中探寻汉字起源奥秘的努力。

(3)肯定《说文解字》:他对许慎的《说文解字》给予了充分肯定,认为其对于当时现存词汇在声音、形式和意义上的规范具有不可磨灭的重要意义,展现了他对汉字系统性和规范性的深刻认识。

(4)重视戴侗的"因声求义"说:他着重引述了宋末元初文字学家戴侗在其著作《六书故》中"夫文,生于声者也,有声而后形之以文;义与声俱立，非生于文也"的原则，并将其视为必须记住的"黄金法则"。这也表明他借重戴侗的"因声求义"的语言研究方法。

（5）强调汉语的差异性和独特性：莫安仁虽认为汉语之于英语的差异性和独特性并不比其他语言之于英语的更大，但也一再强调汉语具有自身的独特之处。例如，他在书中提到汉语在形式和顺序上的特性与民族气质关系密切。

这些观点反映出莫安仁对汉语的深入研究和独特理解，同时也展示了他在传教士汉语观发展中的一定地位和价值。其著作《官话汇编》不仅是一本汉语教材，也体现了当时传教士对汉语的认知和研究。

2. 莫安仁理论中汉字构形与中国文化思维模式关系相关的内容①

在其汉语教科书《官话汇编》中，莫安仁从"词源学"和"汉字的书写"等角度阐述了他对汉字的理解和对中国文化思维模式的认识。从中国文化思维模式的角度，莫安仁对汉字构形的理解可以分类阐述如下。

首先是关于形象思维，可以分两方面来讨论。其一，是汉字起源的形象性：莫安仁认为汉字是由图画演变而来，例如伏羲造字的传说中，伏羲受漂亮龟壳的启发，将能看到的事物以书写的方式呈现出来，产生了绘画标记的方法。这体现了中国文化中对事物的形象化表达和记录，反映了中国人善于从具体形象中感知和理解世界的思维模式。其二，是象形字的形象性：莫安仁对象形字的定义是通过描绘事物形状来表示汉字，如"日""月""山"等象形字，就是对太阳、月亮、山峰等事物形状的直观描绘。这种造字法体现了中国人以形象来表达和理解概念的思维方式，注重对事物外观特征的把握。例如，"山"字，中间高峰，两边低谷的形态，通过字形就能让人联想到山的形状。

其次是关于逻辑思维，也可以分两方面来讨论。其一，指事字的逻辑性：莫安仁指出指事字用记号（符号）来表示事物的特点，如"旦"，表示太阳从地面升起；"曰"，表示说话。这些字的构造体现了对事物本质特征的抽象

---

① 付延峰. 莫安仁《官话汇编》研究［D］. 济南：山东师范大学，2017：20-27.

和概括，具有一定的逻辑性。例如，"本"字，在象形字"木"的下面加一道短横，表示草木之根，通过这种方式明确了字义与字形之间的逻辑关系。其二，形声字的逻辑性：莫安仁定义形声字由表示声音和意义两部分构成，如"鲤"，其中"里"指声音，"鱼"指意义。这种造字法体现了对事物分类和归纳的逻辑思维，通过声符和意符的结合，使汉字的表达更加准确和丰富。例如，一组形声字"情""清""晴"，声符都为"青"，形符不同导致意思相异，分别表示"感情""水清""晴朗"，体现了对不同意义的分类和表达。

再次是关于辩证思维，还是从两方面来讨论。其一，转注字的辩证性：一种是通过轻微改变字符改变笔画，如"考"（kao）改变了"老"的笔画；另一种是通过改变字符的声音，如"少"本读上声，转读去声表示少年的"少"。这种造字法体现了事物的相对性和变化性，反映了中国文化中的辩证思维。其二，假借字的辩证性：莫安仁主张假借字是为表达抽象意义或感官行为，借用音同或音近的字符来表达，且不用该字原有的意义。例如，"而"原指"胡须"，借用作连词。这体现了语言中形式与意义的灵活转换和辩证关系，反映了中国人在语言运用中善于变通和创新的思维模式。

综上所述，莫安仁通过对汉字构形的研究，从形象思维、逻辑思维和辩证思维等角度揭示了中国文化思维模式的特点，这些观点在他对汉字起源、六书等方面的阐述中都有具体的例子体现。

（三）雷德侯（Lothar Ledderose，1942—）

雷德侯是著名西方汉学家。他在研究中国艺术领域成就显著，尤其是对中国书法、绘画等有深入探索。他对汉字的研究尤为深入，通过剖析汉字构形，揭示其蕴含的中国文化特质和思维模式，为汉字研究及中西方文化交流贡献了独特且深刻的见解。雷德侯的观点独特，为中西方文化交流做出重要贡献，使更多人了解中国文化的魅力和独特思维模式。

1. 雷德侯的主要理论观点

雷德侯的主要理论观点是"模件化"。他认为中国人发明了以标准化的零件组装物品的生产体系，其中的零件被称为"模件"。这些模件可以大量预制，并能以不同的组合方式迅速装配在一起，从而用有限的常备构件创造出变化无穷的单元。

以汉字为例，汉字可分为由简到繁的五个层级：元素（笔画）、模件（偏旁部首）、单元（单字）、序列（一组同部类的字）、总集（全部汉字）。众多的模件构成模件体系，模件的运用渗透在中国艺术和中国文化的各个方面，形成模件化。

雷德侯细致考察了青铜器纹饰、秦俑造型、瓷器制造、建筑组件、印刷术、地狱图、书法、文人画等多个领域，分析了其中模件化的表现形式，以及它们之间的联系与差异，从中获得关于中国艺术与中国文化的独特发现。他的"模件化"观点得益于其幼年时代玩耍中国拼图的游戏经验，同时也建立在长期探索和研究的基础之上。这一理论不仅有助于人们进一步观察与分析中国艺术，也有利于相关领域教学训练方法的改进。

雷德侯的"模件化"理论为理解中国艺术乃至中国文化提供了一个新的视角，使人们认识到中国的艺术家不追求忠实地再现自然物象，而是通过模件体系的方式，创造出丰富多样的艺术品。同时，该理论也揭示了模件化对中国社会组织结构、官僚体制以及社会同质性、政治文化一致性的影响。

2. 雷德侯理论中汉字构形与中国文化思维模式关系相关的内容①

首先，从模件化思维模式来看。雷德侯着重提出汉字的构造具有模件化特征。基本的笔画和部件如同模件，可以重复组合形成不同的汉字。这体现了中国人善于将复杂的事物分解为简单的元素，并通过标准化的模件进行高效组合和创造的思维模式。他将中国艺术看作一个由模件系统构建的宏大体系，这个体系将艺术品、创造者和整个社会文化连缀在一起，体现了中国文化的整体性和系统性。

其次，从逻辑思维模式角度来看。雷德侯认为汉字构形体现了严谨的逻辑思维。汉字的构造有明确的规则，如笔画的顺序、部件的组合方式等，都遵循一定的逻辑。这种逻辑使得汉字的书写和认读具有系统性和规律性。例如，形声字的构造，形旁表意，声旁表音，清晰地展现了一种逻辑分类和组

① 张平. 雷德侯的中国艺术世界［D］. 杭州：中国美术学院，2011：44-52.

合的思维。通过对汉字的学习和运用，人们能够培养遵守纪律、思考从大局出发的能力，这有助于组织大量人员、材料和工作，体现了中国文化中社会功能的重要性。

再次，从形象思维模式来看。汉字的很多字形源于对事物的形象描绘，反映出中国人强大的形象思维能力。雷德侯指出，像"日""月""山""水"等象形字，通过简洁而生动的线条勾勒出事物的外形，这种以形象表意的方式直观且富有想象力。而且，他还认为汉字的象形特点体现了中国文化中对自然法则的尊重和追求，这种观念在艺术创作中也得到了体现。

另外，从对称与平衡思维模式来看。汉字在结构上追求对称与平衡，雷德侯认为这体现了中国人对对称美和平衡状态的追求。这种思维模式不仅体现在汉字中，也渗透到中国文化的其他方面，如建筑、艺术等，反映了中国人对和谐、稳定的向往。

最后，从综合思维模式来看。汉字的构形常常是多种元素的综合。雷德侯强调，会意字就是将不同的部件组合起来表达一个新的意义，这需要综合考虑各个部件的含义，并将它们融合在一起理解。这种综合思维在构建复杂的汉字和理解其含义时发挥了重要作用，也反映在中国文化中处理问题时善于整合多种因素的思维特点。

（四）外国学者运用汉字拆解法来理解中国文化思维模式的研究特点

外国学者通过汉字构形来理解中国文化的特点，分为以下四方面。

（1）逻辑与规则分析。他们都关注汉字构形的规则，如笔画顺序和部件组合方式等。他们认为这些规则使汉字书写和认读具有系统性和规律性，展现了逻辑分类和组合思维。在研究方法方面，不仅进行中西方文字逻辑对比，还引入现代科学的认知理论，以全新视角解读汉字构形的逻辑内涵，并综合历史和社会背景等知识，理解这种逻辑思维在文化传承和发展中的作用。

（2）形象与表意探究。他们都注意到许多汉字源于对事物的形象描绘。通过分析象形字"日""月""山""水"等，体会中国人强大的形象思维能力，以及这种以形象表意方式所蕴含的直观性和丰富想象力。研究中会将形象思维与艺术、民俗等领域相结合，对比不同文化中的形象表达，拓展对中国文化中形象思维的认识。

（3）创新与文化理解。他们在研究汉字构形时都具备创新意识。他们在传统研究基础上提出新的观点和解释，努力追求客观、科学的研究方法，减少主观推断。通过对汉字构形的深入研究，为理解中国文化的人性论、伦理学等方面带来新的突破，展现中国文化的深厚内涵和独特魅力。

（4）运用综合思维。他们在研究时会对比中西方文字构造，凸显中国文化的独特性，还会融合历史、哲学等多领域知识，考察其在不同时期的演变及与社会文化的关联。

三、通过汉字构形来理解中国文化思维模式的意义

通过汉字构形来理解中国文化思维模式具有极其重要的意义，以下从五方面进行详细阐述。

其一，深入挖掘中国文化的丰富内涵。汉字构形作为中国文化传承的重要载体，承载着中华民族数千年的智慧和文明。每一个汉字的形态、结构和演变都蕴含着特定的文化信息。通过对汉字构形的深入研究，我们可以追溯到古代中国人的世界观、价值观和道德观。例如，"仁"字，从人从二，意味着人与人之间相互亲爱、友善，体现了中国文化中重视人际关系和谐的思想；"信"字，由"人"和"言"组成，强调了人言可信，反映出诚信在中国文化中的重要地位。这种对汉字构形的解读，使我们能够揭开中国文化深层的哲学思想、价值观念和审美情趣等文化元素，从而更全面、深入、准确地理解中国文化的本质和精髓。

其二，促进跨文化的交流与理解。在全球化的时代背景下，不同文化之间的交流与碰撞日益频繁。汉字构形为世界了解中国文化提供了一个独特的窗口。当外国友人学习和研究汉字构形时，他们能够直观地感受到中国文化思维模式与其他文化的差异和共性，从而减少文化隔阂和误解，增进不同文化之间的相互尊重和欣赏。例如，汉字的象形特征使外国人更容易理解中国人对自然和生活的观察与感悟，而汉字的会意和形声结构展示了中国人的逻辑思维和创新能力。通过这种交流，不仅能够让世界更好地认识中国，也为

中国文化更好地融入世界文化大家庭奠定了基础。

其三，为语言教学和文化传播提供有力支持。对汉语学习者来说，理解汉字构形是掌握汉字的关键。传统的汉字教学往往侧重于死记硬背，而通过揭示汉字构形背后的文化思维模式，可以帮助学习者更好地理解汉字的构成规律和意义，提高学习效率和质量。同时，对于中国文化的海外传播，汉字构形的研究成果可以转化为生动有趣的教学材料和文化产品，让外国人在学习汉字的过程中，自然而然地接受中国文化的熏陶。例如，通过讲述汉字的演变故事、展示汉字书法艺术等方式，激发外国人对中国文化的兴趣和热爱，从而推动中国文化在全球范围内的传播和影响力的提升。

其四，激发创新思维。汉字构形所蕴含的独特思维模式，如形象思维、综合思维、对称思维等，对现代的设计、艺术、科技等领域具有重要的启发意义。设计师可以从汉字的形态和结构中获取灵感，创造出具有中国特色的设计作品；艺术家可以借鉴汉字书法的线条和节奏，表达自己的情感和思想；科技工作者可以运用汉字构形中的逻辑和规律，开发新的算法和模型。这种创新思维的激发，不仅为各个领域的发展注入了新的活力，也为中国文化在现代社会中的创新发展提供了广阔的空间。

其五，有助于传承和保护中国文化遗产。汉字作为中国文化的重要组成部分，是中华民族宝贵的文化遗产。对汉字构形的研究和理解，能够加强我们对传统文化的重视和保护意识。通过传承和弘扬汉字文化，我们可以让更多的人了解和认识到中国文化的源远流长和博大精深，使其在现代社会中得以延续和发展。同时，对于一些濒临失传的汉字书写技艺和文化传统，如篆书、隶书等，通过对汉字构形的研究和推广，可以唤起社会的关注和保护，让这些珍贵的文化遗产重新焕发出光彩。

综上所述，通过汉字构形来理解中国文化思维模式具有不可估量的意义。它不仅能够让我们深入挖掘中国文化的内涵，促进跨文化交流，为语言教学和文化传播提供支持，激发创新思维，还能够助力中国文化遗产的传承和保护，为中华民族的文化复兴和世界文化的繁荣发展做出积极贡献。

第三节　从汉字拆解中理解中国社会结构

一、中国社会结构与汉字构形

（一）中国社会结构的概念

中国社会结构指的是中国社会中各个组成部分之间相对稳定的关系模式和组织方式。它涵盖了多个层面和领域，包括人口结构、家庭结构、城乡结构、阶级阶层结构、社会组织结构等。人口结构涉及人口的年龄、性别、地域分布等方面的构成情况。家庭结构反映了家庭的规模、类型、成员关系等特征。城乡结构体现了城市和乡村在经济、社会、文化等方面的差异和联系。阶级阶层结构则表明社会成员在经济地位、政治权力、社会声望等方面的分层状况。社会组织结构涵盖了政府、企业、非营利组织等各类组织的构成和相互关系。

中国社会结构不是一成不变的，而是随着经济发展、科技进步、政策调整、文化变迁等因素不断演变和调整。其合理与否直接影响着社会的运行效率、公平程度、稳定状态以及社会成员的发展机会和生活质量。

（二）中国社会结构的历史发展进程

中国社会结构的历史发展过程经历了多个阶段的演变。原始社会时期，人们以部落为单位共同劳动、平均分配，没有明显的阶级分化。夏商周时期，中国进入奴隶社会，社会结构以奴隶主和奴隶的对立为主要特征，奴隶主拥有大量奴隶和生产资料，奴隶则完全没有人身自由，被强制劳动。春秋战国时期，封建制度逐渐形成，到秦汉时期得以确立。在封建社会，社会结构主要由地主阶级和农民阶级构成。地主拥有土地，通过出租土地剥削农民；农民租种地主的土地，缴纳地租。同时，还存在着士大夫阶层，他们通过读书入仕，参与国家管理。隋唐时期，科举制度的兴起为社会阶层的流动提供了一定的渠道，使得一些平民有机会通过读书考试进入统治阶层。宋元明清时期，商业逐渐发展，城市繁荣，出现了商人和手工业者阶层，但农业依然是经济的基础，农民仍是社会的主体。近代以来，随着西方列强的入侵，中国逐渐沦为半殖民地半封建社会。传统的社会结构受到冲击，出现了买办阶级、民族资产阶级、工人阶级等新的社会阶层。新中国成立后，经过社会主义改造，建立了社会主义公有制，阶级结构发生了重大变化，工人阶级和农民阶级成为社会的主要阶级。自改革开放以来，随着市场经济的发展，社会结构更加多元化，出现了新的社会阶层，如私营企业主、个体工商户、自由职业者等。同时，城乡结构、区域结构也在不断调整和优化。

总之，中国社会结构的发展是一个动态的过程，受到政治、经济、文化等多种因素的影响，并在不断适应时代变化中向前演进。

（三）汉字拆解和中国社会结构的关系

汉字拆解与中国社会结构的关系可做如下分析：

首先，在社会阶层结构方面，如"贵"字，其拆解为"中"和"贝"，"贝"在古代常作为货币或贵重物品，"中"可理解为居中、核心，暗示处于社会核心且拥有财富的人群地位尊贵。这反映出中国社会中存在的阶层差异和对财富、地位的重视。

其次，在社会组织结构方面，"群"字，由"君"和"羊"组成，"君"代表领导者或权威，"羊"表示众多，寓意在权威的引领下众多个体的集合，体现了中国社会组织中强调领导核心和集体协作的特点。

再次，在社会关系结构方面，"朋"字，由两个"月"组成，象征着平等、相似的个体相互陪伴，反映出中国社会中朋友关系的平等和相互支持。

还有"婚"字，左边的"女"和右边的"昏"，"昏"指黄昏时刻，意味着女子在特定时间出嫁，反映了传统社会中婚姻制度和性别角色在社会关系中的定位。

然而，汉字的拆解与社会结构的关系并非简单的一一对应，而是一种复杂的文化象征和隐喻，需要综合历史、文化等。

二、运用汉字拆解法来理解中国社会结构的外国学者

（一）林西莉

林西莉，瑞典的杰出汉学家，以其对中国文化的深刻洞察和独特解读，在中西方文化交流的领域中留下了浓墨重彩的一笔。

1. 林西莉的主要理论观点

林西莉最为人所称道的成就之一，是她在《汉字王国》一书中所展现的独到见解。她深入探究汉字的起源和演变，不仅仅将汉字视为一种语言符号，更是把它们看作是承载着中国几千年历史、社会、经济和文化变迁的重要载体。通过对汉字字形的细致剖析，她揭示了古代中国人的生活方式、思维模式以及价值观念。比如，"男"字由"田"和"力"组成，形象地反映了在农业社会中，男子是田间劳作的主要力量；"女"字则形如一个屈膝而坐、双手交叠的女子形象，展现了当时女性的社会角色和地位。

林西莉强调汉字的形象性和表意性，通过对汉字字形的细致分析，揭示出汉字所承载的历史和文化信息。例如，对于"女"字，她通过研究其甲骨文形态，阐述了古代女性的社会地位和角色。

另外，她还强调从日常生活和实际应用的角度去理解中国文化元素。她认为，中国文化并非遥不可及、高深莫测的抽象概念，而是深深融入了人们的衣食住行之中。例如，在介绍"食"这个主题时，她通过对与饮食相关的汉字，如"米""面""酒"等的分析，展现了中国人丰富多样的饮食文化，以及其背后所蕴含的对生活品质的追求和对自然馈赠的感恩之情。

林西莉的研究打破了语言和文化的隔阂，让西方读者能够更加真切地感受到汉字的魅力和中国文化的博大精深。她的作品不仅促进了汉字在世界范围内的传播，也为跨文化交流和理解搭建了重要的桥梁。

2. 林西莉理论中汉字构形与中国社会结构关系相关的内容

林西莉通过对汉字构形及拆解的研究，从以下四方面来理解中国社会

构成①。

首先是关于经济基础的内容，它包括农业、商业方面的汉字构形研究。农业方面的例子有："田"字在甲骨文上有固定字形，且组成了许多与农业相关的汉字，如"疆""亩""男"等；"男"字由"田"和"力"组成，反映了中国传统的男耕女织的生产方式；"猪"字体现了猪在中国农业中的重要地位，猪不挑食且能生产优质肥料，在旧式农业结构中具有重要价值；另外，一些与农业相关的工具，如"力"字，有学者认为它也表示一种农业工具，如耒，这种古老的生产工具在中国西南部的少数民族中仍有保留。商业方面的例子有："贝"字在甲骨文里真实地反映了玛瑙贝的形状，与商业、价值和资金有关。如两颗玛瑙贝用绳子串起来意为"贯"，一只手抓住一颗漂亮的玛瑙贝意为"得"，一个贝和两只手组成了"具"。"贝"字组成的一大批合成字都与商业活动相关。

其次是关于劳动分工的内容，它包括农业劳动与其他劳动两方面。农业劳动方面的例子有：由"田""力"等字体现出男耕的劳动分工，而"织""纺"等与丝织品相关的字反映了女织的劳动内容。其他劳动方面的例子有："车"字反映了古代与打猎和征战相关的活动，以及交通工具的发展；"舟"字体现了水上交通的重要工具，与运输和渔业等活动有关；"木"与"斤"组成的"析"字，以及"折"字等，反映了木材加工的劳动。

再次是关于家族结构的内容。它包括家与家畜、性别观念两方面的内容。家与家畜方面的例子："家"字上部的"宀"表示屋顶，下部的"豕"代表猪，房子里有猪就成了人家的标志，反映了家庭与家畜养殖的关系。性别观念方面的例子："女"字在甲骨文中的形象，以及由"女"字组成的"奻""姦""奴"等字，反映了中国重男轻女的思想；从"父""母"等字的构形可以看出中国古代社会男尊女卑、分工明确、男女各司其职的婚姻家庭制度，男主外，女主内。

最后是关于等级制度的内容。它包括统治者与祭祀、等级关系两方面。

① 王璇．瑞典汉学家林西莉的《汉字王国》与汉字教学［D］．苏州：苏州大学，2014：5-9.

统治者与祭祀的例子有："车"在古代常作为陪葬品与驭手和马匹埋在统治者墓葬中，如商周时期真车的结构与表示车的汉字结构相同，反映了统治者的地位；"牛"在商代经常用于祭祀，如人们祭祀时会把牛埋入巨大的坑或祖庙柱子底下，并在牛骨上记录重大事件；"鼎"最初是普通容器，后来演变成高贵的祭祀容器，成为国家权力的象征。等级关系方面的例子有："臣"字表现一只监视人的大眼睛，像一只低垂的大眼睛，体现了统治者对人民的监视，也反映了一定的等级制度。

总之，林西莉通过对《汉字王国》中汉字构形的深入研究，从经济基础、劳动分工、家族结构、等级制度等方面，对中国社会结构有了较为全面的理解。

（二）外国学者运用汉字拆解法来理解中国社会结构的研究特点

综上所述，外国学者运用汉字构形及拆解来理解中国社会结构的研究特点包括以下七方面。

（1）跨文化视角：外国学者通常具有不同的文化背景，他们能够以独特的跨文化视角来审视汉字构形，发现其中与本国文化不同的特点和内涵，从而更深入地理解中国社会结构的独特之处。

（2）注重形象性：汉字的构形具有很强的形象性，外国学者往往会关注汉字的象形、指事、会意等构形方式，通过对汉字形象的分析来理解其所代表的事物和概念，进而揭示中国社会结构中的各种关系。

（3）结合历史文化背景：理解汉字构形需要结合中国的历史文化背景，外国学者会努力研究中国的历史、文化、传统等方面的知识，以更好地理解汉字构形与中国社会结构之间的联系。

（4）系统性分析：他们可能会对汉字进行系统性的分析，将相关的汉字构形联系起来，形成一个完整的体系，从而更全面地理解中国社会结构的各个方面。

（5）比较研究：外国学者可能会将中国的汉字构形与其他国家的文字或文化进行比较研究，找出它们之间的异同，从而更好地理解中国社会结构的特点和演变。

（6）强调文化内涵：汉字不仅仅是一种语言符号，还蕴含着丰富的文化内涵。外国学者会注重挖掘汉字构形背后的文化内涵，如价值观、伦理道德、社会习俗等，以深入理解中国社会结构的本质。

（7）实证研究：一些外国学者会通过实地考察、考古发现、文献研究等实证方法，来验证他们对汉字构形和中国社会结构的理解，提高研究的可信度和科学性。

需要注意的是，不同的外国学者可能会有不同的研究特点和方法，林西莉的研究在一定程度上体现了这些特点，但每个人的研究都有其独特之处。

三、通过汉字构形来理解中国社会结构的意义

外国学者运用汉字构形及拆解来理解中国社会结构具有多重重要意义。

首先，这种研究方式有助于促进不同文化之间的交流与理解。汉字作为中国文化的重要符号，承载着丰富的历史和文化信息。外国学者通过深入研究汉字的构形和拆解，能够跨越语言和文化的障碍，更深入地了解中国文化的独特之处，从而增进对中国社会的认知。这种跨文化的交流与理解，不仅能够促进各国之间的友好合作，还能够丰富世界文化的多样性。

其次，汉字构形及拆解能够揭示其中蕴含的丰富文化内涵。汉字是一种表意文字，其构形往往与事物的形状、特征或意义相关联。通过对汉字的分析，外国学者可以窥探到中国古人的思维方式、价值观和社会习俗等。例如，从"家"字的构形中，可以看出家庭在中国社会中的重要地位以及人与家畜的密切关系；从"仁"字的构形中，可以体会到中国传统文化中对仁爱、和谐的追求。这些文化内涵的揭示，有助于展现中国社会结构的深层次特点，使外国学者对中国社会有更全面、深入的理解。

此外，这种研究为外国学者提供了一个新的视角来研究中国社会结构，拓展了学术研究的领域。汉字构形与中国社会结构的关系密切，通过对汉字的研究，学者可以从语言文字的角度探讨社会结构的演变、社会组织的形式以及社会关系的特点等。这不仅丰富了学术研究的内容，还推动了相关领域的发展，为社会学、语言学、历史学等学科的交叉研究提供了新的思路和

方法。

同时，外国学者的研究对学习汉语的外国人来说具有重要的指导意义。了解汉字的构形和拆解有助于他们更好地掌握汉语的字形、字义和用法，提高语言学习的效果。同时，通过汉字背后的文化故事，学习者能够更深入地感受中国文化的魅力，激发他们对中国文化的兴趣，从而促进汉语在国际上的传播和推广。

再者，汉字构形与中国社会结构的研究涉及多个学科领域，如语言学、历史学、社会学、文化学等。这种跨学科的研究有助于促进学科之间的融合与创新，推动学术研究的发展。不同学科的学者可以从各自的专业角度出发，对汉字构形与中国社会结构的关系进行深入探讨，从而形成更全面、系统的研究成果。

最后，汉字是中国的文化遗产，外国学者的研究有助于传承和保护这一宝贵的文化遗产。随着全球化的发展，文化遗产的保护和传承变得越来越重要。外国学者的关注和研究能够使汉字在国际上得到更广泛的关注和重视，从而促进对汉字文化遗产的保护和传承。这对于维护世界文化的多样性和人类文明的发展具有重要意义。

总之，外国学者运用汉字构形及拆解来理解中国社会结构具有重要的学术价值和文化意义。它不仅能够促进文化交流、增进对中国社会的理解，还能够推动学术研究的发展和文化遗产的保护，为人类文明的进步做出贡献。

总　结

本章从汉字拆解的角度深入探讨了西方对中国文化与思想的理解，主要包括汉字理据性、中国文化思维模式以及中国社会结构等方面。

汉字拆解与汉字理据性密切相关，通过拆解汉字可以揭示其构形、读音和意义之间的内在联系，外国学者运用多种方法拆解汉字以理解其理据性，这对传承中华文化、促进语言学习等具有重要意义。

汉字构形反映了中国文化思维模式，包括直觉经验、意象思维、辩证思维、伦理道德和天人合一等层次，以及整体思维、类比思维、重义轻利思维、中庸和谐思维、阴阳五行思维和天人合一思维等分类。从历史发展进程来看，中国文化思维模式不断演变，同时汉字构形与中国文化思维模式在直观形象思维、整体性思维、辩证思维、意向性思维等方面存在紧密关联。外国学者通过研究汉字构形，从不同角度揭示了中国文化思维模式的特点，这对于深入挖掘中国文化内涵、促进跨文化交流等具有重要意义。

此外，汉字拆解与中国社会结构也有一定联系，外国学者通过对汉字构形及拆解的研究，从经济基础、劳动分工、家族结构、等级制度等方面对中国社会结构有了较为全面的理解。这种研究有助于促进文化交流、揭示文化内涵、为学术研究提供新视角、指导汉语学习、促进学科融合与创新以及保护文化遗产。

总之，汉字拆解为西方理解中国文化与思想提供了重要途径，有助于促进中西方文化交流与相互理解。

第六章

汉字构形及拆解对西方的影响

汉字不仅是一种语言符号，更是蕴含着丰富哲学思想、文学魅力和语言智慧的载体。在东学西渐的历史过程中，汉字也逐渐传播到西方，并对西方的哲学、文学等领域产生了深远的影响。本章将深入探讨汉字构形及拆解是如何跨越时空和文化的界限，在西方世界引发思想的碰撞和文化的交融，以及它在西方哲学和文学领域所留下的深刻印记。通过对相关内容的研究，我们可以更好地理解中西方文化交流的历史和意义，以及汉字在其中所扮演的重要角色。

第一节 汉字构形对西方哲学的影响

一、汉字构形在西方哲学领域的影响

汉字构形在西方哲学领域产生了多方面的影响，尽管这种影响相对有限，但仍具有深入探讨的价值。

从符号学的角度来看，汉字的构形具备独特的表意特征，这与西方以字母为基础的表音文字形成鲜明对比。这种表意性激发了西方哲学家对符号与意义之间关系展开更深入的思考，推动他们重新探究语言符号在表达和传递思想时的本质以及存在的局限性。

在思维方式层面，汉字构形所蕴含的整体性和直观性，促使西方哲学家

反思其传统的分析性和逻辑性思维模式。汉字的形象构造有时能够直接传递复杂的概念，为西方哲学在探寻多元思维路径时提供崭新的视角。比如洪堡特就认为汉字的构造方式促进了中国人逻辑思维的发展，一些学者也认同汉字的固定形态有助于保持思想的一致性和连贯性，利于深度思考。

在哲学领域，有众多哲学家都对汉字产生了浓厚的兴趣，他们的许多哲学思想都从汉字构形中汲取了灵感。戈特弗里德·威廉·莱布尼兹（Gottfried Wilhelm Leibniz，1646—1716）指出汉字与发音分离，使其适宜哲学研究，且汉字具有更多理性的考量，意义取决于数、秩序与关系，而非单纯的符号与物体相似的笔画，彰显了汉字在表达抽象概念和进行逻辑推理方面的独特优势。沃尔特·翁（Walter J. Ong，1912—2003）也着重强调了书写与逻辑思维之间的关联，提出书写方式能够左右人的认知结构。雅克·德里达（Jacques Derrida，1930—2004）赞誉中国汉字的长处在于其丰富的语义和多样的关系，这正是他所憧憬的不为话语服务的文字。

综上所述，汉字构形在西方哲学领域的影响涵盖了思维方式、逻辑推理等多个方面。尽管存在一定的争议和分歧，但汉字独特的构造和丰富的内涵始终为西方哲学提供了重要的借鉴和启示。

二、莱布尼茨与其对汉字的思考

（一）莱布尼茨生平①

1646 年 7 月 1 日，莱布尼茨出生于罗马帝国的莱比锡。他的父亲是莱比锡大学的伦理学教授。莱布尼茨自幼展现出对知识的强烈渴望，12 岁时自学拉丁文，并着手学习希腊文，14 岁时进入莱比锡大学念书，学习数学、哲学和法学等。在 1666—1676 年期间，他任职法庭等工作，在 1672—1676 年期间在巴黎等地活动，进入了当时的知识圈。1689 年，莱布尼茨为完成贵族族谱研究而游历意大利，此时他结识了耶稣会派遣去中国的传教士，从此开始对

---

① ［英］安托内萨．莱布尼茨传［M］．宋斌，译．北京：中国人民大学出版社，2015：1-11.

中国事物有了更强烈的兴趣。1689 年在与在华传教士格里马尔迪的通信中提出 30 个关于中国的问题，涵盖天文、地理、医药、军事、人文社会等各个方面，其中绝大多数与科技有关，比如"中国人观察天的历史是怎样的""人们修订地图的情况如何""人参是否真的拥有巨大疗效""中国人掌握毕达哥拉斯定理吗""学习汉字有何捷径"等。

1700 年，莱布尼茨说服勃兰登堡选帝侯腓特烈三世于柏林成立科学院，并担任首任院长。1714 年于维也纳著写《单子论》等。晚年的莱布尼茨虽然在欧洲继续从事学术等活动，但对中国文化依然有着浓厚的兴趣，直到去世前几个月，他才写完一份关于中国人宗教思想的手稿：《论中国人的自然神学》。

总体来说，莱布尼茨虽然没有到过中国，但从传教士那里了解到的中国汉字、文化等对他在哲学、数学等领域的思想和研究都产生了不可忽视的影响和启发，尤其在他对普遍语言、符号逻辑以及对世界本质的思考等方面，汉字的稳定性、表意性等特点都让他看到了一种别样的智慧和构建体系的方式。

（二）莱布尼茨对汉字构形的思考

莱布尼茨对汉字构形的思考，主要表现在以下五方面①。

1. 汉字的稳定性

莱布尼茨认为汉字具有显著的稳定性，这一特性使其在表达和传递意义时不受发音差异的限制。在他看来，汉字的字形是独立于读音存在的，无论人们如何发音，其书写形式都保持一致。这与拼音语言形成了鲜明对比，在拼音语言中，发音的变化往往导致字母组合的改变，从而影响单词的拼写和理解。

例如，在汉语中，"南"和"兰"这两个字，在某些方言中发音可能非常相似，但它们的字形却截然不同。无论来自何方，只要看到"南"这个字，人们就会理解其特定的含义，而不会因为读音的相似产生混淆。同样，"风"

---

① ［美］方岚生. 互照：莱布尼茨与中国［M］. 曾小五，王蓉蓉，译. 北京：北京大学出版社，2013：125.

和"凤"虽然读音相近，但通过不同的字形，人们能够清晰地区分它们所代表的不同概念。

这种稳定性使得汉字能够跨越地域和时间的限制，保持其意义的准确性和连贯性。即使在不同的地区，人们可能有着不同的口音和发音习惯，但通过汉字的书写，依然能够实现有效的交流和信息传递。对知识的传承和积累来说，汉字的稳定性更是具有不可估量的价值。历史文献和经典著作能够历经千年而依然为后人所理解和研究，正是得益于汉字字形的这种稳定性。

2. 汉字的抽象性

莱布尼茨在研究中对汉字和古埃及的象形文字进行了比较，并得出了一些独到的见解。他认为古埃及象形文字更多地拘泥于对感性事物的描绘，如动物、植物等具体形象，这种表达方式在一定程度上限制了其表达抽象概念和复杂思想的能力。相比之下，汉字虽然也起源于象形，但经过长期的发展和演变，已经变得更加抽象和富有哲理。汉字不仅仅是对事物外观的简单描绘，更是通过笔画的组合和结构，传达出深层次的意义和逻辑关系。

例如，"道"这个字，其字形并不能直观地对应某个具体的物体或形象，但却蕴含着丰富而深刻的哲学内涵。它代表着一种宇宙运行的规律、人生的准则和道德的标准。这种抽象的表达在古埃及象形文字中相对较少见。又如"仁"字，它所表达的是一种人类社会中高度理想化的道德品质，其字形的构成并非基于具体的形象，而是通过巧妙的组合来传达这种抽象的概念。

莱布尼茨认为，汉字的这种抽象性使其更适合作为一种哲学语言，能够深入地探讨和表达人类思维中那些复杂而微妙的观念。

3. 汉字的理性

莱布尼茨还主张汉字是一种理性的语言，主要体现在其书写方面。当时的传教士曾指出，中国人的语言似乎存在口语和书面语的区别，口语中仅用一千多个单音词就足以满足日常交流，但这些单音词可以通过组合形成更多丰富的词汇。汉字的书写并非基于拼音，而是由笔画构成。笔画的顺序、形态和组合都有一定的规范和要求，这种规范不仅有助于书写的美观和流畅，更体现了对汉字结构和意义的深入思考。

例如，"木"这个字，单独使用时表示树木。但当它与其他部件组合时，如"林"表示众多树木，"森"则表示更加繁茂的大片树木。这种通过笔画的组合和变化来创造新字、表达新义的方式，充分体现了汉字的理性和逻辑性。再看"心"字，它作为一个基本部件，可以组成"思""想""念"等与心理活动相关的字。这些字的构成并非随意，而是遵循着一定的规律和逻辑，反映了中国人对心理现象的认识和理解。

4. 汉字作为普遍语言基础的可能性

莱布尼茨觉得汉字的固定笔画和笔顺具有成为普遍语言基础的潜力。他认为，不同民族的人们尽管可能有着不同的语言发音，但通过书写相同的汉字字形，能够达成对同一事物的共同理解。

以"日"字为例，无论在哪个国家或地区，只要按照固定的笔画顺序写出这个字，人们就能明白其所代表的是太阳的意思。这种通过固定的字形来传递统一的概念，为跨越语言障碍、实现全球范围内的有效沟通提供了一种可能的途径。再比如"山"字，其独特的字形结构直观地展现了山峰的形态。不同民族的人在看到这个字时，即便发音不同，但基于相同的书写形式，都能够联想到高耸的山脉。这种不依赖于特定发音的表意方式，在莱布尼茨眼中，是构建一种通用语言的重要基石。

莱布尼茨希望建立一种完美的哲学语言，词与概念的联系是单意的，复杂的观念由复杂的词构成，而操作这些词的是语法，语言需遵从逻辑。他对汉字的理解更像是一种代码，这使他对《易经》产生浓厚兴趣，因为《易经》中用数字、符号结合的形式，表达出丰富的卦象含义，被他认为"能更便捷地踏上神启之路"。

5. 汉字是一种"神创语言"

莱布尼茨认为需要在词与对象之间建立必然联系的神创造的语言，但他不认为这种语言是拼音文字。因为拼音文字的声音是留不住的，其在历史中只能模拟相似，无法达到语言最原始的"隐喻"，不能给出最确切的含义，他认为这是"语言的堕落"。

例如，听到［1］这个发音，可能会写出 lock 或 nock，这取决于发音的人是否能区分［l］和［n］，拼音文字的书写过于依赖发音。而汉字在这方面有明显优势，很多方言中读音不分的字，在书写上是确定的，如不分［n］和［l］的人，不管读 ni 还是 li，最后书写出来的汉字都是"你"。汉字不通过发音，而是通过字形更直接对应事物以及含义，直指事物的本性。

综上所述，莱布尼茨对汉字的构形进行了深入的思考，从不同角度认识到了汉字所具有的独特价值和魅力。

（三）莱布尼茨思想中关于汉字构形内容的后世影响

莱布尼茨关于汉字构形内容的思想不仅在当时引起了广泛关注，而且在语言哲学、符号学、跨文化交流以及现代汉字构形模式等方面产生了深远的影响。他的研究方法和思想为后来的汉学研究奠定了重要的理论基础，并促进了东西方文化的交流与融合。具体表现如下。

1. 在哲学领域

（1）对逻辑哲学的影响：莱布尼茨从汉字中看到的不同思维路径，为逻辑哲学中对不同逻辑体系的研究提供了一个文化视角，后续哲学家在思考逻辑的多样性、普遍性和特殊性时，汉字所代表的东方逻辑可以作为一个重要参考点。

（2）关于实体与形式的思考拓展：虽然不是直接，但莱布尼茨对汉字的研究背后是对世界本质的探索，这种从不同文化元素（汉字）中去挖掘世界奥秘的思路，影响了后来哲学研究中不断拓展认知边界和研究素材的方法。

2. 在语言学和符号学领域

（1）启发对表意文字体系更深入的研究：莱布尼茨对汉字构形表意性的关注，使得后来学者进一步探索表意文字系统的逻辑、结构和意义构建方式等。后来的语言学家在研究不同语言体系时，会对比像汉字这样的表意文字与西方表音文字的根本性差异和各自的优势。

（2）影响文字符号理论发展：他对汉字作为一种独特符号系统的思考，推动了对符号的本质、符号如何承载意义等方面的理论探讨，对现代符号学的发展有一定的启示意义，让人们认识到符号系统可以有多种构建逻辑和表现形式。例如，德里达就从莱布尼茨的思想中汲取灵感，发现了反对罗各斯中心主义的根据。

（3）促进对语言通用性的思考：莱布尼茨思考过汉字作为世界通用语言的可能性等，这激发了后世对于构建一种更理想、更通用的人类语言体系的探索，包括从不同语言中提取元素进行综合设计等思路。

3. 在科技和信息科学领域

（1）人工智能和计算机语言方面：莱布尼茨对汉字所蕴含的逻辑和结构的分析精神，启示了在人工智能自然语言处理等领域，当涉及对不同语言（包括汉语）的理解和处理时，需要深入到语言的基础结构和构建规则中。例如在汉字编码、汉字信息处理技术等早期发展中，可能会从汉字的基础构形角度思考如何更高效地进行数字化处理。

（2）信息编码和数据结构：汉字构形的系统性和表意性为一些数据结构和信息编码设计提供了灵感，比如在设计一些分类编码体系或需要直观表意的信息存储结构时，可能会借鉴汉字中部分的分类、组合等理念。

4. 在文化交流和认知领域

（1）增进对东方文化的理解和重视：莱布尼茨对汉字的兴趣一定程度上带动了西方世界对中国文化中语言文字以及背后所承载的思维方式、哲学观念等方面的关注，让后来的西方人在理解东方文化时，更加注重从汉字等基础元素入手去理解文化的独特性。

（2）促进跨文化的思维碰撞：他从汉字构形中看到的与西方逻辑思维不同的东西，为后来的跨文化交流中如何融合不同思维模式、如何看待文化多样性提供了早期的思考范例，鼓励人们在面对不同文化时，要善于发现和理解其内在的逻辑和结构。

三、德里达及其对汉字的思考

（一）德里达生平

德里达于1930年7月15日出生于法属殖民地阿尔及利亚首都南面的埃尔比哈（el-biar）区。他的父母是犹太人，祖先是西班牙人。在少年时期，因维希政府反犹法令导致他被强行排除在国家教育之外，这使他对基于种族的社群主义政治有强烈反感。1948 年 6 月，在他第二次参加并成功地通过高中文凭会考后，德里达开始对文学和哲学产生了积极学术兴趣。19 岁他前往巴黎，1952 年进入极富声望的巴黎高等师范学院。在高师期间，他遇到了很多对他影响深远以及未来在学界非常重要的人物，如马克思主义哲学家路易·皮埃尔·阿尔都塞（Louis Pierre Althusser），哲学家和历史学家米歇尔·福柯，社会学家皮埃尔·布尔迪厄和文学批评家及文论家热拉尔·热奈特（Gérard Genette）等。1954 年，在高师求学期间，德里达完成第一篇专题论文《胡塞尔哲学中的发生问题》，但到 1990 年才得以出版。1967—1972 年是德里达学术生涯第一个重要时期，出版了《书写与差异》《论文字学》《撒播》《哲学的边缘》等奠定"解构主义"理论基石的重要著作。

在 20 世纪 60—70 年代法国从结构主义向后结构主义转型的关键时期，中国文化对法国思想和文化产生了巨大的影响。而此时，中国文化也进入了德里达研究视野。在他 1967—1972 年期间的著作中，除了《声音与现象》，其他如《书写与差异》《论文字学》《撒播》《哲学的边缘》都不同程度涉及了汉字和中国文化。他认为西方思想一直处于逻各斯中心主义统治下，而逻各斯中心主义与语音中心主义、人种中心主义是三位一体思想体系。西方存在文字类型与民族类型一一对应且有优劣等级的"文明等级论"观念体系（象形文字对应野蛮民族、表意文字对应原始民族，表音文字对应文明民族）。德里达从语言学切入，试图通过颠覆"拼音文字优越论"来解构逻各斯中心主义。他通过对汉字的思考，借助汉字的一些被西方理解的特征来作为解构西方传统观念的一个重要元素和参照。在《书写与差异》的中文版代序的访谈中，他回顾法国学界当时的氛围，表明自己对中国传统思想文化的青睐。他在解构"汉语偏见"的过程中，强调汉字属性的多重性，将"表意性""表音性"置换为"表意价值"和"表音价值"，进而在理论上完成对语音中心主义的解构。

在后来的岁月中，德里达的思想不断发展和变化，涉及的领域不断拓展，思考的深度也逐渐深入。2004 年 10 月 8 日深夜，德里达因胰腺癌在巴黎去世。他的解构主义思想在世界范围内持续产生着深远的影响，不仅在哲学领域，在文学理论、艺术批评、文化研究等诸多方面都引发了持续的思考和探讨。他对汉字的思考和借助汉字对西方传统的解构等观念和方法也为后来研究跨文化交流、比较文化等提供了重要的启示和路径。

（二）德里达对汉字构形的思考

德里达在其著作中对汉字的构形进行了一些思考，他的观点主要是为了批判西方的语音中心主义和逻各斯中心主义。

1. 德里达以汉字构形为例来挑战西方传统观念

德里达认为，西方思想长期以来存在着语音中心主义和逻各斯中心主义，即过分强调语音的优先地位和将意义的根源归结于某种终极的、不变的逻辑。然而，汉字的构形特点却对这种传统观念构成了有力的挑战。在西方传统中，语音被视为与意义更为直接和紧密的联系，文字则被看作是语音的外在表征，是次要和派生的。这种观念导致了对文字的贬低和忽视。但汉字却并非如此，其构形并非仅仅是对语音的简单记录，而是具有独立的表意功能。汉字的图形元素和结构组合能够直接传递意义，无须完全依赖语音的中介。

例如，"日"字的构形就是一个简单而直观的圆形，代表着太阳的形象，使人一眼就能理解其含义。这种表意性使得汉字在传达意义时具有独特的自主性。而且汉字的构形还具有丰富的变化和组合方式，通过不同部件的组合，可以创造出众多具有特定意义的新字。德里达指出，这种特点使得汉字超越了西方传统中语音与意义的单一对应模式，打破了语音对意义表达的垄断，为思考语言与意义的关系提供了全新的视角。

2. 德里达对汉字构形中多重属性的思考

德里达认为汉字的属性具有多重性，不能简单地用单一的定义来概括。他反对将汉字单纯地归为象形文字或表意文字。

首先，在汉字的构形中，每一个部分都具有一定的表意价值。以"休"字为例，它由"人"和"木"组成，形象地表达了人靠在树上休息的意思。这种表意价值并非固定不变，而是在不同的语境和使用中会产生变化和扩展。

同时，汉字也具有一定的表音价值。虽然不像拼音文字那样直接通过字母来表示读音，但在形声字中，一部分往往表示读音，另一部分表示意义。

比如"河"字，"氵"表意，"可"表音。

此外，汉字的构形还具有美学价值。其笔画的粗细、长短、曲直，以及字的结构布局，都蕴含着一种独特的美感，体现了中国文化中对形式美的追求。

德里达强调，这些不同的价值在汉字中相互交织、相互作用，共同构成了汉字丰富而复杂的意义体系。不能片面地强调其中的某一方面，而应该综合地看待汉字构形的多重属性。

3. 德里达分析西方对待汉字态度矛盾性

德里达指出，西方哲学家在对待汉字的态度上存在着明显的矛盾。一方面，他们贬低文字的地位，将其视为语音的附属品，认为文字只是对语音的模仿和记录，缺乏独立的价值。然而，另一方面，西方的哲学思想和科学知识却又离不开文字的记录和传播。如果没有文字，这些思想和知识将无法传承和发展。这种矛盾反映了西方传统哲学中对语言本质的误解。

例如，柏拉图在其著作中多次强调语音的优越性，但他的思想却正是通过文字得以保存和传播。同样，现代科学的发展也依赖于文字的精确记录和广泛传播。德里达认为，这种矛盾表明了西方传统观念中对文字的忽视是不合理的。汉字的存在为我们揭示了文字的重要性和复杂性，不应仅仅将其视为次要的工具。我们应该重新审视文字在语言和思想表达中的地位和作用，打破传统的偏见。

总之，德里达对汉字构形的思考，旨在揭示西方传统哲学和语言学观念中的局限性，推动对语言和意义的更深入、更全面的理解。

（三）德里达哲学思想中关于汉字构形内容的后世影响

德里达的哲学思想中有关汉字构形的内容，于后世在多个层面和领域引发了意义深远的变革与创新。

在学术研究领域，德里达的观点促使众多学者对汉字的本质与特性予以重新审视。长期以来，西方学术界在探究文字时，通常更倾向于基于语音中心论的视角展开理解与剖析。然而，德里达却掀起了一场针对汉字表意特质的探索热潮。此热潮不但有力地推进了文字学的发展，使其研究更为深入且精细，还为语言学及相关学科注入了崭新的活力。学者们开始更为关注不同文字系统之间的显著差别，挖掘并珍视每种文字系统所独具的价值。这种转变极大地拓展了学术研究的视野，摆脱了单一研究模式和视角的局限。

在哲学领域，德里达的见解促使人们展开更为深入的反思，思索语言、思维与存在之间微妙且复杂的关系。汉字构形所具备的独特性，恰似一面镜子，映照出不同文字系统在塑造和反映思维模式方面的巨大差异。这进而引领人们思考，这些差异是如何潜移默化地影响着我们对世界的认知与表达。这种思考无疑拓展了哲学思考的范畴和深度，使哲学的探索路径更为宽广和深远。

在跨文化研究领域，德里达的思想激发了对于不同文化中文字与文化、社会结构之间关系的热烈探讨和深入比较研究。通过细致比对汉字与其他文字系统，我们能够更为清晰地理解不同文化各自的显著特征和独特的发展轨迹。这无疑为跨文化研究提供了全新的视角和切实有效的方法，使我们在探寻人类文化多样性的征程中迈出了更为坚实的步伐。

在文化交流领域，德里达的贡献同样不容小觑。借由他的阐述，西方社会能够更深入、更全面地领会汉字所承载的深厚文化底蕴以及独特的思维模式。这在相当程度上降低了因文化差异所导致的误解与偏见，为东西方文化的交流构筑了更为稳固且畅通的桥梁。文化的多元共存不再是遥不可及的空想，而是在持续的交流与融合中逐步成为现实。

综上所述，德里达关于汉字构形的哲学思想，不但促进了学术研究的持续进步，还推动了文化交流的深度发展，为人类的思想宝库增添了一笔不可替代的财富。

第二节 汉字构形及拆解对西方文学的影响

一、汉字构形及拆字修辞在西方文学领域造成的影响

自 18 世纪东学西渐开始后，欧洲学者开始接触到越来越丰富的中国文

化，其中也包含了具有象征意义的汉字。中国文字的这种直观而又含蓄的特点让西方文学家们痴迷，复杂又多变的汉字构形也在西方文学领域产生了深远影响。

首先，汉字构形所蕴含的丰富意象和象征意义，促使西方作家在创作中更加注重运用象征和隐喻来表达深层的思想和情感。19世纪末，法国文学界产生了象征主义的潮流，他们强调通过象征、隐喻和暗示来表达深层的思想和情感，常常借助神秘、隐晦的意象来传达复杂的内心世界和精神追求。象征主义后来传播到欧洲其他国家，并发展成为一场国际性文学运动，对整个欧洲的作家和艺术家都产生了影响。之后，在象征主义的启发下，在诗歌领域出现意象派。意象派诗人们主张用鲜明、准确、含蓄和高度凝练的意象来表达诗人的瞬间感受和情思，更加强调意象的直接性、简洁性和精确性，追求诗歌语言的简洁和形象的鲜明。象征主义和意象派诗人们，很多都受到了中国文化的影响，如埃兹拉·庞德（Ezra Pound）、维克多·谢阁兰（Victor Segalen）、保罗·克洛岱尔（Paul Claudel）等。充满神秘色彩的中国东方文化，既是他们最佳的创作素材，也成为他们宣扬自己文学理念的最有力武器。

其次，汉字的形态美和音韵美，对西方诗歌的形式、韵律和节奏也产生一定的影响，促使诗人尝试新的诗歌表现手法。如美国诗人埃兹拉·庞德，他除了是意象派的主要代表，他也对中国古典诗歌非常感兴趣，并将其元素融入自己的诗歌创作中。他的《诗章》在韵律和节奏上进行了大胆创新，借鉴了中国诗歌的某些节奏特点，试图打破传统西方诗歌的韵律模式，为西方现代诗歌的发展开辟了新的道路。

由于汉字表意、神秘等特点，使它与诗歌之间有种天然的联系。因此，许多西方诗人在阅读和翻译一定数量的中国诗词后，逐渐开始将汉字拆字融入自己的翻译理念和诗歌作品中。此时，汉字拆字翻译对西方诗歌文学产生了更深层次的影响。东学西渐的文化影响逐渐显露，东方文化在西方土地上渐渐开始了它的异国化过程。

二、埃兹拉·庞德与《诗章》

（一）埃兹拉·庞德其人

埃兹拉·庞德（1885—1972）是美国诗人和文学评论家，意象派诗歌运动的重要代表人物之一，担任过美国艺术文学院成员，也是英美现代派文学的关键人物，拥有诗人、翻译家、批评家和编辑等多重身份。庞德出生于美国爱达荷州的海利镇，当时这里还是边陲小镇。他的父亲是一位政治家，母亲是音乐家。庞德是家中独子，父母重视对他的培养，他自幼便展现出了好学的特质。5 岁时母亲就开始教他识字读书，入学时他的知识面比同龄人更广，被同学们称为"教授"。庞德与父亲关系亲密，父亲常对人称赞他。庞德的父母家族背景各异，他的外貌与诗人天分得益于母亲家族的遗传，而父亲家族的西部开发经历也成为他后来作品《诗章》的话题。庞德在小学时转过多次学，曾在私立小学和公立学校就读，其拉丁文老师弗雷德里克·詹姆斯·杜里特尔培养了他对拉丁语的浓厚兴趣，为他打下了扎实的拉丁语功底。1896 年 11 月 7 日，11 岁的庞德在《金昆城时报》发表了第一首诗。1898年，庞德的母亲和外叔婆带他去欧洲旅游，这次游历让他大开眼界，为他日后独自到欧洲闯荡奠定了基础。1901 年秋季，庞德被宾夕法尼亚大学录取，攻读美国历史、古典文学和罗曼斯语言文学。但由于有三门课不及格（其中两门是数学，一门是历史），1903 年 6 月他转学到纽约州的汉密尔顿学院继续本科学习，并于 1905 年 6 月 29 日在该校获得学士学位。从 1909 年开始，他开始从事诗歌创作。1924 年他前往意大利，并在 1928 年于拉巴洛定居，直至第二次世界大战。二战爆发前，庞德前往意大利，后期转向法西斯主义，在罗马电台每周为墨索里尼的法西斯政权宣传，攻击罗斯福领导的美国的作战政策。1943 年他被控为叛国罪，1944 年被美军俘虏，监禁在比萨俘房营中。1945 年被押往华盛顿受审判，后因医生证明他精神失常，再加上海明威和弗罗斯特等名人的奔走说情，他被关入一家精神病院。1958 年，在弗罗斯特等诗人及同情者的呼吁下，取消了对他的叛国罪控告，庞德结束了 12 年的精神病院监禁，获释后回到意大利并定居威尼斯，于 1972 年 11 月 1 日在该地去世。

庞德的艺术生涯开始于 1909 年，当 年他在伦敦出版了《狂喜》及《人物》两本诗集。1910 年出版了在伦敦的演讲辑成的集子《罗曼斯精神》。1913 年，庞德与弗林特合作，在《诗刊》上发表了名为《意象主义》的文章，并单独创作了《意象主义者的几个"不"》一文，正式提出意象主义运动的诗学纲要并公之于众。1914 年编成《意象派诗选》第一辑。庞德从中国古典诗歌、日本俳句中生发出"诗歌意象"的理论，为东西方诗歌的互相借鉴做出了卓越贡献。他于 1915 年出版了英译中国古诗，书名为《国泰集》（Cathay），还曾译过《大学》《中庸》《论语》等国学名著。庞德还帮助詹姆斯·乔伊斯发表了《青年艺术家的肖像》和《尤利西斯》，推荐艾略特的《普鲁弗洛克的情歌》得以发表，并帮助修改艾略特的《荒原》一诗。庞德的代表作为《诗章》，该作品于 1917 年至 1959 年分批发表，1969 年又出版了未完成草稿的一些片断。1949 年 2 月 20 日，庞德获得博林根诗歌奖。庞德的意象主义和后期象征主义思想对现代诗歌产生了深远影响，他所倡导的意象主义诗歌运动开创了英美现代诗歌的新纪元。他推崇欧洲古典文化，受日本俳句和中国古典诗歌影响颇深，将中国传统诗歌文化带进了西方现代派文学中，促进了美国新诗运动的繁荣发展。①

（二）庞德的《诗章》

庞德的《诗章》与其他译本最大的不同在于，它并不是某一本中国古诗译辑，而是作者自己的一本诗歌创作集。庞德于 1904 年左右开始构思《诗章》（The Cantos），1916 年着手动笔，直到 1972 年去世时还没有完成。整部《诗章》于 1917—1959 年分批发表，共包括 109 首诗章及多首未完成的草稿，1969 年又出版了未完成草稿的一些片断。《诗章》晦涩难懂，包罗万象，涉及世界文学、艺术、建筑、神话、经济学、社会学等多方面的内容，可以说是一部包揽人类文明的长诗。庞德在创作《诗章》时，试图寻找一种富有弹性的形式来容纳各种必要的材料。他认为只有音乐的形式才能包容所有的材

---

① 吴可. 庞德的几副面孔：以"意象派六原则"在 20 世纪早期中国的译介为线索（英文）[J]. 国际比较文学（中英文），2019，2（3）：459–476.

料，其心目中孔子的宇宙，便是韵律与张力交互为用的宇宙。庞德的创作过程体现了他对多种文化和艺术形式的广泛涉猎和融合，他的《诗章》在一定程度上反映了他对人类文明、历史、文化等诸多方面的思考和探索。

庞德一直致力于将中国文学带入西方世界，中国的儒家哲学和古典文学给庞德提供了丰厚的创作灵感。例如，《诗章》中的第 49 首诗就来源于一组潇湘八景的画和诗。庞德曾在意大利得到一本册页，里面是佐佐木玄龙画的潇湘八景，每张画上题有汉诗和日文诗。他请曾宝荪（曾约农之妹）把 8 首中国诗翻译成英文草稿，然后按照草稿写成该诗的前四分之三，再融入其庞大文本呈现的文化、美学的竞奏中。在庞德接触这本画册之前，他收到了东方学者芬诺洛萨（Fenollosa）留下的中国诗逐字传译的草稿，并开始进行翻译。芬诺洛萨有关中国文字结构的讨论与分析，尤其是会意字的分析，加深了庞德对利用两个象形元素并置以放射出多重互玩意味的蒙太奇效果的理解，这成为他后来在诗歌中高度发挥并大力推展的重要美学题旨与策略。

庞德的《诗章》是一部具有重要影响力的作品，对后来的诗歌创作和文学发展产生了深远的影响，同时也因其复杂性和多义性而引发了众多的讨论和研究。对于这样一部作品，不同的读者可能会有不同的理解和解读。

（三）《诗章》中的汉字拆字

在《诗章》① 中，庞德通过拆字法给诗中镶嵌的中国文字增添了新的意象和意义，其散见于各章节内容中：

> 例 1：在《比萨诗章》第一章（即《诗章》第七十四章）中，庞德对中文"顯"字的拆分。"顯"字有"日""丝""頁"三部分，庞德将其与太阳、劳动与书写等意义联系起来，他通过以诗释字的方式解释为"黎明在神圣的土地上耕耘，让春蚕吐丝"。

> 例 2：同样在《比萨诗章》第一章（即《诗章》第七十四章）中，庞德把"莫"字释为"无人""日落西山的人"。"日落西山的人"也是

---

① 翟梦宇.《埃兹拉·庞德与儒学：现代性中重塑人文主义》（第 3 章）英汉翻译实践报告 [D]. 济南：齐鲁工业大学，2023：11-12.

庞德本人的自况，当时他正被控叛国罪，关在比萨劳改中心的死囚室。

例3：在《比萨诗章》第四章（即《诗章》第七十七章）中，另外，他把"明"字解释为日月相加，或双重的光。而把"口"字释为"是太阳——神之口"，陷入了过度阐释。

例4：同样在《比萨诗章》第四章（即《诗章》第七十七章）中，庞德把"旦"字释为"sun above line of horizon = dawn"，意思是太阳在水平线之上等于黎明，这是比较贴合其原意的解释。

在庞德《诗章》中的这些汉字拆字翻译，大多加了庞德自己的感受、情感和个人理解，有一部分比较贴合汉字构形和自身含义，但也有不少并不完全符合汉字的原意。这与庞德并不懂中文有很大关系，一方面，庞德的中文造诣不高，使他在拆解汉字时出现了不少误读现象。另一方面，庞德的意象派诗人身份，促使他面对汉字时充分发挥了自己的想象，将自身情感投射到汉字之上，为汉字赋予和全新的内涵，以服务于他的诗歌创作和表达意图。这种拆字的方式在一定程度上偏离了汉字在中文语境里的最初含义，但也为他的诗歌带来了独特的审美效果和文化交融的特色。

（四）《诗章》中汉字拆字现象的后世影响

庞德的《诗章》在诗歌历史上有着非常重要且特殊的地位。特别是它其中的汉字拆字解读，对后世的翻译及文学创作都带来了很大的影响。

1. 翻译观念方面

庞德对汉字的拆解和独特阐释引发了关于翻译中文化传递的思考。他的翻译方法虽然存在争议，但却促使翻译界探讨如何在翻译中处理源语文化中独特的元素，如何在保持文化特色的同时使目标读者能够理解和接受。庞德的翻译实践注重传达原文的"精神"而非仅仅是表面的文字。他试图捕捉原文中的意象、情感和文化内涵，并以一种新的方式在目标语言中呈现出来。这启示了后来的译者要更加关注文本背后的文化和情感因素，而不仅仅是语言的转换。这种大胆的做法挑战了当时翻译界认为翻译应尽可能忠实反映原文形式和意义的观念，使人们开始重新审视译者在翻译过程中的角色和作用。

然而，庞德的翻译观念也并非没有问题。他的过度阐释和主观创造有时会导致对原文的曲解，这也提醒了翻译者在发挥主体性的同时，要保持对原文的尊重和谨慎。总的来说，庞德的《诗章》促使翻译观念从单纯的语言转换向更注重文化传递和译者创造性的方向发展，为翻译理论和实践的多元化提供了有益的启示。

2. 诗歌创作方面

首先，庞德在《诗章》中对汉字的拆解和独特运用，为诗歌增添了神秘而独特的元素。他从汉字的形态和意义中获取灵感，将其融入英文诗歌的创作中，创造出一种独特的跨文化融合的语言风格。这种创新的手法启发了后世诗人去探索不同语言和文化之间的交融与碰撞，拓展了诗歌的语言边界和表现形式。其次，《诗章》中所采用的包括汉字拆解在内的一系列翻译方式，体现了一种碎片化、跳跃式的叙述方式，用以呈现出丰富而复杂的意象和主题。这种非线性的结构挑战了读者的阅读习惯，促使他们更加积极地参与到诗歌意义的构建中。诗人不再局限于规整的韵律和节奏，而是更加注重表达内心深处的情感和思想。再者，《诗章》中包括汉字构形等丰富多样的意象和象征手法也对后世诗歌创作产生了深远影响。庞德善于运用历史、神话、哲学等元素，构建出一个庞大而深邃的诗歌世界。这使得后世诗人更加注重在作品中融入多元的文化和知识，以增强诗歌的内涵和深度。总之，庞德的《诗章》为诗歌创作提供了全新的思路和方法，激发了诗人的创造力和探索精神，对现代诗歌的发展产生了不可磨灭的影响。

3. 文学研究方面

庞德的《诗章》在文学研究领域引起了广泛而深入的探讨和思考。关于庞德对汉字的运用和理解，也成为文学研究中的一个独特课题。研究者们通过分析他对汉字的拆解和阐释，探讨其中的文化认知偏差、语言哲学问题以及跨文化交流中的误解与创新。同时，这一系列翻译手段所呈现出的碎片化、实验性的写作风格，以及对传统文学形式的突破，也为理解现代主义文学的特征和发展趋势提供了典型范例。总之，庞德的《诗章》在文学研究领域激发了众多学者的研究兴趣，催生了大量的学术成果，丰富了文学研究的方法和视角，为推动文学研究的发展做出了重要贡献。

4. 文化交流方面

庞德在《诗章》中拆解汉字的同时，也需要引用和借鉴大量中国古典文学、哲学和历史。这使得西方读者开始关注和了解中国文化的博大精深。这不仅拓宽了西方文化的视野，也为东西方文化的对话和相互理解搭建了桥梁。通过庞德的作品，西方读者对中国的诗歌、哲学思想如儒家的道德观念等有了初步的认识和接触，激发了他们对东方文化进一步探索的兴趣。此外，庞德对中国文化的独特解读和再创作，虽然存在一定的误解和偏差，但也引发了关于文化误读与创新的讨论。这促使人们更加深入地思考在跨文化交流中如何准确理解和尊重他者文化，同时也鼓励在交流中进行创造性的转化和融合。总的来说，庞德的《诗章》为东西方文化的交流与融合做出了积极的贡献，促进了不同文化之间的相互尊重和欣赏。

综上所述，庞德《诗章》中的拆字翻译对后世产生了显著影响。它激发了诗歌创作的创新思维，使诗人敢于突破常规。在翻译领域，拓展了对文字理解与转换的思路，还促进了不同文化的交融与碰撞，引发了学界对跨文化交流的深入研究。

二、保罗·克洛岱尔与《百扇帖》

（一）保罗·克洛岱尔其人

保罗·克洛岱尔（1868—1955），全名保罗-路易-夏尔-马里·克洛岱尔，也被译为克洛代尔，是法国著名的诗人、剧作家和外交家。克洛岱尔出生于法国皮卡第大区埃纳省的 Villeneuve-sur-Fère。他的父亲 Louis-Prosper 是政府公务员，处理抵押和银行交易事务；母亲 Louise Cerveaux 来自香槟行省，家庭成员有农夫或牧师。他的姐姐是被诅咒的天才雕刻家、罗丹的情人卡米耶·克洛岱尔。1881 年，克洛岱尔一家移居巴黎，他在当地的路易大帝高中读高中，后于巴黎政治学院读大学。1886 年圣诞节，18 岁的他在巴黎圣母院听大弥撒时，被大风琴奏乐和圣歌合唱深深震动，从而重新激起对天主教的信仰，并决心以歌颂天主教信仰为自己终生的神圣事业。随后，克洛岱尔经考试录取为法国外交部青年见习人员，成为一名职业外交家，在 1893 年至 1936 年期间担任法国的外交人员，曾在多个国家和地区任职：1893 年 4 月至 11 月在美国纽约市；1893 年 12 月至 1895 年 5 月在美国波士顿；1895 年 6 月至 1900 年 9 月在中国（清朝）上海；1900 年 10 月至 1909 年 11 月在中国（清朝）福州；1909 年 12 月至 1911 年 9 月在捷克布拉格；1911 年 10 月至 1913 年 9 月在德国美因河畔法兰克福；1913 年 10 月至 1916 年在德国汉堡；1916 年至 1920 年在巴西里约热内卢；1920 年至 1922 年在丹麦哥本哈根；1922 年至 1928 年在日本东京；1928 年至 1933 年在美国华盛顿哥伦比亚特区；1933 年至 1936 年在比利时布鲁塞尔。在中国期间，他逗留的时间最长，前后达 14 年之久。1946 年，他入选法兰西学院。1955 年 2 月 23 日，克洛岱尔于巴黎去世。

克洛岱尔的作品以东方的异国情调和大气磅礴的笔触著称，其诗歌激情奔放，表达方式大刀阔斧，接近兰波的风格。作品的主题思想主要是世俗的情欲和罪恶与上帝的"神恩"之间的矛盾，官能享受的魔障与"神灵的召唤"之间的冲突，实质上反映了唯心的遐想和资本主义世界残酷现实之间的矛盾，而其戏剧的主题几乎全是基督教精神的胜利。例如，《城市》反映的是社会秩序与反抗力量的矛盾，答案是人类社会最终应靠向天主；《少女维奥兰》以及根据该剧重新写成的《给圣母报信》体现了罪恶与神恩的对立、肉欲与灵魂的冲突，最后傲慢与贪婪遭到失败，而容忍产生了奇迹；《缎子鞋》以全世界为舞台，呈现了 16 世纪末以西班牙为中心的殖民主义帝国的巨型画卷，剧的中心线索是朝廷重臣堂·罗德里克与贵族太太堂娜·多尼娅·普鲁艾丝的爱情纠葛，他们经过一番曲折经历，都为了"神圣"的宗教事业而压制了肉欲的奔放。

克洛岱尔对中国有着特别的情感。他曾在给法国诗人斯特凡娜·马拉美的信中描述中国："中国是一个古老国家，错综复杂，令人目眩。这里的生活还没有遭到精神上的现代病的感染……我厌恶现代文明，而且对它总感到十分陌生。相反，这里的一切似乎都很自然、正常。"他在中国的经历为其创作提供了丰富的素材，从 1895 年到 1909 年，他完成了多部重要作品，包括以中国经历为背景的戏剧《正午的分界》、描绘中国各地人文风情的散文诗集《认识东方》以及由 5 首具有浓厚宗教色彩的颂歌组成的名篇《五大颂歌》。他还曾专门学习汉文，尝试翻译和改写中国的古诗。

另外，克洛岱尔还是法国天主教文艺复兴时期的重要人物，他的多数作品都带有浓厚的宗教色彩和神秘感。他受法国象征主义诗人阿蒂尔·兰波（Jean Nicolas Arthur Rimband）的影响深远，和瓦莱里都是后期象征主义的重要诗人。他撰写了许多诗剧、诗歌和宗教与文学的评论。其诗歌代表作有《五大颂歌》（1910）和《三重唱歌词》（1914），戏剧代表作有《城市》（1890）、《给圣母报信》（1891）、《少女维奥兰》（1892）、《金头》（1893）、《交换》（1901）、《正午的分界》（1905）、《给玛丽报信》（1912）、三部曲《人质》（1909）、《硬面包》（1914）、《受辱的神父》（1916）和《缎子鞋》（1923）等。克洛岱尔作品中的主角通常是勇敢的实干家，如将军、征服者、天生的大地主人等，他们傲慢、贪婪、充满野心且情欲疯狂，但在种种欲望之后，往往走向赎罪之路。他的历史三部曲以法国大革命为背景，描写了教皇所代表的信仰受到侮辱①。

（二）克洛岱尔的《百扇帖》

1926 年秋，法国诗人克洛岱尔（Paul Claudel）即将结束其 5 年的日本大使任期。他决定以一种独特而富有诗意的方式，为这段特殊的经历留下永恒的印记。于是，他邀请了日本画家友人富田溪仙，携手创作了两部作品：《四风帖》与《雉桥集》。他们选用了扇面形制的和纸作为创作的载体。在创作的过程中，克洛岱尔濡墨题诗，而富田溪仙挥毫画画。诗与画完美合璧，相得益彰。1927 年，克洛岱尔对之前的创作进行了进一步的整理与升华。他将两套扇面中的所有诗作精心汇集一处，并在此基础上，又添加了新的诗作。而后，这些诗作由东京的小茶社付梓刊行，于是，这部仅仅包含诗作的《百扇帖》（"*cent phrases pour éventails*"）便应运而生。在这部诗集中，一共收录了克洛岱尔的 172 首短诗。《百扇帖》中的作品往往取材于《圣经》，充满基督

---

① 黄伟. 保尔·克洛岱尔与中国：晚清一位法国外交官的在华行迹 [M]. 北京：外语教学与研究出版社，2014：2-5.

教的幻想与炽烈的宗教信仰热情，主题主要是世俗的情欲和罪恶与上帝的"神恩"之间的矛盾等。

值得一提的是，克洛岱尔一直以来都对汉字表现出了浓厚的兴趣。在他的创作生涯中，这种兴趣也一直对他产生着深远的影响。在《百扇帖》这部作品中，他也将对汉字的深刻理解与分析，引入到了西方文字中。就像汉字可以象形，可以拆解一样，克洛岱尔也对法语单词进行形象解析和进一步拆解，并由此来创造诗歌意境。他通过这种独特的诗歌形式，给西方诗歌世界来带一种全新的创作方法。

在创作《百扇帖》之后，克洛岱尔对东方文化的持续热情又促使他开始翻译中国古诗词。在阅读完德理文的《唐诗》和朱迪特的《玉书》等法文译本后，他以独特的视角，对中国诗歌进行了大胆的改写和再创作，并于 20 世纪 30 年代后期，出版了《拟中国小诗》和《拟中国诗补》这两部中国古诗诗集。这两部诗集中汇聚了李白、杜甫、张九龄、柳宗元、贺知章、贾岛、苏轼和李清照等众多中国古代著名诗人的诗词，内容多涉及自然景观、人物情感、生活场景等方面，并试图营造出具有中国古典韵味的意境①。

（三）《百扇帖》中的拆字创作

在克洛岱尔的《百扇帖》里，并不是简单的出现汉字拆字翻译现象。而是诗人将汉字象形文字的特点引入西方字母，通过形象来理解西方文字，并且还通过拆解的方式来对西方文字进行进一步的阐释。让我们通过几个例子来深入剖析这一现象（因诗句需要手写形式来体现含义，故附上书写原文）。

例 1：M，c'est le messager qui arrive avec ses deux ailes（取自《百扇帖》第 162 句。另，文中《百扇帖》原文图片截选自克洛岱尔原作)②

---

① ［法］克洛岱尔. 百扇帖［M］. 黄蓓，译. 北京：文津出版社，2023：1-11.
② CLAUDEL P. Cent phrases pour éventails, éd critique de M. Truffet［M］. Paris：Les Belles-lettres，1985：178.

笔者译：

M，这是扇动双翅前来送信的使者。

　　这句诗是诗人对单词首字母所做的阐释。可以直观的看出来，这句关于 M 的诗，是将字母当成象形文字来理解了。诗人从外形上来研究字母的含义和价值，不得不让人联想到汉字的象形特征。

　　例 2：Cette ombre que me confire la lune comme une encre immaterielle.（取自《百扇帖》第 17 句。）

笔者译：

这月亮赋予我的阴影，恍若这无尽的墨色。

　　在此例中，作者将 ombre（阴影）和 comme（恍若）两个单词进行了拆解，并将拆出的字母"O"和字母"C"分开至于句首。这使得此首诗的阅读体验很为奇特。若从纵向阅读，我们看到的是："Cette O C"

(这个 O 和 C)。这个字母"O"和字母"C"分别代表了月亮的两种形态①，即仍然是字母的象形意义。

从以上两个例子我们可以看出，克洛岱尔的《百扇帖》并不是对汉字进行拆解，而是诗人受到汉字构形特点的启发，将汉字的表意特点引入西方文字，并希望用这种象形特征来创作出特别的美感。克洛岱尔甚至认为，象形文字是"最基本的沟通"②。这种创作手法在西方诗歌界无疑是新颖而奇特的，同时，它也为中西方文化融合提供了一定的助力。

（四）《百扇帖》拆字创作的后世影响

克洛岱尔的《百扇帖》其后世影响主要体现在诗歌领域，主要包括以下三方面。

1. 独特的艺术形式

他在《百扇帖》中不但进行字词句的拆解，还采用自由诗体，诗句近似分行的散文，其强有力的节奏配合人的呼吸，在朗读时能产生强烈的艺术感染力和魅力。这种独特的艺术形式对后世一些诗人产生了影响，在 20 世纪的法国抒情诗人中，受克洛岱尔影响较明显的有贝玑、茹弗、埃马努埃尔等。

2. 展现东方文化元素

克洛岱尔在《百扇帖》中运用了远东绘画中黑白虚实的美学观念，通过拆解文字等方式，在书写时给人耳目一新的感觉。他有意识地模仿日本俳句，同时又用中国笔墨书写诗歌，这使得该作品带有浓厚的东方色彩，促进了不同文化间的交流与对话，并引发更多法国作家对中国文化的关注。如在他之后，谢阁兰、圣-琼·佩斯（Saint-John Perse）、安德烈·马尔罗（Ardré Malraux）、亨利·米肖（Henri Michanx）等一批知名法国诗人、小说家也开始在作品中提及中国，进一步扩大了中国文化在法国的影响力。

---

① CLAUDEL P. Cent phrases pour éventails, éd critique de M. Truffet ［M］. Paris: Les Belles-lettres, 1985: 27.

② CLAUDEL P. Cent phrases pour éventails, éd critique de M. Truffet ［M］. Paris: Les Belles-lettres, 1985: 50.

3. 引发对诗歌视觉效果的探讨

这部作品让人们关注到诗歌在书写和排版上所表现出的视觉形式，以及其具有的符号学象征功能，为诗歌研究提供了新的视角和方向。如紧跟其后的谢阁兰的《碑》，就在书内插入中国石碑的图片，另在空白处书写法语诗句。这种另类的排版和视觉形式很有可能是受到克洛岱尔的启发。

克洛岱尔的《百扇帖》让西方读者对东方文化产生了更浓厚的兴趣，推动了不同文化之间的交流、理解和相互借鉴。同时，也为后世的文学创作和文化交流提供了宝贵的经验和启示。但需要注意的是，因个人的文学观念、审美标准和文化背景等因素而有所不同，《百扇帖》的艺术价值在不同研究者眼中也表现出很大的不同。

总　结

汉字构形及拆解对西方产生了深远的影响，涵盖哲学、文学等多个领域。

在哲学领域，汉字的独特构形为西方哲学带来了新的启示。其表意特征促使西方哲学家重新思考符号与意义的关系，反思传统思维模式的局限。汉字的稳定性使其能够跨越时空准确传递意义，有利于知识的传承；抽象性使其更适合表达复杂的哲学观念；理性则体现在书写规范中，通过笔画组合展现出逻辑性。这些特点引导西方哲学家探索多元思维路径，为西方哲学提供了重要借鉴。

在文学领域，汉字构形及拆字修辞产生了重要影响。一方面，其丰富的意象和象征意义激发了西方作家运用象征和隐喻表达深层思想情感的创作热情，推动了象征主义和意象派的发展。另一方面，汉字的形态美和音韵美对西方诗歌的形式、韵律和节奏产生了一定影响，促使诗人尝试新的创作方式。此外，由于汉字与诗歌的天然联系，许多西方诗人将汉字拆字融入翻译和创作中，促进了东西方文化的交流与融合。

总的来说，汉字构形及拆解在西方引发了思想碰撞和文化交融。它为西方提供了独特的视角和启示，推动了西方在哲学和文学等领域的发展与创新。汉字的魅力和价值在西方得到认可，促进了中西方文化的交流与相互理解，丰富了西方的学术和文学内涵，为世界文化的多样性和发展做出了积极贡献。通过对汉字的研究和借鉴，西方能够拓展思维边界，推动自身文化的进步，同时也加强了中西方的文化对话与交流，增进了彼此的了解和尊重，促进了世界文化的繁荣。

结　语

第一节　研究结论和发现

本书通过梳理西方世界中的汉字拆字翻译现象，并透过此现象剖析其背后的原因和本质，得出了以下研究结论。

1. 汉字拆字翻译现象在中国典籍西传中具有一定的独特性和复杂性，包括译者自身水平、创作需求、文化背景等多种因素的影响。

汉字拆字翻译现象在中国典籍西传中具有独特性和复杂性。这一现象受到多种因素的影响，包括译者自身水平、创作需求以及文化背景等。译者自身水平的差异可能导致对汉字的理解和翻译出现偏差或误读。创作需求会使译者对汉字进行创新性解读，从而可能偏离其原意。文化背景的不同则使得西方译者在翻译时容易融入西方文化观念，使汉字呈现出不同的文化色彩。

2. 西方汉语教学的历史演变对西方译者的拆字翻译行为产生了重要影响，而汉语习得者的阶层和惯习也与拆字行为密切相关。

西方汉语教学的历史演变对西方译者的拆字翻译行为有着重要影响。教学方法的不断变化塑造了译者不同的学习惯习，而汉语习得者的阶层差异也导致他们学习汉语的目的和需求各异，进而影响其对汉字拆字翻译的态度。此外，汉语习得者的惯习，如学习方法、记忆方法、文化融入和练习频率等，都与拆字行为密切相关，这些惯习会在一定程度上决定译者的思维方式和操作方法，从而影响翻译的结果和质量。

3. 通过汉字拆解，西方学者能够在一定程度上理解汉字的理据性、中国文化思维模式以及中国社会结构，这对于促进跨文化交流和理解具有重要意义。这也是西方译者出现拆字翻译现象的一大根本原因。

汉字拆解有助于西方学者理解汉字的理据性，包括读音、字形和字义之间的内在联系，从而更好地把握汉字的构造原理和意义。同时，汉字构形反映了中国文化思维模式的多个层次，通过研究汉字构形，西方学者能够洞察这些思维模式的特点，深入挖掘中国文化的内涵。此外，汉字拆解与中国社会结构也存在一定关联，西方学者可以通过分析汉字构形来了解中国社会的各个方面。

4. 汉字构形及拆解对西方哲学和文学产生了深远影响，为西方提供了新的思考视角和创作灵感，推动了西方在相关领域的发展与创新。

汉字构形及拆解对西方哲学产生了多方面的影响，促使西方哲学家重新思考符号与意义的关系，推动他们对语言符号本质的深入探究。许多哲学家从汉字构形中获得灵感，发展出自己的哲学观点。在文学领域，汉字构形及拆字修辞激发了西方作家的创作灵感，推动了象征主义和意象派的发展，影响了诗歌的形式、韵律和节奏，同时也为文学研究提供了新的视角，促进了文化交流。

总体而言，汉字拆字翻译现象是中西方文化交流的重要窗口，通过对这一现象的研究，能够增进中西方文化的相互理解和尊重，促进文化的多样性和发展。深入研究汉字拆字翻译现象有助于我们更好地把握中西方文化的差异和共性，为跨文化交流提供有益参考，同时也有利于推动中华文化的传播，让世界更全面地认识中国文化的博大精深。在全球化背景下，加强对这一现象的研究对于促进不同文化的和谐共处和共同发展具有重要意义。

第二节 研究创新和研究贡献

本书的创新之处主要体现为五方面。

1. 跨学科研究视角

本书打破了传统研究的学科界限，综合运用多个学科的理论和方法来剖析汉字拆字翻译现象。语言学方面，从结构语言学、功能语言学、认知语言学、社会语言学等角度分析汉字拆字翻译与语言结构、功能、认知和社会因素的关联，为理解汉字拆字翻译的语言本质提供了多维度的视角。哲学领域，德国古典哲学、直觉主义、解构主义、阐释学、马克思主义哲学等理论的引入，深入探讨了汉字拆字翻译背后的哲学思考，揭示了其与人类思维、认知和价值观的紧密联系。文学理论的运用，如新古典主义、启蒙主义、浪漫主义、唯美主义、象征主义等，展示了汉字拆字翻译在文学创作和欣赏中的独特魅力和文化内涵。心理学的分析，包括弗洛伊德精神分析法、认知心理学、荣格的集体无意识理论等，揭示了汉字拆字翻译与人类心理活动的深层互动。社会人类学的研究，如政治人类学、宗教人类学、亲属制度研究等，从社会、文化和历史的角度阐释了汉字拆字翻译的社会意义和文化价值。这种跨学科的研究视角，不仅丰富了研究的内涵，还为解决研究问题提供了更全面、更深入的思路和方法，避免了单一学科研究的局限性，为汉字拆字翻译现象的研究开辟了新的领域。

2. 历史脉络梳理

本书系统地梳理了西方汉语教学的历史演变以及汉字拆字翻译现象的发展历程。在西方汉语教学方面，详细阐述了从16世纪初期传教士的初步接触和简单介绍，到19世纪教学的不断改进和丰富，再到20世纪以来教学水平的不断提高和教学方法的创新等各个阶段的特点和变化。对于汉字拆字翻译现象，追溯了其从早期传教士对汉字的拆解分析，到后来学者、译者等对汉字拆字翻译的深入研究和应用的发展过程。通过对这些历史脉络的梳理，清晰地展示了不同历史时期西方汉语教学和汉字拆字翻译现象的背景、动机、方法和影响，使我们能够更好地理解这一现象的演变规律和发展趋势。同时，历史脉络的梳理也为我们提供了一个宏观的历史框架，有助于我们将汉字拆字翻译现象置于更广阔的历史背景中进行考察，从而更准确地把握其本质和意义。此外，通过对历史的回顾和总结，我们还可以从中汲取经验教训，为今后的汉语教学和翻译研究提供有益的借鉴。

3. 文化思维探究

本书深入探究了汉字构形与中国文化思维模式之间的紧密联系。通过对汉字构形的分析，揭示了中国文化思维模式中直觉经验、意象思维、辩证思维、伦理道德和天人合一等层次的内涵。例如，汉字的象形、指事、会意等造字方法体现了直觉经验和意象思维，使人们能够通过直观的形象来感知和理解事物；汉字中蕴含的辩证思维则体现在一些汉字的部件组合和意义表达中，如"好"字由"女"和"子"组成，体现了阴阳调和的辩证观念。同时，从整体思维、类比思维、重义轻利思维、中庸和谐思维、阴阳五行思维和天人合一思维等分类角度，分析了汉字构形如何反映这些思维模式。例如，汉字的整体性体现了整体思维，形声字的构造体现了类比思维，"仁""义"等字体现了重义轻利思维和伦理道德观念。这种通过汉字构形来理解中国文化思维模式的研究方法，为中西方文化交流提供了一个全新的切入点，有助于西方学者更深入地理解中国文化的独特之处，促进跨文化的沟通和理解。此外，这种研究还能够帮助我们更好地传承和弘扬中国传统文化，增强文化自信。

4. 改进汉字教学与研究

汉字拆字翻译现象为汉字教学提供了新视角和有效方法。通过研究其规律，教师能引导学生从字形、字义入手理解汉字构成与意义，提升识字和阅读能力。如"休"字由"人"和"木"组成，形象展示人靠树休息之意，有助于学生记忆和理解。同时，讲解汉字文化背景可增强学生对汉字的兴趣与热爱。此外，该研究还为教学提供更多资源，如相关教材、教具等。借助这些资源，教师能更生动地展示汉字构造和意义，提高学生学习效果。总之，汉字拆字翻译研究为汉字教学提供新思路和方法，有利于提高教学质量和效率，推动汉字教学发展，也丰富了汉字学研究内容，为其提供新证据和支持，助力汉字学深入研究。

5. 完善翻译理论

汉字拆字翻译涉及语言、文化、思维等多个层面的转换，为翻译理论的研究提供了丰富的案例和实证。通过对汉字拆字翻译现象的深入分析，我们可以更好地理解翻译过程中语言和文化的互动关系，以及翻译策略的选择和应用。在翻译实践中，译者需要根据具体情况，灵活运用各种翻译方法，如直译、意译、音译等，以准确传达原文的意义和文化内涵。同时，汉字拆字翻译现象也体现了翻译的创造性和灵活性，译者可以根据目标语读者的接受能力和文化背景，对原文进行适当的调整和创新，使翻译更符合目标语的表达习惯。此外，本书还有助于提高翻译的准确性和适应性，为跨文化交流提供更加优质的语言服务。通过对汉字拆字翻译的研究，译者可以更好地处理文化差异，避免文化误解，促进不同文化之间的交流和理解。

第三节　研究不足与展望

一、本书的不足之处可能包括以下五点。

1. 研究范围的局限性

虽然对汉字拆字翻译现象进行了多学科的综合研究，涵盖了语言学、哲学、文学、心理学、社会人类学等多个领域，但仍可能存在某些相关领域未被涉及或探讨不够深入的情况。例如，在语言学领域，可能对某些新兴的语言学理论或研究方法应用不足；在社会人类学方面，可能只涉及了政治人类学、宗教人类学和亲属制度研究等部分领域，对于其他相关领域，如经济人类学、文化人类学等的探讨可能不够全面。

2. 资料收集的不完整性

由于历史文献的保存和获取存在一定的困难，可能无法收集到所有与汉字拆字翻译相关的资料，尤其是一些早期的或较为罕见的文献。这可能会导致对某些历史时期或特定领域的研究不够深入，无法全面展现汉字拆字翻译现象的发展脉络和全貌。

3. 跨文化理解的难度

尽管努力从西方的视角来理解汉字拆字翻译现象，但由于文化差异的存在，可能无法完全准确地把握西方学者对汉字的理解和解读，存在一定的误解或偏差。此外，对于中西方文化在汉字拆字翻译现象中的互动和影响，可能还需要更深入的分析和探讨。

4. 实证研究的不足

在研究中，可能更多地依赖于理论分析和文献研究，相对缺乏实证研究的支持，如实地调查、实验研究等。这可能会影响研究结论的可靠性和说服力，需要进一步加强实证研究来验证和支持理论观点。

5. 对当代影响的关注不够

虽然探讨了汉字拆字翻译现象对西方哲学和文学的历史影响，但对于其在当代社会中的影响关注可能不够，未能充分揭示其在当代跨文化交流和全球化背景下的新意义和新挑战。例如，在当今数字化时代，汉字拆字翻译现象在网络文化、新媒体传播等方面的影响可能需要进一步研究。

二、未来的研究可以从以下五方面展开。

1. 拓展研究领域

进一步拓展研究领域，将更多相关学科的理论和方法引入到汉字拆字翻译现象的研究中，如认知科学、信息科学等，以提供更全面、更深入的分析。

2. 完善资料收集

加强对历史文献的收集和整理，尤其是那些早期的、罕见的文献，同时关注当代的相关资料，如网络文本、新媒体资料等，以更全面地展现汉字拆字翻译现象的发展历程和当代应用。

3. 深化跨文化研究

加强中西方文化的比较研究，深入探讨中西方文化在汉字拆字翻译现象中的互动和影响，提高跨文化理解的准确性和深度。

4. 加强实证研究

增加实证研究的比例，通过实地调查、实验研究等方法，收集更多的实证数据，以验证和支持理论观点，提高研究结论的可靠性和说服力。

5. 关注当代影响

加强对汉字拆字翻译现象在当代社会中的影响研究，尤其是在数字化时代的网络文化、新媒体传播等方面的影响，以揭示其在当代跨文化交流和全球化背景下的新意义和新挑战。

参考文献

一、中文文献

（一）著作

[1] 鲍志华．独上高楼：唐兰新传［M］．杭州：浙江大学出版社，2022．

[2] 车文博．西方心理学史［M］．杭州：浙江教育出版社，1998．

[3] 陈望道．修辞学发凡［M］．上海：大江书铺，1932．

[4] 方志彤．庞德《诗章》研究［M］．上海：中西书局，2016．

[5] 胡朴安．中国文字学史［M］．上海：上海三联书店，2014．

[6] 胡壮麟，朱永生，张德禄，等．系统功能语言学概论［M］．北京：北京大学出版社．2005．

[7] 黄楠森．马克思主义哲学史［M］．北京：高等教育出版社，1998．

[8] 黄伟．保尔·克洛岱尔与中国：晚清一位法国外交官的在华行迹［M］．北京：外语教学与研究出版社，2014．

[9] 蒋向艳．唐诗在法国的译介和研究［M］．北京：学苑出版社，2016．

[10] 李经国．钱大昕年谱长编［M］．北京：中华书局，2020．

[11] 刘平．中国天主教艺术简史［M］．北京：中国财富出版社，2014．

[12] 马新国．西方文论史（第三版）［M］．北京：高等教育出版社，2008．

［13］潘德荣．诠释学导论［M］．桂林：广西师范大学出版社，2015.

［14］裘锡圭．文字学概要［M］．北京：商务印书馆，1988.

［15］王寅．认知语言学［M］．上海：上海外语教育出版社，2007.

［16］徐大明．社会语言学研究［M］．上海：上海人民出版社．2007.

［17］（汉）许慎．说文解字［M］．北京：中华书局，1963.

［18］杨祖陶．德国古典哲学的逻辑进程［M］．武汉：武汉大学出版社，2003.

［19］袁晖，宗廷虎．汉语修辞学史［M］．合肥：安徽教育出版社，1990.

［20］朱炳祥．社会人类学（第二版）［M］．武汉：武汉大学出版社，2009.

［21］朱立元．当代西方文论史［M］．上海：华东师范大学出版社，2014.

［22］［丹麦］龙伯格．清代来华传教士马若瑟研究［M］．李真，洛洁，译．郑州：大象出版社，2009.

［23］［德］洪堡特．论人类语言结构的差异及其对人类精神发展的影响［M］．姚小平，译．北京：商务印书馆，1999.

［24］［德］柯兰霓．耶稣会士白晋的生平与著作［M］．李岩，译．郑州：大象出版社，2009．

［25］［德］莱布尼茨．莱布尼茨逻辑学与语言哲学文集［M］．段德智，译．北京：商务印书馆，2020.

［26］［法］多斯．结构主义：莫斯科—布拉格—巴黎［M］．季广茂，译．北京：人民大学出版社，2005.

［27］［法］多斯．解构主义史［M］．季广茂，译．北京：金城出版社，2011.

［28］［法］克洛岱尔．百扇帖［M］．黄蓓，译．北京：文津出版社，2023.

［29］［美］魏若望．耶稣会士傅圣泽神甫传：索隐派思想在中国及欧洲［M］．吴莉苇，译．郑州：大象出版社，2006.

[30]［日］白川静.汉字的世界：中国文化的原点［M］.陈强,译.成都：四川人民出版社,2018.

[31]［瑞典］高本汉.汉语的本质和历史［M］.聂鸿飞,译.北京：商务印书馆,2010.

[32]［瑞典］林西莉.汉字王国［M］.李之义,译.北京：生活·读书·新知三联书店,2008.

[33]［瑞士］索绪尔.普通语言学教程［M］.高名凯,译.北京：商务印书馆,1980.

[34]［英］安托内萨.莱布尼茨传［M］.宋斌,译.北京：中国人民大学出版社,2015.

（二）期刊

[1]葛文峰,李延林.艾米·洛威尔汉诗译集《松花笺》及仿中国诗研究［J］.西安石油大学学报（社会科学版）,2012,21（1）：107-112.

[2]李鹏辉,高明乐.翻译的时代镜像：清末民初汉学家邓罗的译者行为研究［J］.外语研究,2022,39（2）：90-95,111.

[3]李鹏辉,高明乐.美国汉学家罗慕士的译内行为与译外行为考辨［J］.中国翻译,2023,44（3）：90-97.

[4]李吴可.庞德的几副面孔：以"意象派六原则"在20世纪早期中国的译介为线索［J］.国际比较文学,2019,2（3）：459-476.

[5]周彦.《松花笺》忠实与创新的结合［J］.中国翻译,1996（4）：39,47-48,50.

（三）论文

[1]包姗姗.《红楼梦》中的隐喻英译研究［D］.上海：华东师范大学,2016.

[2]付碧.鲍康宁《圣谕广训》英译本研究［D］.上海：上海师范大学,2018.

[3]付延峰.莫安仁《官话汇编》研究［D］.济南：山东师范大学,2017.

［4］姜润.《埃兹拉·庞德儒家典籍翻译》（第5章）英汉翻译实践报告［D］.济南：齐鲁工业大学，2024.

［5］王璇.瑞典汉学家林西莉的《汉字王国》与汉字教学［D］.苏州：苏州大学，2014.

［6］翟梦宇.《埃兹拉·庞德与儒学：现代性中重塑人文主义》（第3章）英汉翻译实践报告［D］.济南：齐鲁工业大学，2023.

［7］张平.雷德侯的中国艺术世界［D］.杭州：中国美术学院，2011.

（四）报纸

［1］高博.埃兹拉·庞德：为西方世界打造一座"儒家乐园"［N］.社会科学报，2022-10-27（8）.

（五）电子文献

［1］东西问·汉学家｜"汉字叔叔"理查德·西尔斯：横撇竖捺间的中式之美［EB/OL］.中国新闻网，2024-04-20.

二、外文文献

（一）著作

［1］CAO X Q. Translated by David Hawkes. The Story of The Stone［M］. London：Penguin Books. 1973.

［2］GAUTIER J. Le Livre de jade［M］. Paris：Télix Juven，1902.

［3］GAUTIER J. Le second rang du collier, Souvenir Littéraire［M］. Paris：L'Harmattant，1999

［4］HSUEH - CHIN T, NGO K. Translated by Yang Hsien - Yi and Glad-ysYang. A Dream of Red Mansions［M］. Beijing：Foreign Language Press. 1978.

［5］RÉMY D G. Les souvenirs de Judith Gautier［M］//De Gourmont R promanades littéraires, Paris：Mercure de France, 1904.

［6］TRUFFET M. Paul Claudel：Cent phrases pour éventails［M］. Paris：Les Belles Lettres，1985.

（二）期刊

［1］ ANATOLE F. Madame Judith Gautier ［J］. La vie littéraire, Série 1892.

［2］ DETRIE M. 《Le Livre de Jade》 de Judith Gautier, un livre pionnier ［J］. Revue de littérature comparée, 1989 (3) .

［3］ LI T-P, AYSCOUCH F, LOWELL A. Songs of the Marches ［J］. The North American Review, 1921, 214 (788).

［4］ VERLAINE P. Le livre de Jade de Judith Walter, Oeuvres en prose complètes ［J］. Gallimard, 1972.